René Lucio • Jan Spütz

# Das große
# Origamibuch

René Lucio • Jan Spütz

urania

# Das große Origamibuch

Bibliografische Information Der Deutschen Bibliothek
Die Deutsche Bibliothek verzeichnet diese Publikation in der Deutschen Nationalbibliografie; detaillierte bibliografische Daten sind im Internet über http://dnb.ddb.de abrufbar.

Urania Verlag
in der
Verlagsgruppe Dornier GmbH
Postfach 80 06 69, 70506 Stuttgart

www.urania-verlag.de
www.verlagsgruppe-dornier.de


Umschlaggestaltung: Behrend & Buchholz, Hamburg
Fotos: Raoul Manuell Schnell, München
Reinzeichnungen: Jan Spütz, München
Origami München, Verein zur Förderung und
Verbreitung der internationalen Papierfaltkunst e. V.
Postfach 22 13 24
D-80503 München
Redaktion und Realisierung:
Thema Produktmarketing und Werbung GmbH,
Redaktions- und Herstellungsservice für Buch- und Presseverlage,
München
Redaktion: Janelle Schroeder
Printed in Germany

ISBN 3-332-00914-1
ISBN 978-3-332-00914-9

# Inhalt

Origami ist die japanische Kunst, aus Papier Figuren, Pflanzen oder Objekte zu falten. Das Wort Origami leitet sich ab aus dem japanischen *ori* für falten und *kami* für Papier. Das Falten von Papier ist wahrscheinlich so alt wie das Papier selbst und eng mit ihm verbunden. Es reicht von einfachen Figuren bis zur Faltung von komplizierten Gebilden. In Japan spielt Origami bei religiösen Zeremonien und Ritualen eine Rolle, aber es hat auch in der Volkskunst eine jahrhundertealte Tradition. In Europa ist diese fernöstliche Kunst erst seit wenigen Jahrzehnten bekannt, doch hat ihre Verbreitung ein überraschendes Ausmaß angenommen. Es sind heute nicht nur Bastler und bildende Künstler, die sich mit der Papierfaltkunst beschäftigen, sondern auch Ingenieure, die Erkenntnisse aus Origami-Modellen für technische Neuentwicklungen nutzen.

Dieses Buch wendet sich an Erwachsene und ältere Kinder und möchte, auf der Grundlage der Origami-Tradition, in die Welt des modernen Origami einführen. Sie werden lernen, Origami-Figuren herzustellen, von dekorativen Schachteln über Blumen, Tiere und Weihnachtssterne bis hin zu Masken, Flachreliefs und Geldscheinfaltungen. Insgesamt gibt es nur etwa zwei Dutzend verschiedene Faltvorgänge. Alle Faltvorgänge und ihre Bezeichnungen werden systematisch aufgeführt und Schritt für Schritt erklärt. Jedes Kapitel baut auf dem vorhergehenden auf, und mit den Kapiteln wächst auch der Schwierigkeitsgrad. Sie sollten also möglichst keine Stufe überspringen, da sonst Wissenslücken entstehen und Sie komplexere Figuren nicht nachfalten können. Also, schön der Reihe nach, und wie so oft heißt auch hier die Devise: Es ist noch kein Meister vom Himmel gefallen! Wenn Sie die Origami-Techniken aus diesem Buch beherrschen, verfügen Sie mit Sicherheit über das nötige Wissen, um eigene experimentelle Ideen umzusetzen. Dann können Sie mit etwas Geduld auch einen Bonsai, wie das Ginkgobäumchen auf dieser Seite, aus Papier herstellen.

# Origami

# von A bis Z

Gefaltet wurde mit großer Wahrscheinlichkeit schon, bevor das Papier erfunden wurde. Im alten Ägypten und in Byzanz faltete man bereits Gewebe und Stoffe. Mit der Erfindung des Papiers in China, etwa Anfang des 2. Jahrhunderts unserer Zeitrechnung, beginnt die frühe Geschichte des Papierfaltens. In der Hauptsache wurde Papier beschrieben und bemalt, es spielte aber auch bei rituellen Zeremonien eine Rolle. So ist überliefert, dass in China den Verstorbenen Papiermodelle von Häusern, Haushaltsgegenständen, Papiergeld und Papierfiguren als Grabbeigaben beigelegt wurden, damit es ihnen im Jenseits an nichts fehle. Noch heute sind diese Papiergaben typisch für Feuerbestattungen in chinesischen Gemeinden mit buddhistischer oder taoistischer Tradition. In China werden auch Päckchen mit rechteckigen Papierbögen – meist auf einer Seite mit Silber- oder Goldfolie bedruckt – speziell für diesen Zweck verkauft. Andere Papierbögen, bedruckt mit den Symbolen für taoistische Gottheiten, die für Reichtum, Glück und ein langes Leben stehen, werden zum Beispiel anlässlich des chinesischen Neujahrsfestes gefaltet. Bei Hochzeiten wird noch heute Papiergeld verbrannt – als Glücksbringer für das Brautpaar. Die ersten Schirme und Fächer aus Papier kamen aus China.

Zu einer Kunstform entwickelte sich das Papierfalten aber erst in Japan, und zwar zunächst im religiösen und rituellen Bereich. Papier übte durch seine Reinheit und Schönheit eine besondere Faszination auf die Shinto-Priester aus, die die Kunst des Papierfaltens und ihre symbolische Ausdruckskraft als Mittel für Gebet und Opfer nutzten. Die heilige Shinto-Kordel *shimenawa* aus gefaltetem Papier findet noch heute bei religiösen Riten Anwendung. Esoterische Faltgebilde wie das *gohei* werden an einer zentralen Stelle im Innern eines Shinto-Schreins aufbewahrt, da nach den Vorstellungen des Shinto-Glaubens die Tempelgottheit darin wohnt. Sie haben die Form eines zickzackförmigen Wimpels, wobei die Anzahl der Falten und die Art der Faltung von außerordentlicher Bedeutung sind, und werden an einer Stange aufgehängt.

Erst seit der Heian-Periode (794-1192), einer Epoche der übersteigerten Verfeinerung, diente Origami auch der Unterhaltung an den Höfen des Adels. Damals war Papier nicht mehr so rar und deshalb auch nicht mehr ganz so kostbar. In dieser Zeit entwickelte sich die Tradition der *noshi*, abstrakten, stilisierten Faltformen, die mit einem kunstvollen Knoten, *mizuhiki*, als Glücksbringer an einem Geschenk befestigt wurden. Als eine erste Blütezeit des Origami kann die Muromachi-Periode (1338-1573) betrachtet werden. Aus dieser Zeit stammen ca. 50 Figuren, die allein durch Faltung, ohne Einschnitte, hergestellt wurden. Die Edo-Periode (1603-1868) gilt auch als die Blütezeit der japanischen Kunst. Aus dieser Zeit stammen die schriftlichen Quel-

Das Kaiserpaar gehört zu den prächtigsten japanischen Hina-Puppen. Die Kaiserin wird immer mit einem geöffneten, der Kaiser mit einem geschlossenen Fächer dargestellt.

len, in denen die Kunst des Papierfaltens überliefert wurde. Das *Sembazuru-origata* und das *Chushingura-origata*, beide aus dem Jahr 1797, stammen wahrscheinlich von demselben unbekannten Autor. Im *Chushingura-origata* werden 25 Faltobjekte beschrieben, die einigen Figuren aus einem traditionellen japanischen Theaterstück nachempfunden sind. Das *Sembazuru-origata*, es bedeutet „Falten der tausend Kraniche", enthält 49 Kranichfaltungen. Die Zahl Tausend bezieht sich dabei auf die Überlieferung, wonach der Kranich unendlich viele Jahre leben soll. Das *Kan-no-mado*, übersetzt „Fenster zur kalten Jahreszeit", wurde um 1850 von Katsuyuki Adachi verfasst und stützt sich mit großer Wahrscheinlichkeit auf Urkunden aus dem Jahr 1000. Ein ganzer Band des *Kan-no-mado* ist dem spielerischen Origami gewidmet und enthält Anleitungen zur Faltung komplizierter Origami-Figuren wie der Libelle, der Spinne mit ihren acht Beinen und zahlreicher Puppen.

Das Papierfalten war eine gesellschaftliche Kunst, wurde aber auch für ganz praktische Dinge angewandt. Seit dem 14. Jahrhundert falteten die Japanerinnen Tüten zur Aufbewahrung medizinischer Pulver, Kräuter oder von getrockneten Vorräten. Zum praktischen kam der ästhetische Aspekt. Papiergebilde, die für nützliche Zwecke gedacht waren, wurden mit kunstvoll gefalteten Dekorationen verziert. Bei Hochzeiten werden die Sake-Flaschen noch heute mit Papierschmetterlingen verschlossen. Traditionelle Geschenke wie Kämme, Fächer, Puder, Nadeln und Garne wurden in gefalteten Papiertäschchen und -tüten verpackt. Im 18. Jahrhundert gab es „Schachteln mit fünfhundert Faltobjekten" im Handel, die nicht nur für praktische, sondern auch für zeremonielle und spielerische Zwecke verwendet werden konnten. Einen breiten Raum nahmen allein zur Unterhaltung hergestellte Faltobjekte ein. Es entstanden Bauklötze aus Papier, Papierballons oder bunte Windmühlen. Viele dieser spielerischen Origami-Figuren hatten dennoch symbolischen Charakter oder mit dem Volksglauben und mythischen Vorstellungen zu tun. Zum Ende der Edo-Epoche hatte Origami im Bewusstsein der Japaner seine symbolische Bedeutung verloren und wurde zu einem reinen Unterhaltungsgegenstand für Frauen und Kinder. Bis zur Taisho-Periode (1912-1926) wurden über 150 verschiedene Origami-Figuren erfunden. Die speziellen Falttechniken für Frösche, Kraniche, Libellen, Puppen, Samurai, Pflanzen oder Schiffe wurden über viele Generationen hinweg entwickelt, verfeinert und von den Eltern an die Kinder weitergegeben. Die Kunst des Papierfaltens gehörte in Japan zur Erziehung einer jungen Dame und war unter Kaiser Taisho ein Unterrichtsfach an den japanischen Mädchenschulen. Spätestens seit der Ausstellung des japanischen Origami-Künstlers Akira Yoshizawa (geb. 1911) im Stadtmuseum Amsterdam 1955 hat die Origami-Begeisterung auch Europa ergriffen.

Mit einem „noshi", einer abstrakten Faltform, die an Geschenke gebunden wird, wünscht man dem Empfänger Glück.

In Japan spielen gefaltete Figuren bei vielen Festen noch heute eine wichtige Rolle. Zum Frühlingsbeginn, am 3. März, feiern die Japaner das Mädchenfest, das sich aus der Tradition des *Hina-matsuri*, dem Fest der Puppen, entwickelt hat. Die japanischen *Hina*-Puppen waren ursprünglich aus Papier, Stoff oder Ton, im Laufe der Zeit wurden sie aus kostbarem Papier gearbeitet. Die Puppen werden nach einem festen Schema auf kleine Podeste gestellt. Ganz oben sitzt das Kaiserpaar, darunter die Hofdamen, dann die Minister, schließlich die Musikanten, und unten stehen Speisen und Möbel.

Bei dem Knabenfest am 5. Mai werden überall rote und schwarze Papierkarpfen an langen Bambusstangen befestigt und vor jedem Haus, in dem ein Junge wohnt, aufgestellt. Der Karpfen ist das japanische Symbol für Stärke und Kraft.

Das Sternenfest *Tanabata-matsuri* wird am 7. Juli begangen. Nach einer chinesischen Sage sind zwei sich liebende Sterne, der Kuhhirte und die Weberin, durch den Himmelsfluss voneinander getrennt. Nur einmal im Jahr, in der siebten Nacht des siebten Monats, dem 7. Juli nach dem traditionellen Mondkalender, können sie sich sehen und verschmelzen miteinander. Aus diesem Anlass schreiben japanische Kinder Gedichte auf Papierdrachen, außerdem werden Papierstreifen mit Liebesgedichten in den Wind gehängt und die Straßen mit fantasievollen Papierdekorationen geschmückt.

Ein besonders schönes Beispiel für die praktische Anwendung von traditionellem Origami ist die Herstellung der *orisue*, kleiner Papierschachteln zur Aufbewahrung der Nähfäden eines Kimonos.

Der Kranich, *tsuru*, wird in Japan als besonderer Glücksbringer betrachtet. Sein Abbild ist in Japan auf allen Genesungs- und Glückwunschkarten zu sehen. Die wunderbare Symbolik des Kranichs hat viele Origami-Künstler veranlasst, sich intensiv mit der Faltung von Kranichen zu befassen. So entstand 1986 ein Kranich aus einem 1 mal 1 Millimeter großen Papier, das Wunderwerk wurde unter dem Mikroskop mit Hilfe einer Nadel gefaltet. Nach dem Zweiten Weltkrieg wurde der Papierkranich außerdem zum Symbol des Friedens. Auslöser war die Geschichte der kleinen Sadako Sasaki. Das Mädchen war ein Opfer der Atombombe von Hiroshima. Als sie im Sterben lag, faltete sie aus dem Papier der Medikamentensäckchen Kraniche, denn nach japanischer Überlieferung soll das Falten von tausend Kranichen ein langes und friedliches Leben garantieren. 644 der kleinen Vögel konnte sie bis zu ihrem Tod vollenden. Als Sadakos Schicksal in Japan bekannt wurde, setzten Kinder aus dem ganzen Land ihr Werk fort. Im Friedenspark von Hiroshima wurde 1958 ein Mahnmal errichtet, das Sadako mit einem Kranich in der Hand zeigt. Am Jahrestag des Gedenkens an die Opfer von Hiroshima und Nagasaki werden dieses und andere Mahnmale in Japan mit Tausenden von Papierkranichen geschmückt, die von Kindern aus aller Welt gefaltet wurden.

## Origami-Spielzeug

Wer kennt nicht Papierschiffchen und Papierflieger, den Hut aus Zeitungspapier zum Renovieren oder das Kinderspiel „Himmel oder Hölle"? Auch der japanische Papierdrache, *tako*, gehört zu den spielerischen Origami-Figuren. Ein wirklich gutes Papierflugzeug zu entwerfen, ist durchaus kein Kinderspiel. Schon Leonardo da Vinci beschäftigte sich mit Papierfliegern und studierte mit ihrer Hilfe Luftwiderstand und Auftrieb. Zu den großen Meistern der Papierflugzeug-Faltkunst gehört Dr. Yasuaki Ninomiya. Über 750 Flugzeugmodelle hat der Japaner entworfen und eine siebenbändige Buchreihe darüber veröffentlicht. „Der Papierflugzeug-

Der Kranich ist zum Symbol der japanischen Papierfaltkunst geworden und eine der ersten Origami-Figuren überhaupt.

Sport ist eine Wohltat für die Seele", behauptet auch sein Künstlerkollege Tatuo Yoshida, Urheber von 500 Modellen. Ganz offiziell dürfen Japans Schüler daher in den Unterrichtsstunden Papierflieger falten.

Bausteine aus Papier, Kreisel, Papierballons und Windräder sind weitere Beispiele für Papierspielzeug. Spielerisch verwenden lassen sich aber auch die Origami-Masken. Gerade mit den stark stilisierten, abstrakten Masken kann man die unterschiedlichsten Charaktere darstellen. Es gibt auch Origami-Figuren, mit denen Geräusche erzeugt werden können. Aus Tieren, Blumen, Figuren und anderen Papierobjekten lassen sich zum Beispiel Märchenlandschaften bauen. Wie wär's mit gefalteten Schwänen und Lotosblüten auf einem Papierteich oder Papierfliegern mit dazugehörigem Flugplatz?

Die Origami-Puppen, *anesama* genannt, galten in Japan immer als Schutzfiguren und wurden eigentlich nie als Kinderspielzeug benutzt. Solche Papierpuppen sehen sehr hübsch aus, wenn man sie aus einfarbigem Papier mit Goldmuster, einem Brokatstoff nicht unähnlich, herstellt. Damit hebt man das Kimonomuster erst richtig hervor.

Origami eignet sich außerdem wunderbar für Gesellschaftsspiele. So kann man tanzen und gleichzeitig falten – eine Frage der Geschicklichkeit. Oder man faltet eine Origami-Figur in der Gruppe. Nach jedem einzelnen Faltschritt wird das Papier weitergegeben – was wohl dabei herauskommt? Auch Falten hinter dem Rücken ist ein beliebtes Gesellschaftsspiel. Noch kniffliger wird es, wenn einem ein Mitspieler die Arbeitsschritte diktiert. Natürlich kann auch mit verbundenen Augen gefaltet werden. Es gibt außerdem Konstruktionspuzzles aus gefalteten Origami-Objekten. Die berühmten Tangramsätze, mehrere ineinander greifende Holzstücke, die zu einer bestimmten geometrischen Form zusammengesetzt werden müssen, können in der Papierversion eine ebenso große Herausforderung sein.

## Origami fördert die Gesundheit

Inzwischen wird Origami auch pädagogisch und therapeutisch eingesetzt. Psychologen nutzen die gleichzeitig konzentrationsfördernde und entspannende Wirkung des Faltens. Besonders die Feinmotorik kann durch Origami verbessert werden. Origami wird auch zur Verbesserung der Aufnahmefähigkeit und in der Sprachtherapie eingesetzt. Für die Japaner war es früher eine gute Methode, um der winterlichen Melancholie oder Langeweile zu entfliehen. Heute sieht man manchmal Teilnehmer bei langweiligen Sitzungen oder Seminaren, die mit Origami die Zeit sinnvoll zu überbrücken versuchen. Manch ehemaliger Raucher benutzt es als Beschäftigung für seine Finger, um nicht wieder zur Zigarette greifen zu müssen. Selbst in der Suchttherapie wird gerne Papier gefaltet.

Farbpsychologie und die geheime Kraft der Farben spielen auch bei Origami eine Rolle. Da die Wahrnehmung von Sinnesreizen zu mehr als drei Vierteln über die Augen läuft, kann sich der Wirkung von Farben niemand entziehen. Wer bei intensivem Falten ständig auf das vor ihm liegende Papier schaut, ist diesem Einfluss genauso ausgesetzt. Gemäß der Farbpsychologie wirkt Rot anregend, Blau und Grün beruhigen, Gelb hebt die Stimmung. Das Wissen über die Kraft der Farben kann beim Papierfalten bewusst eingesetzt werden, indem man Papier in bestimmten Farben benutzt. Blau- oder Grüntöne erzeugen Ruhe, Gelassenheit und Entspannung, zartes Grün, Türkis oder auch Hellgrau sind Farben, die die Konzentration unterstützen. Gelb hilft bei depressiven Verstimmungen oder in kritischen Lebensphasen. Die Farbpsychologie ist keine Spinnerei, das wusste schon Goethe, der nicht nur Dichter, sondern auch einer der ersten Farbforscher war. Heute wird sie beispielsweise in der Therapie, bei der Farbberatung, bei der Gestaltung von öffentlichen Gebäuden und ganz bewusst in der Werbung eingesetzt.

Der Samuraihelm als Origami-Figur ist ein typisches Beispiel für die traditionelle japanische Papierfaltkunst.

## Origami für Blinde

Die Arbeit mit Blinden und Behinderten ist den Autoren Jan Spütz und René Lucio ein wichtiges Anliegen. In speziell entwickelten Programmen werden, ausgehend von einfachen Grundformen, Origami-Objekte wie Blumen, Kraniche, Tiere oder geometrische Figuren gefaltet. Dabei hat es sich bewährt, mit verschieden strukturiertem Papier, das jeweils eine raue und eine glatte Seite hat, zu arbeiten. Beim Falten von Origami-Masken machten die sehbehinderten Kursteilnehmer selbst darauf aufmerksam, dass sie die Einzigen sind, die den Ehrenkodex des Origami, dass das Papier nicht verletzt werden darf, einhalten können, denn sie brauchen ihre Masken im Augenbereich nicht mit der Schere auszuschneiden. Gerade beim Origami mit Sehbehinderten und Blinden kommt während des Faltens stets eine ganz besondere und ausgesprochen konzentrierte Stimmung auf.

In Zusammenarbeit mit der Münchner Landesschule für Blinde entwickelten René Lucio und Jan Spütz ein Verfahren, um Origami-Anleitungen für Blinde lesbar zu machen. Dabei werden die Umrisslinien der Grafiken für die einzelnen Faltschritte und der Faltsymbole in einem aufwendigen Verfahren auf Kartonagen aufgeschäumt, damit sie mit den Fingerkuppen zu ertasten sind. Außerdem werden alle Faltanleitungen in die Brailleschrift übersetzt. Dies ist eine völlig neue Methode, die zuvor noch nie eingesetzt wurde. Allerdings stellt dieses Verfahren noch keinen vollkommenen Ersatz für die ausführliche Erklärung von Faltschritten in herkömmlichen Faltanleitungen dar.

Betrachtet man einen japanischen Kimono, wird schnell klar, dass auch hier das Prinzip des Faltens eine Rolle spielt.

## Origami schult die Vorstellungskraft

Schließlich erfordert Origami viel räumliche Vorstellungskraft und, ähnlich wie beim Schach, ausgeprägtes strategisches Denken, weil ein Objekt aus einem einzigen Blatt Papier gefaltet werden muss – ohne zu schneiden oder zu kleben. Die Faltkunst fördert außerdem die Koordination von Hand und Auge und schärft die Konzentration. Die Papierflieger sind ein Beispiel dafür, denn hier wird besonders viel getüftelt. Es ist nämlich gar nicht so leicht herauszufinden, welche Faltung die Flugtauglichkeit eventuell entscheidend erhöht.

Eine ausgezeichnete Schulung des Vorstellungsvermögens sind die sogenannten „Würfelteilungen“. Darunter versteht man das Zerlegen eines Würfels nach geometrischen Gesichtspunkten in zwei oder mehr Teile. Dabei können neue Körper entstehen, oder die Elemente werden wie Baukastenteile neu und völlig anders zusammengesetzt. Am besten sucht man zuerst die grundlegenden Teilungsmöglichkeiten eines Würfels, einmal parallel zu den Würfelflächen, dann diagonal. Aus diesen Halbierungen ergeben sich dann ohne Mühe weitere Aufteilungen. Man muss sich hier kein besonders kniffliges Puzzle ausdenken, sondern Spaß am spielerischen Umgang mit einer Form haben. Das Zerlegen schafft dabei genauso viel Vergnügen wie das erneute Zusammenbauen.

Das Hineinversetzen in eine Form, die intensiven Betrachtungen und Überlegungen beim Falten, führen zu einer Besinnung, die letztendlich in Meditation einmünden kann. Wird dann noch ein Objekt gefaltet, das sowieso schon einen gewissen meditativen Charakter besitzt wie beispielsweise die Lotosblüte für Hindus und Buddhisten, ist dieser Schritt zur Meditation nicht mehr weit, wobei die in der meditativen Versenkung gewonnene Gelassenheit und Konzentration auf das Wesentliche sich auch über die Zeit des Papierfaltens hinaus ganzheitlich auswirken können.

## Origami in der Architektur

Viele Architekten benutzen die Logik des Origami für ihre Entwürfe. In Rotterdam entstand direkt gegenüber dem großen Stadtmarkt ein Kaufhaus. Das neue Gebäude wurde von den Architekten als „verlängerter Marktteppich“ interpretiert, der sich aus Platzgründen wie eine Ziehharmonika nach oben faltet. Bei dem Endlosband geht der Boden in die Wand über, dann in die Decke, den Boden des ersten Stocks und so weiter bis zur Dachterrasse. Das kontinuierliche Band endet in einer senkrecht stehenden Wand, die als Anzeigentafel genutzt werden kann.

Das Prinzip des Faltens haben dieselben Architekten auch bei der Planung eines holländischen Fernseh- und Rundfunksenders angewandt. Die Etagen wurden nicht gestapelt, sondern wirken im Querschnitt wie eine einzige gefaltete Fläche. Dadurch entsteht eine Art durchbrochene Terrassenlandschaft.

In Japan entdeckten Ingenieure, dass Papier ein gutes Baumaterial ist und zudem widerstandsfähig bei Erdbeben- und Flutkatastrophen. In Kobe in Zentraljapan wurde 1996 die erste wetterfeste Papierkirche errichtet. Über den Ruinen einer durch ein schweres Erdbeben zerstörten Kirche entstand so ein modernes Kirchengebäude, das 150 Gläubigen Platz bietet. Auch nach dem Zweiten Weltkrieg hatte man sich ernsthaft überlegt, mit Papierhäusern schnelle Unterkünfte für obdachlos gewordene Menschen zu schaffen.

Bei der EXPO in Sevilla 1992 waren die Besucher von einem knapp 40 Meter hohen Papierturm begeistert, der das Wahrzeichen des Schweizer Pavillons bildete. Die Paneele aus Papier wurde konstruiert aus einem Holzrahmen mit einer Füllung aus Wellkarton sowie Karton als Außenhaut und hatte einen Außendurchmesser von 33 Metern. Insgesamt 1348 Elemente in geometrischer Form wurden dafür zusammengebaut, ein wahres Wunderwerk aus Papier.

Türme und Obelisken, die deutlich über die niedrigen Wohnbauten herausragen, haben die Menschen schon seit jeher fasziniert. Auch Origami frönt dieser Lust an hohen, schlanken Gebilden – mit Papierstelen. Dabei können bekannte Grundformen, wie Polyeder oder Tetraeder, einfach in die Länge gezogen werden, natürlich muss dabei auf die Veränderung der Proportionen geachtet werden. So wird durch paralleles Auseinanderziehen der Würfel zum Vierkantstab, durch diagonales Ziehen zu einem spindelförmigen Gebilde aus sechs schmalen Rhomben.

Moderne Stehleuchten, Zeitungsständer oder Beistelltische und viele andere Einrichtungsgegenstände entstehen nach Entwürfen aus gefaltetem Papier. Es gibt inzwischen aber auch Möbel wie Betten, Sessel und Bücherregale, die allein aus Pappe hergestellt werden. Diese Pappmöbel sind ausgesprochen stabil, leicht zu transportieren, wiederverwertbar und daher natürlich besonders umweltfreundlich.

## Molekulares Origami

Einigen Pädagogen dient Origami als nützliche Hilfe beim Geometrie- und Chemieunterricht. Gerade Kindern kann hiermit ein spezieller Unterricht geboten werden. Geometrische Schritte sind durch Papierfaltungen leichter verständlich zu machen als durch das Zeichnen mit Lineal, Zirkel und Winkelmessern. Auch mathematische Lehrsätze lassen sich durch die Darstellung mit Origami viel leichter nachvollziehen. Geometrie und Origami befruchten sich gegenseitig. Bestes Beispiel dafür ist der Kaleidozyklus. Er besteht aus einem dreidimensionalen Ring aus Tetraedern, ein Tetraeder wiederum aus vier gleich großen, gleichschenkligen Dreiecken. Für Mathematiker stellt sich hier die Frage nach der Beziehung eines zweidimensionalen Gitternetzes zu einer dreidimensionalen Form. Die Experimente und Lehrsätze aus der Geometrie helfen wiederum den Origami-Künstlern bei der Herstellung neuer Figuren. Auch die sogenannten Würfelteilungen gehören zu diesem Komplex. Die Zerlegung eines Würfels nach geometrischen Gesichtspunkten ist für Mathematiker und Origami-Künstler gleichermaßen interessant. Das Flexagon wurde übrigens von einem englischen Mathematikstudenten erfunden.

Ähnliches gilt auch für die Chemie. Mit den streng geometrischen Origami-Objekten, wie Würfeln, Tetraedern und Pyramiden, lassen sich Stück für Stück Elemente, Moleküle und Molekülketten nachbauen. Wie Baukastenteile lassen sich diese dann wieder aus dem Ganzen herauslösen und anders zusammenfügen oder anschließen. Die Formen und Körper lassen sich durch Origami plastisch herstellen und im wahrsten Sinne des Wortes „fassbar" machen.

## Origami in der Wissenschaft

Viele Intellektuelle haben im Zuge der „neuen Bescheidenheit" die Kunst des Papierfaltens zu einem mentalen Fitnesstraining weiterentwickelt. Sie falten, um geistige Herausforderungen zu bewältigen, denn hoch komplexe Origami-Figuren erfordern Strategien und Denkmuster, die zum Beispiel denen beim Programmieren von Computern ähnlich sind. Schließlich vereinfacht Origami, es ist eine sparsame Kunst. Ein paar Knicke und Falze lassen vor dem Auge des Betrachters plastische Figuren entstehen, die in veränderter Reihenfolge schon wieder etwas völlig anderes darstellen können.

Mathematiker und Ingenieure haben sich die Kunst des Papierfaltens zu Nutze gemacht, um Lösungen für die ausklappbaren Sonnensegel der Weltraumsatelliten zu entwickeln. Eine Form hat die Weltraumingenieure ganz besonders begeistert – die *miura-ori*. Den Kartografen in aller Welt war diese Origami-Faltung längst bekannt. Zum ersten Mal wurde sie für einen Stadtplan von Venedig benutzt. Das Besondere daran ist, dass sich der Plan mit einer einzigen Bewegung vollständig auffalten lässt, wenn man beide Papierenden in einer diagonalen Linie auseinander zieht.

Der Karpfen gilt in Japan als Symbol für Stärke und Kraft. Er ist deshalb auch häufig als plastischer Papierdrachen, „tako", anzutreffen und ein typisches Geschenk für kleine Jungen.

# Papier

Das Einzige, was Sie für Origami brauchen, ist Papier! Prinzipiell eignet sich jede Art von Papier, die gefällt und sich falten lässt. Es kann einfarbig sein oder bunt bedruckt, eine glatte oder eine raue Oberfläche haben – das hängt allein von Ihren Wünschen und von dem zu faltenden Objekt ab. Sie können Geschenkpapier ebenso verwenden wie einfaches Packpapier, Schreibmaschinenpapier, Bastelpapier oder Zeitungspapier, um nur einige zu nennen. In Geschäften für Zeichenbedarf gibt es bereits zu handlichen Quadraten zugeschnittenes Papier für Origami zu kaufen. Zum Üben empfehlen wir ein quadratisch zugeschnittenes Computerpapier oder aber einfaches Packpapier. Für Ihre ersten Faltversuche ist eine Papiergröße von 30 x 30 cm ideal.

Ein besonders edles Faltmaterial ist das traditionelle japanische Holzschnittpapier. In Japan wird es für die leichten Schiebetüren in den historischen Häusern verwendet. Die ganze Schönheit dieses noblen, schlichten Papiers liegt in der raffinierten Farbgebung und der reliefartigen Struktur. Und wie edel wirkt erst eine ausgefallene Origami-Figur aus diesem Papier! Gefertigt wird Holzschnittpapier, das es in über 100 verschiedenen Varianten gibt, nach alter handwerklicher Tradition in Familienbetrieben. Einige dieser Papiere können über Origami München e. V. bestellt werden.

Ein ebenfalls besonders exotischer Werkstoff ist das *papel amate*, ein Baumrindenpapier aus Mexiko. Dieses traditionelle Holzpapier wird aus langen Rindenstreifen hergestellt. Das weiße *papel amate* stammt vom wild wachsenden Baum Mora, braunes vom Feigenbaum.

Es gibt auch ein spezielles Holografiepapier, mit dem besonders bei Schachteln oder einfachen geometrischen Formen ganz fantastische Effekte erzielt werden können, da sich je nach dem Lichteinfall die Oberfläche der Faltfigur verändert.

Besonders außergewöhnlich ist das Keramikpapier. Origami-Figuren aus dem Keramikpapier werden bei 1000 °C im Ofen gebrannt. Dabei verbrennt die dünne Papierschicht und übrig bleibt die Keramik. Allerdings sind solche Figuren äußerst empfindlich, und das Keramikpapier eignet sich nur für die Faltung ganz einfacher Formen. Interessant ist auch das Falten mit Metallfolie. Sie sollte aber nicht zu steif sein, damit sie sich gut bearbeiten lässt. Vorsicht an den scharfen Kanten!

Bei *washi* oder Japanpapier handelt es sich um ein handgeschöpftes Papier. Dieses Papier ist sehr leicht und angenehm weich, dabei trotzdem fest und dauerhaft. Manche *washi*-Arten sind gewebeähnlich, andere

durchscheinend. Damit das *washi* insgesamt stabiler wird, empfiehlt es sich in jedem Fall, mehrere einzelne Lagen zusammenzukleben.

Dazu wird *washi*, aber z. B. auch Seidenpapier reichlich mit verdünntem Kleister oder Sprühkleber eingestrichen. Dabei darf keine Stelle ohne Kleister bleiben. Das feuchte Papier muss dann gespannt werden, um keine Unregelmäßigkeiten wie Klümpchen auf der Oberfläche entstehen zu lassen. Jetzt wird eine zweite Lage auf das eingestrichene Papier gelegt. Damit sich keine Falten bilden, werden beide Teile vorsichtig von links nach rechts aufeinander gezogen. Mit einem Pinsel streicht man sternförmig, von der Mitte nach außen, über die beiden Papierlagen – so werden Luftblasen herausgedrückt und die Papiere verbunden. Schließlich wird das Papier mit Klammern an einer Leine zum Trocknen aufgehängt. Es können auch drei Lagen miteinander verbunden werden, oder es kann zum Beispiel eine Metallfolie wie bei einem Sandwich zwischen zwei Seidenpapiere geklebt werden.

Der Werkstoff Papier hat ganz spezifische Eigenschaften, die zu kennen für das kreative Papierfalten sehr nützlich sind. So hat jedes maschinell hergestellte Papier eine Laufrichtung, ähnlich der eines Fadenlaufs bei Stoffen. In dieser Richtung lässt sich das Papier leichter biegen, falten, ritzen und reißen. Man kann sie oft schon erkennen, wenn man ein Blatt Papier einfach gegen das Licht hält. In der Laufrichtung zeigt sich dann eine mehr oder weniger unregelmäßige Längsstruktur. Macht man die Nagelprobe, indem man eine Längs- und eine Querkante des Papiers durch die Fingernägel zieht, dann wird die Laufrichtung an der glatt gebliebenen Kante deutlich. Bei festerem Papier bietet sich die Biegeprobe an. Dagegen bleibt ein schmaler Papierstreifen in der Laufrichtung steif.

Papierfiguren sind naturgemäß sehr empfindlich und nicht für die Ewigkeit gedacht. Durch Sprühlack werden alle Origami-Figuren jedoch recht stabil. Allerdings ist auch hier die Haltbarkeit begrenzt, denn mit der Zeit kann der Lack bröckeln.

Sehr nützliche Werkzeuge für die Arbeit mit Papier sind neben den Fingernägeln das Falzbein und die Pinzette für winzige Faltungen.

Experimentieren Sie, und erfinden Sie neue Techniken! In jedem Fall sollte man schon ein beinahe sinnliches Gefühl für Papier entwickeln. Bearbeiten Sie das Papier ruhig. Sie können es wässern, verwaschen und dann trocknen, einfärben, bleichen, zerknittern oder bügeln und so Ihr ganz persönliches Origami-Papier herstellen.

# Internationale Faltsymbole

Origami-Faltanleitungen kann man mit Notenblättern vergleichen. Sie zu lesen erfordert Übung, genau wie das Lesen von Noten, doch es ist viel einfacher. Die verwendeten Symbole können in jeder Sprache verstanden werden. Der Vorteil: Wer sie beherrscht, kann alle Origami-Zeichnungen nachfalten, selbst aus einem Buch in einer unbekannten Sprache. Für die Origami-Faltungen in diesem Buch wurde ein System aus über 21 Symbolen entwickelt, das aus allgemein anerkannten und neu entwickelten Zeichen besteht. Dies sind im Wesentlichen Pfeile und Linien. Die Pfeile zeigen immer eine Richtung an, denn ein Stück Papier kann in zwei Richtungen gefaltet werden. Faltet man das Papier nach vorne, entsteht eine Talfalte. Faltet man es nach hinten, entsteht eine Bergfalte. Außerdem gibt es Gegenbruchfalten, die entweder nach innen oder nach außen ausgeführt werden. Hilfreich sind auch die Symbole, die auf die Vergrößerung bzw. Verkleinerung einer Darstellung hinweisen, oder die anzeigen, dass die Figur umgedreht werden soll. Die Faltsymbole können durchaus die schriftlichen Erläuterungen zu den einzelnen Faltschritten ersetzen. Versuchen Sie einmal eine Figur nur anhand der Grafiken und der Symbole zu falten, ohne auf die Erläuterungen zu achten.

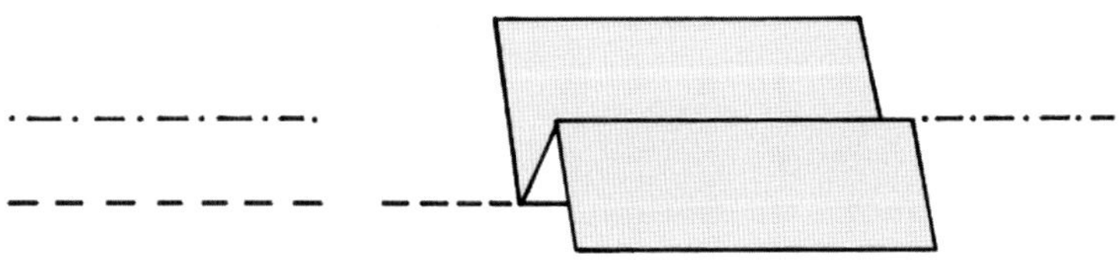

Bergfalte

Talfalte

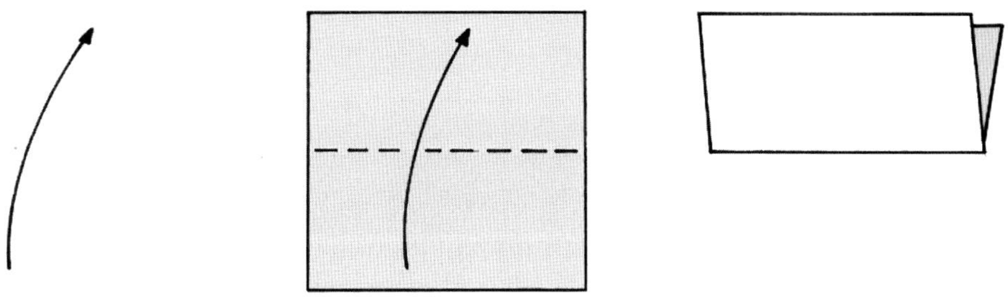

in Pfeilrichtung falten

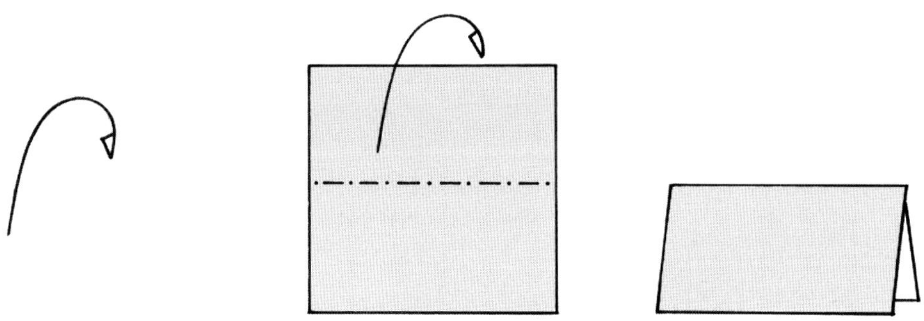

in Pfeilrichtung nach hinten falten

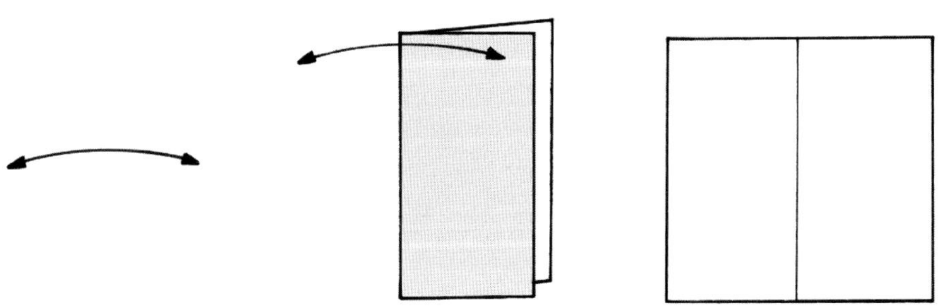

falten und wieder entfalten

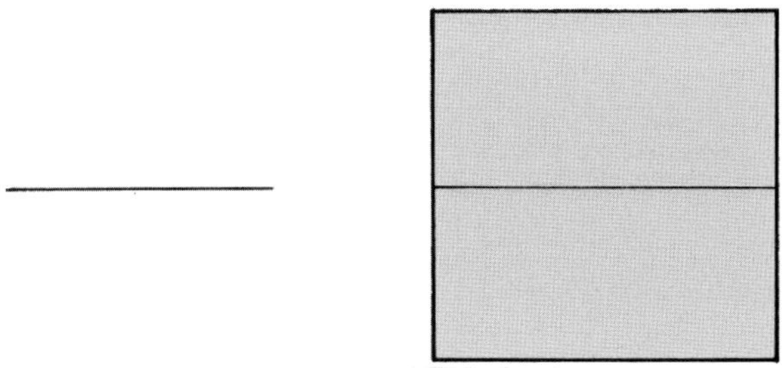

vorhandene Falte

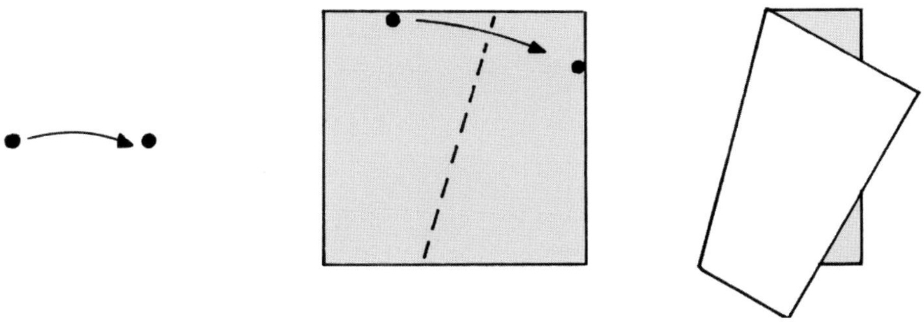

asymmetrisch
Punkt auf Punkt
falten

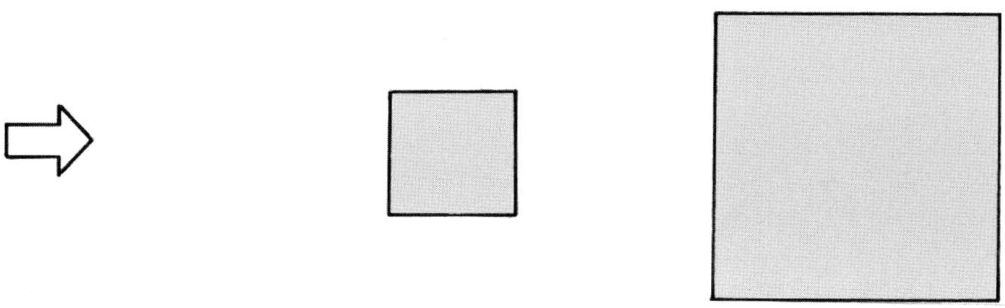

vergrößerter
Maßstab

verkleinerter
Maßstab

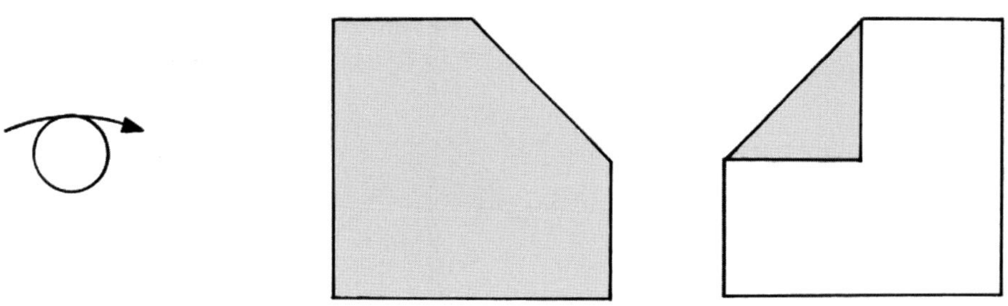

Figur wenden

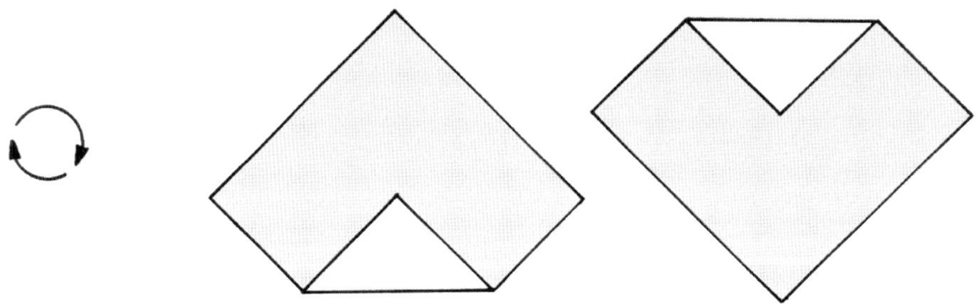

Figur drehen

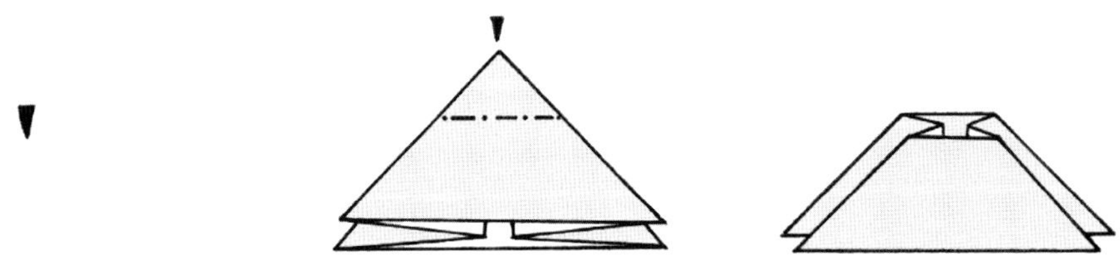

versenken

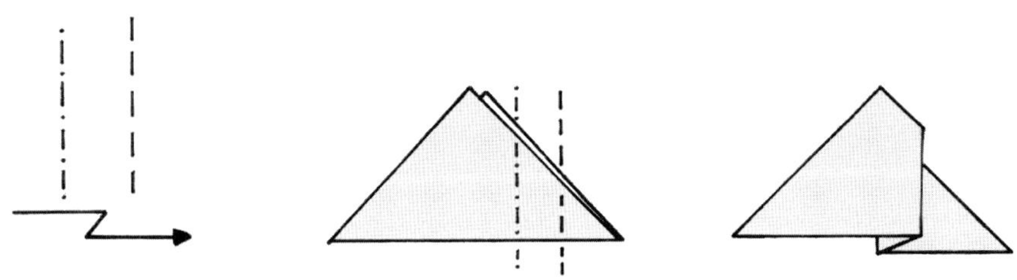

im Zickzack falten

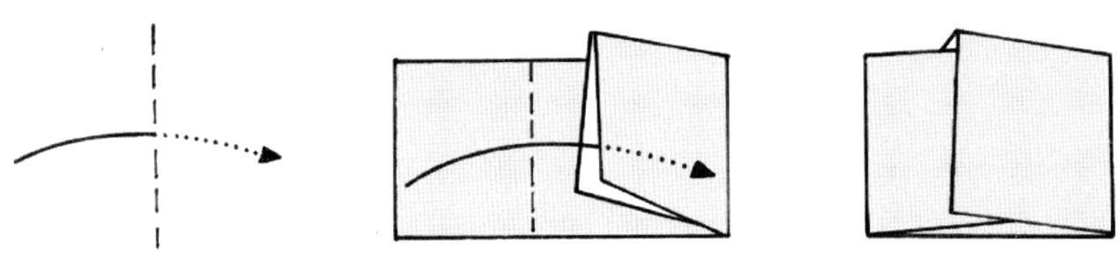

hineinstecken

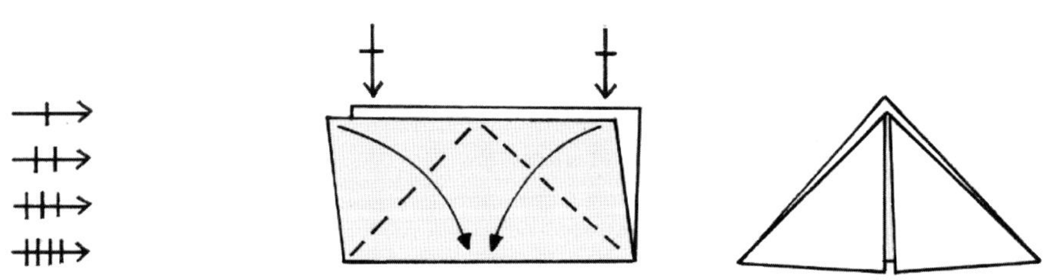

je nach Anzahl
der Querstriche
auch hinten falten

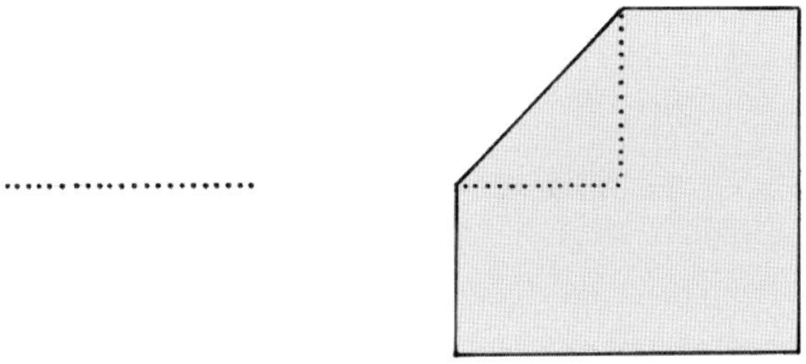

durch die Oberfläche gesehen

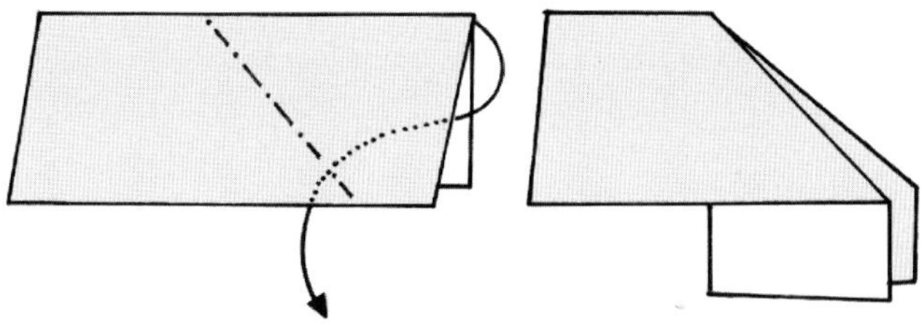

Gegenbruchfalte nach innen

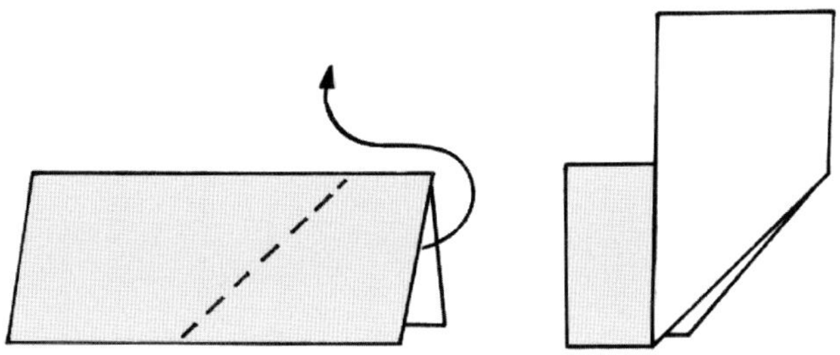

Gegenbruchfalte nach außen

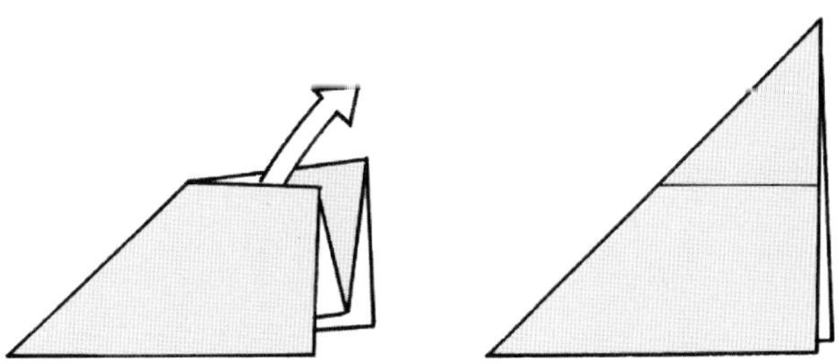

diese Faltung wieder entfalten



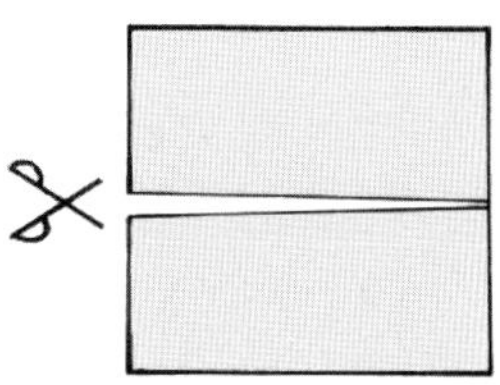

abschneiden

Luft hineinlassen

# Einmaleins der Grundformen

Die Origami-Grundformen sind von großer Bedeutung für die Kunst des Papierfaltens. Jede Origami-Figur wird aus einer solchen Grundform heraus entwickelt. Allen Figuren dieses Buches liegt eine von elf Grundformen zu Grunde, die in diesem Kapitel vorgestellt werden. So basieren der Sternendeckel, der Tannenbaumdeckel und die Baseballkappe auf der Grundform des zusammengeschobenen Quadrats, die Trompetenblume und die Module für den Kaleidozyklus aber auf der Grundform des zusammengeschobenen Dreiecks. Der Weihnachtsstern dagegen wird aus der Vogelform und das Blumenblatt aus der Drachenform entwickelt. Es ist empfehlenswert, sich die Faltung der Grundformen genau einzuprägen, sie regelrecht auswendig zu lernen. Zur Erleichterung haben wir deshalb jeder einzelnen Grundform einen anschaulichen Namen gegeben. So unterschiedlich die Grundformen auch aussehen, ihr Aufbau folgt zwei immer gleichen Prinzipien. Jede Grundform besitzt ein Zentrum, das allerdings nicht immer in ihrem Mittelpunkt liegt, und auch eine Mittelachse. Mit Hilfe der Grundformen können Sie bereits die ersten Fingerübungen in der Papierfaltkunst machen. Es gehört Übung dazu, ein Gefühl für das Material, also das Papier, zu bekommen, und es gilt hier wie so oft der weise Satz von Laotse: „Der Weg ist das Ziel.“ Eine beliebte Aufgabenstellung von Origami-Enthusiasten ist der Versuch, aus einer einzigen Grundform 100 Figuren zu entwickeln. Die ersten zehn sind völlig unproblematisch, bis 30 geht es noch einigermaßen leicht, doch dann beschäftigt einen die Aufgabe sogar im Schlaf. Hier setzt ein aufregend neuer Kreativitätsprozess ein. Dabei überschreitet man innere Grenzen und erlebt schließlich ein echtes Glücksgefühl, wenn die 100. Figur fertig ist. Dieser Prozess lässt sich mit der Metamorphose einer unscheinbaren Raupe zum prächtigen Schmetterling vergleichen.

## Drachenform

Beginn: Quadrat,
farbige Seite liegt hinten

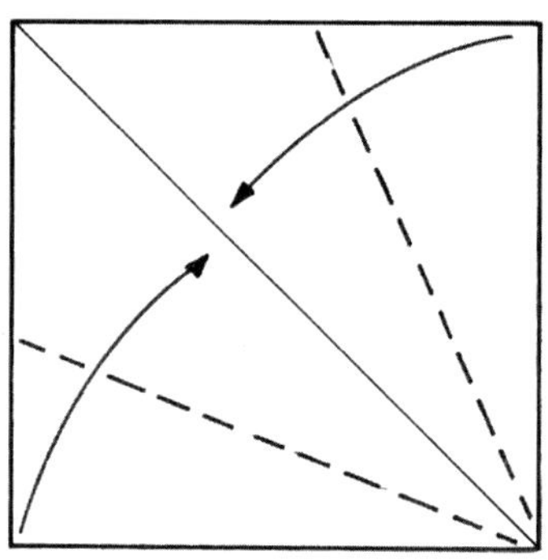
1

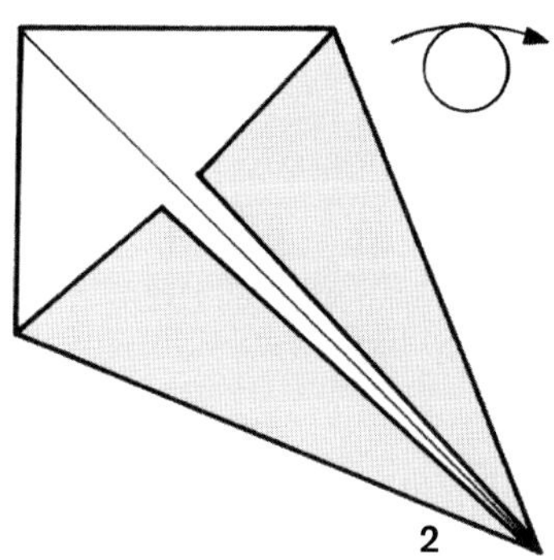
2

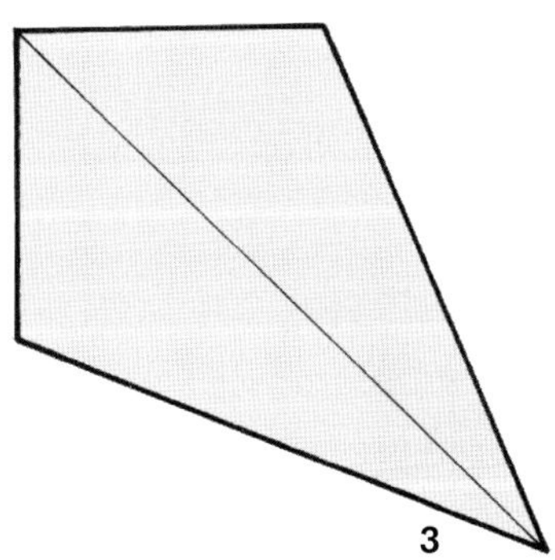
3

**1** Eine diagonale Mittelbruchfalte von links oben nach rechts unten falten und wieder entfalten. Die rechte obere Spitze und auch die linke untere Spitze zur Diagonalen talfalten.

**2** So sieht die Drachenform von hinten aus. Die Figur wenden.

**3** Die Grundform mit dem Namen Drachenform ist fertig.

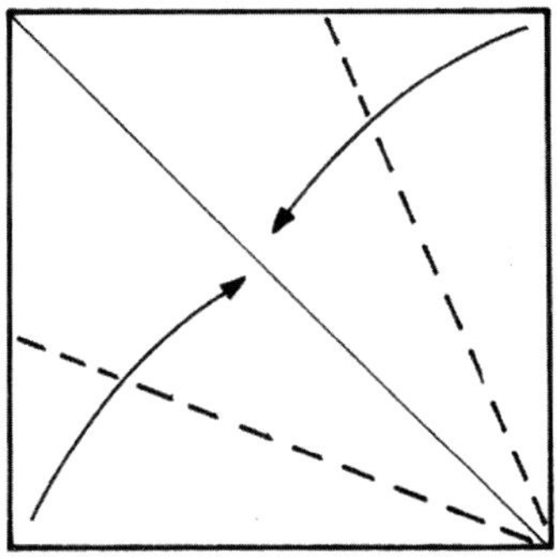
1

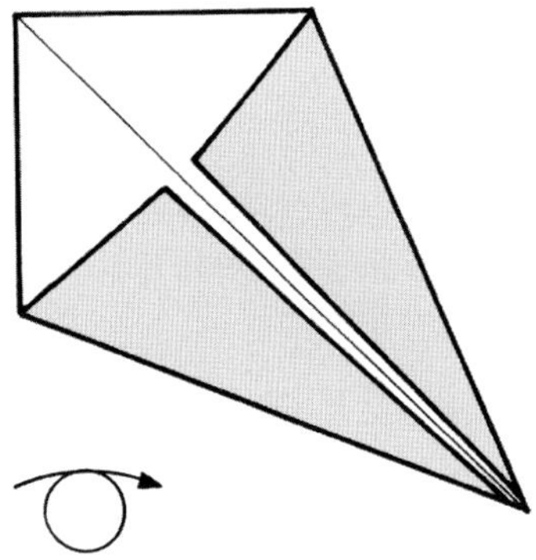
2

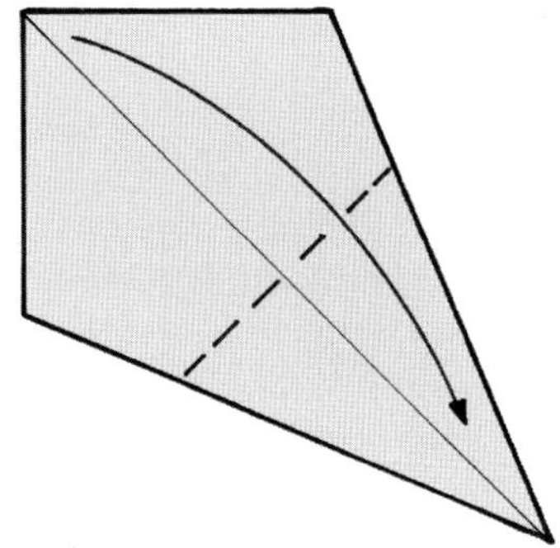
3

# Fischform

Beginn: Drachenform,
farbige Seite liegt hinten

**1** Eine diagonale Mittelbruchfalte von links oben nach rechts unten falten und wieder entfalten. Die rechte obere Spitze und auch die linke untere Spitze zur Diagonalen talfalten.

**2** So sieht die Drachenform von hinten aus. Die Figur wenden.

**3** Die obere rechtwinklige Spitze an die untere Spitze talfalten.

**4** Die beiden seitlichen Spitzen zum Mittelbruch talfalten.

**5** Die Figur sieht nun aus wie ein Dreieck. Die beiden an der schmalen Seite innen liegenden Teile herausklappen.

**6** Die Grundform mit dem Namen Fischform ist fertig.

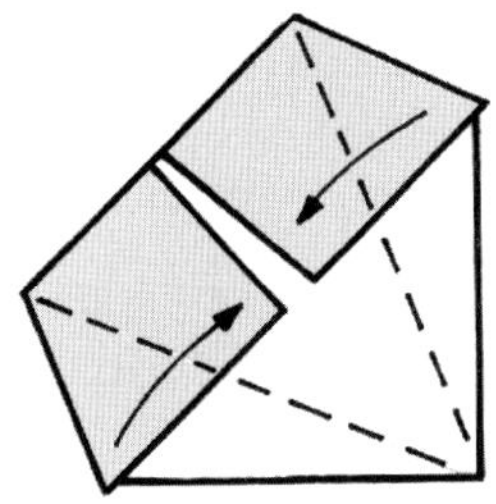
4

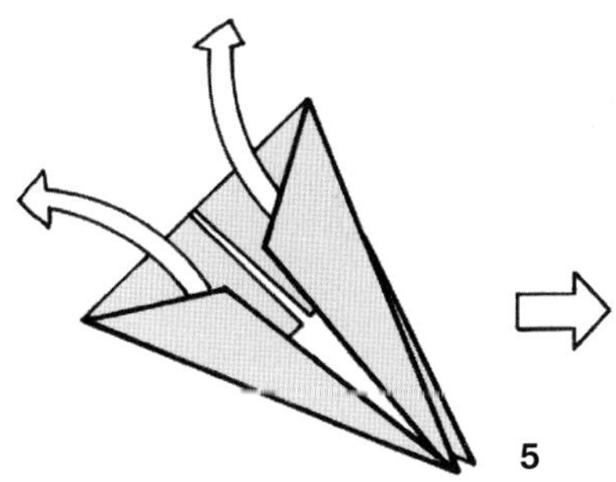
5

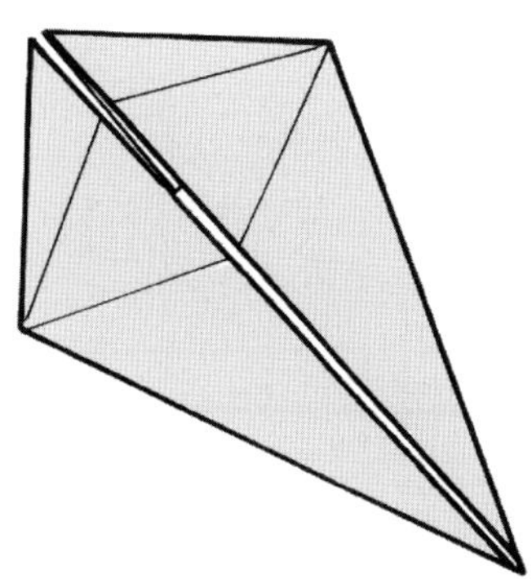
6

# Blintzform

Beginn: Quadrat,
farbige Seite liegt hinten

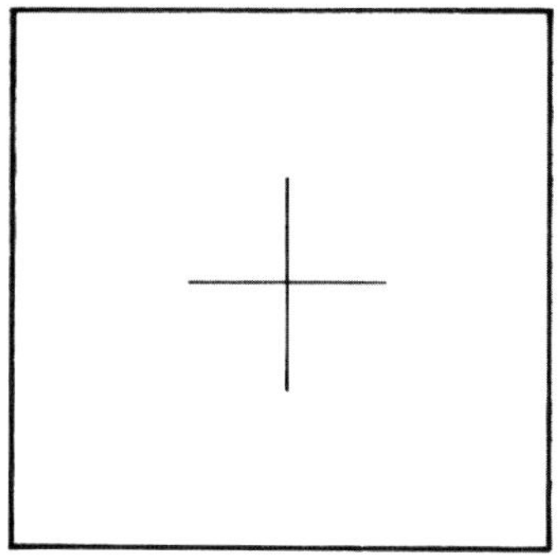

1

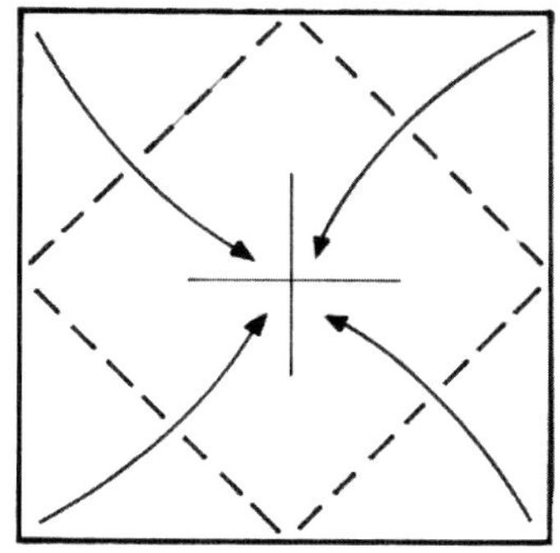

2

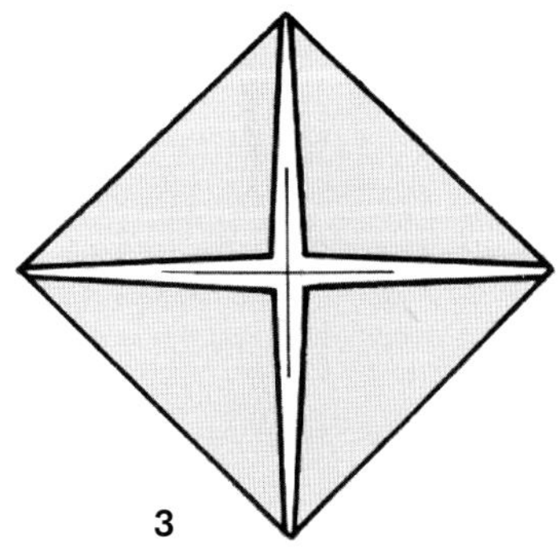

3

**1** Die untere Kante des Quadrats auf der oberen Kante anlegen, und beim Mittelbruch lediglich die Mitte leicht andrücken. Die Figur wieder öffnen. Die rechte Kante des Quadrats auf der linken Kante anlegen, und ebenfalls nur die Mitte beim Mittelbruch leicht andrücken. Die Figur wieder öffnen. So haben Sie den Mittelpunkt des Quadrats markiert.

**2** Alle vier Ecken des Quadrats zu diesem Mittelpunkt falten.

**3** Die Grundform mit dem Namen Blintzform ist fertig.

# Zusammengeschobene Windmühlenform

Beginn: Quadrat, farbige Seite liegt hinten

1

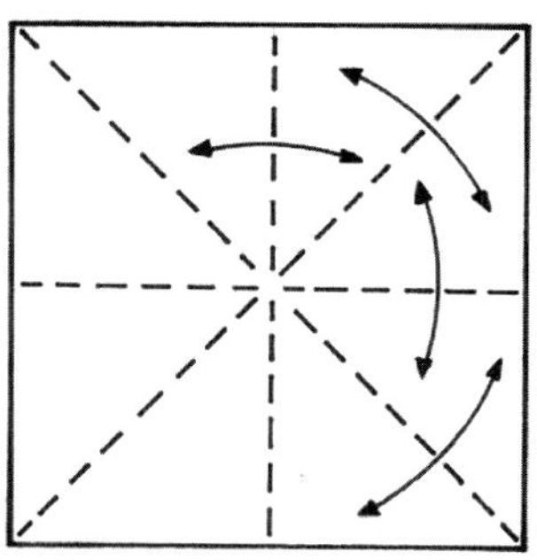

2

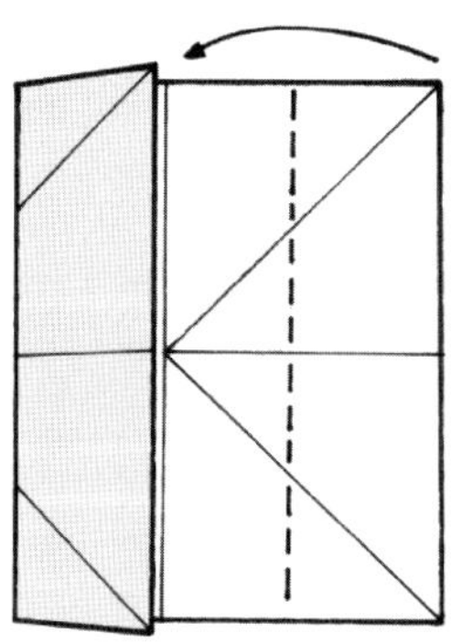

3

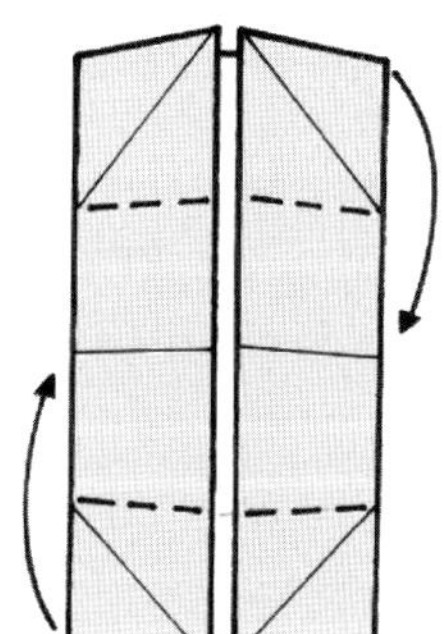

**1** Das Quadrat zweimal diagonal, einmal vertikal und horizontal talfalten. Zwischen den Faltungen entfalten.

**2** Die rechte und die linke Außenkante des Quadrats an den senkrechten Mittelbruch falten.

**3** Die obere und die untere Kante des entstandenen Rechtecks an den waagerechten Mittelbruch falten.

**4** Die vier offenen Spitzen an den senkrechten Mittelbruch falten.

**5** Die Spitzen im angegebenen Bereich nach außen ziehen.

**6** Jede Spitze nun anheben, über ihren diagonalen Mittelbruch ziehen, öffnen und flach drücken.

**7** Die zusammengeschobene Windmühlenform ist fertig.

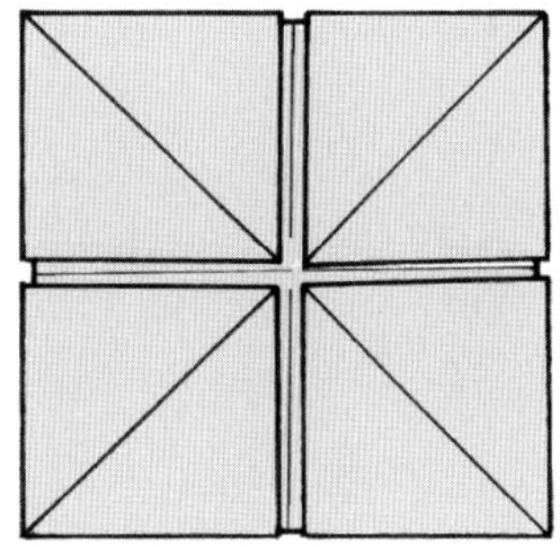

7

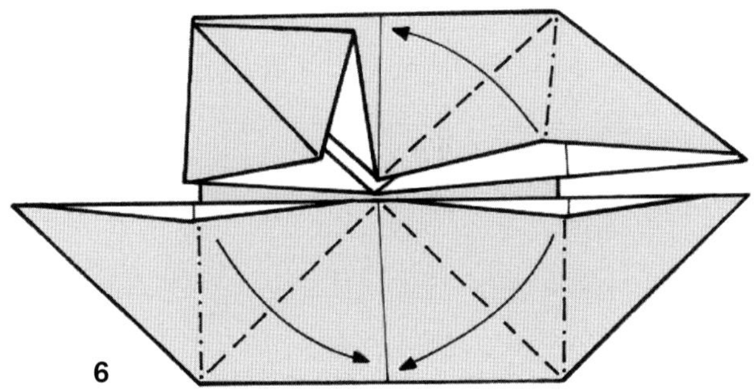

6

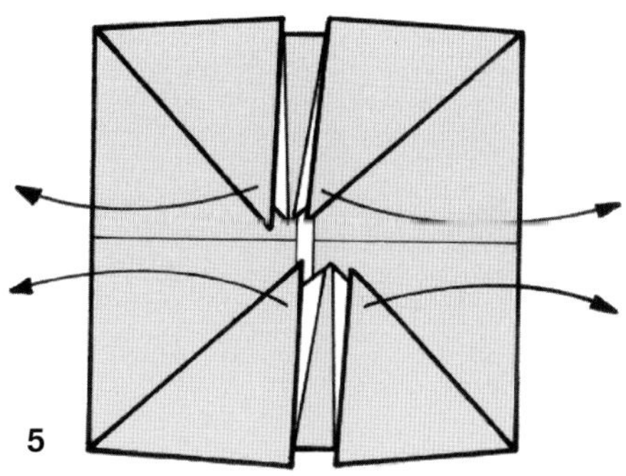

5

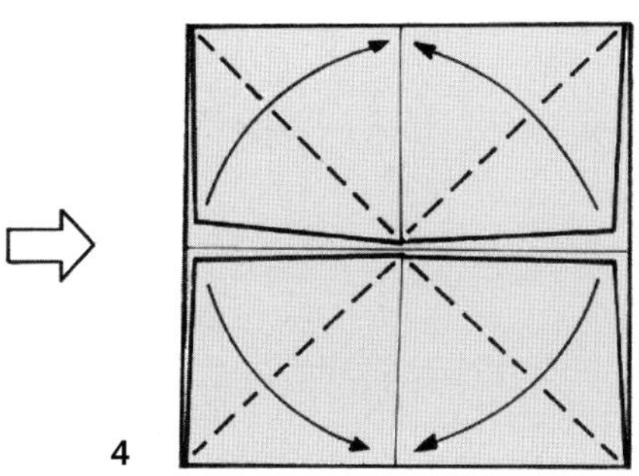

4

# Zusammengeschobenes Dreieck

Beginn: Quadrat,
farbige Seite liegt hinten

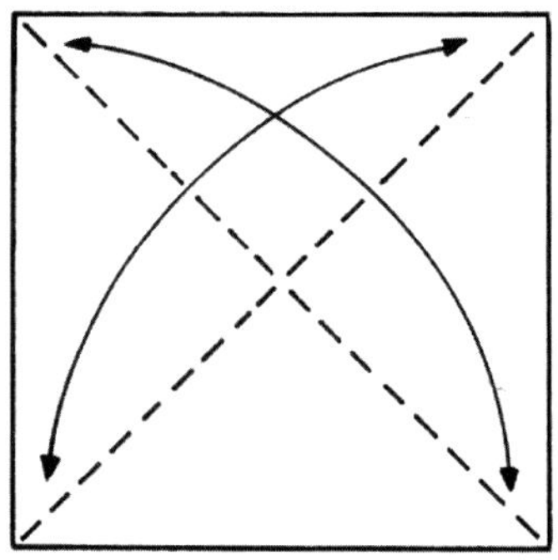

1

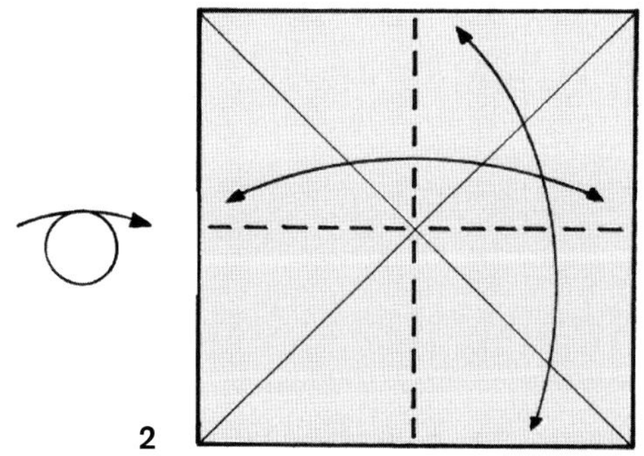

2

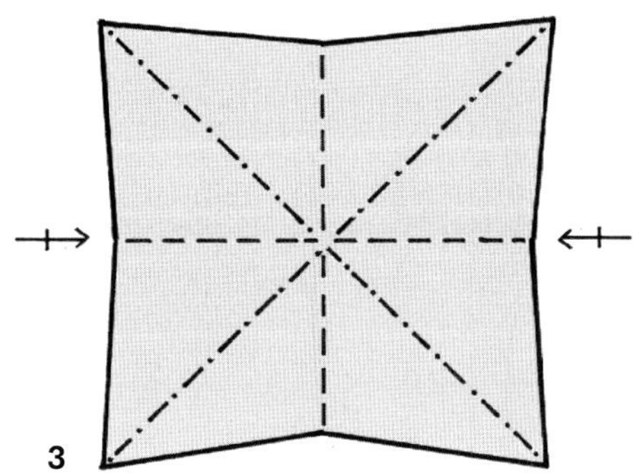

3

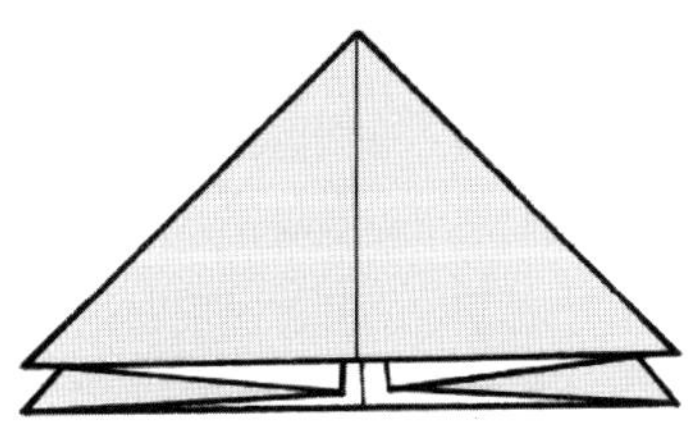

4

**1** Das Quadrat zweimal diagonal talfalten und wieder entfalten. Die Figur wenden.

**2** Durch den Mittelpunkt des Quadrats vertikal und horizontal talfalten, und dann wieder entfalten.

**3** Die Figur von rechts und von links zusammenschieben, bis sich die Talfalten treffen. Dabei hebt sich der Mittelpunkt, und das zusammengeschobene Dreieck ist bereits zu erkennen.

**4** Legen Sie die Figur flach hin, und streichen Sie die gefalteten Seiten des Dreiecks glatt. Das zusammengeschobene Dreieck ist fertig.

# Zusammengeschobenes Quadrat

Beginn: Quadrat,
farbige Seite liegt vorne

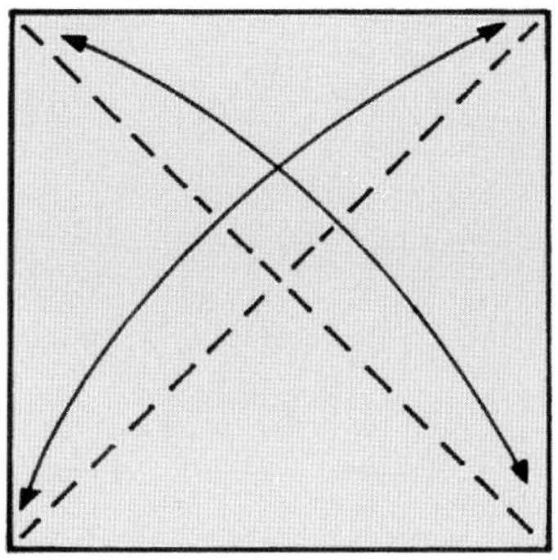
1

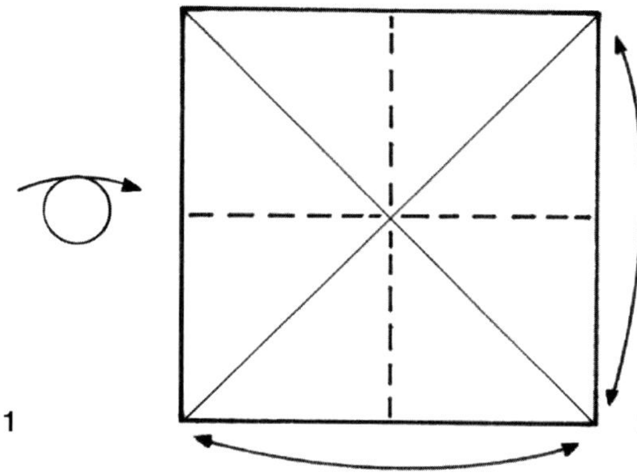
2

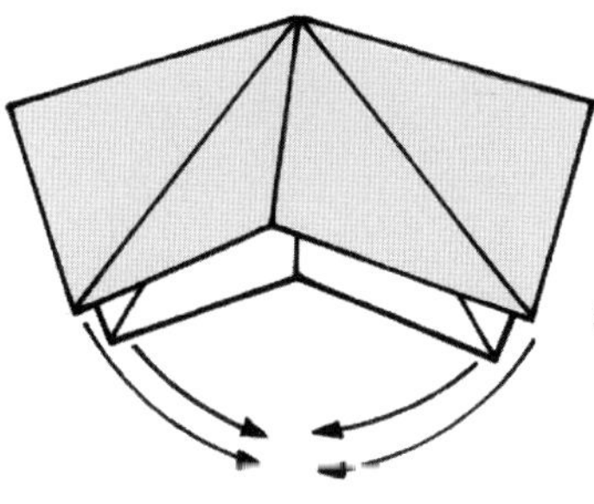
3

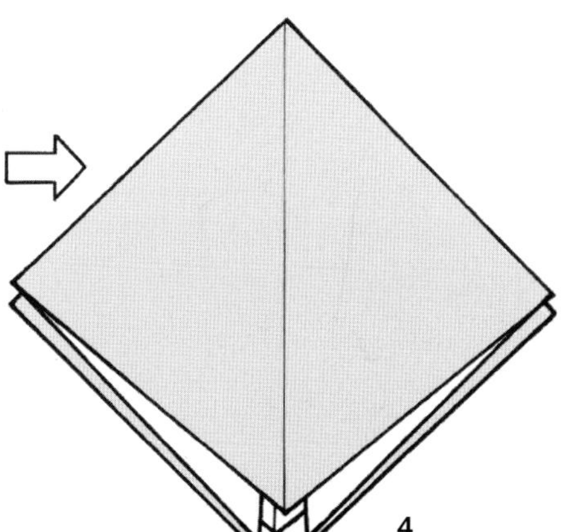
4

**1** Das Quadrat zweimal diagonal talfalten und wieder entfalten. Die Figur jetzt wenden.

**2** Durch den Mittelpunkt des Quadrats vertikal und horizontal talfalten. Die Figur wieder wenden.

**3** Der Mittelpunkt ist leicht erhöht. Die Figur an zwei gegenüberliegenden Ecken, die durch eine diagonale Talfalte miteinander verbunden sind, zusammenschieben. Das zusammengeschobene Quadrat ist bereits zu sehen.

**4** Legen Sie die Figur wieder flach hin, und streichen Sie die gefalteten Seiten des Quadrats glatt. Das zusammengeschobene Quadrat ist fertig.

# Vogelform

Beginn: zusammengeschobenes Quadrat, farbige Seite ist außen

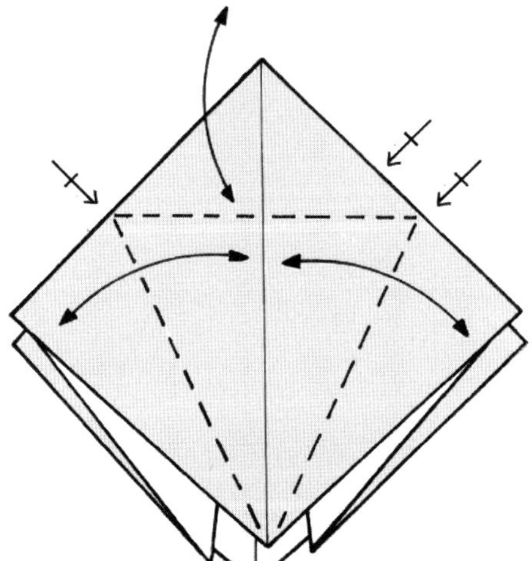

1

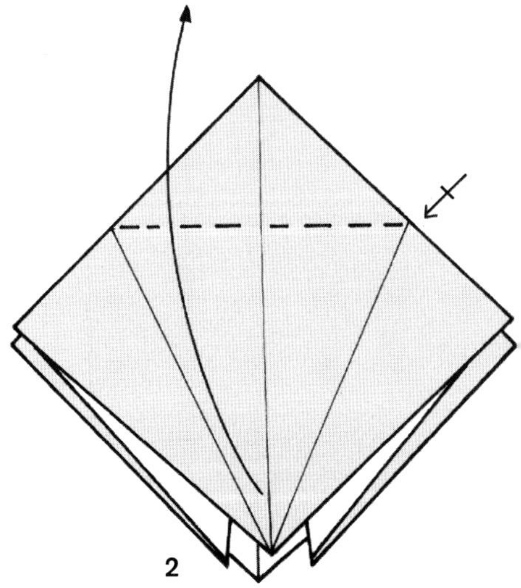

2

**1** Die offene Spitze des Quadrats zeigt nach unten. Die rechte und die linke Ecke des vorderen Quadrats zum Mittelbruch talfalten und wieder entfalten. Ebenso die rechte und die linke Ecke des hinteren Quadrats nach hinten zum Mittelbruch talfalten und wieder entfalten. Die obere Spitze ebenfalls talfalten und wieder entfalten.

**2** Die untere Spitze des vorderen Quadrats nach oben falten.

**3** Dabei ziehen sich zwei lange Kanten zum Mittelbruch, und es entsteht eine Raute. Die gefalteten Außenkanten der Raute glatt streichen. Die Figur wenden, und mit dem rückwärtigen Quadrat ebenso verfahren.

**4** Die Grundform mit dem Namen Vogelform ist fertig.

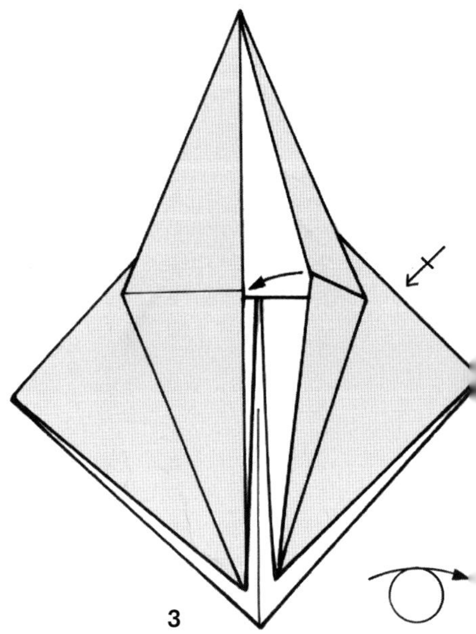

3

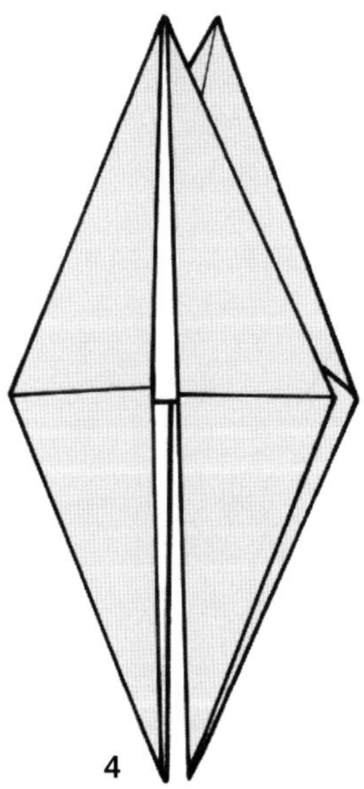

4

# Frosch- oder Blumenform

Beginn: zusammengeschobenes Quadrat, farbige Seite ist außen

**1** Die offene Spitze des Quadrats zeigt nach unten. Die rechte Ecke des vorderen Quadrats zum senkrechten Mittelbruch talfalten und wieder entfalten.

**2** Diesen gefalteten Teil anheben, über den Mittelbruch ziehen, zu einer Tüte öffnen und flach drücken.

**3** Die rechte und linke Spitze der Tüte im unteren Bereich zum Mittelbruch talfalten und wieder entfalten. Die Faltvorgänge 1, 2 und 3 auch hinten falten.

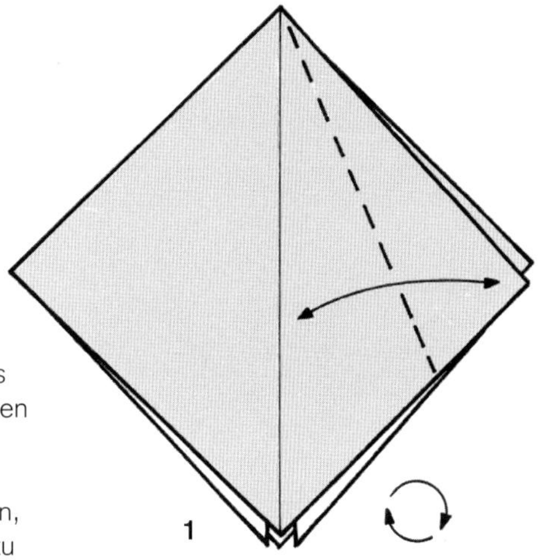
1

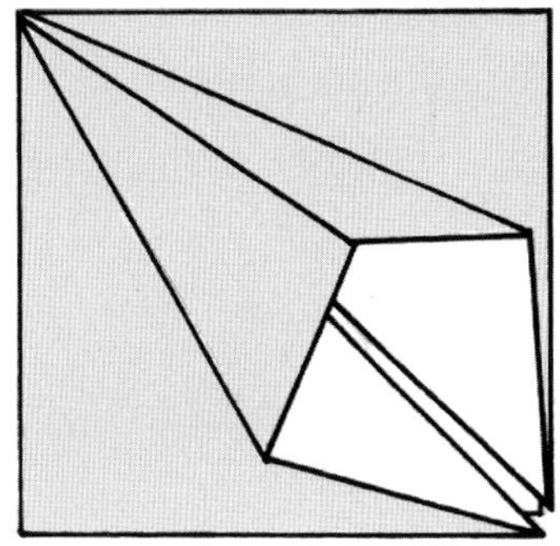
2

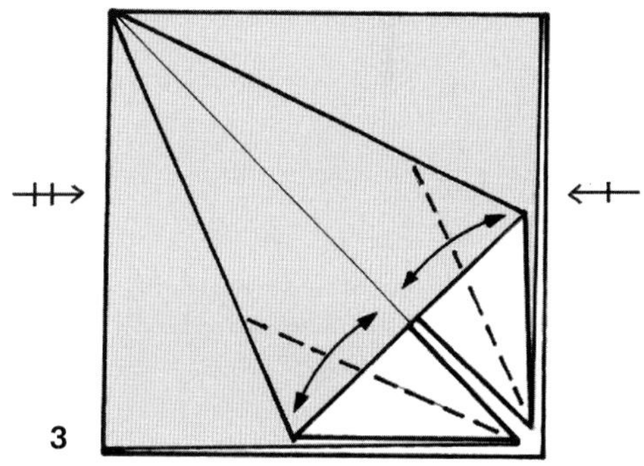
3

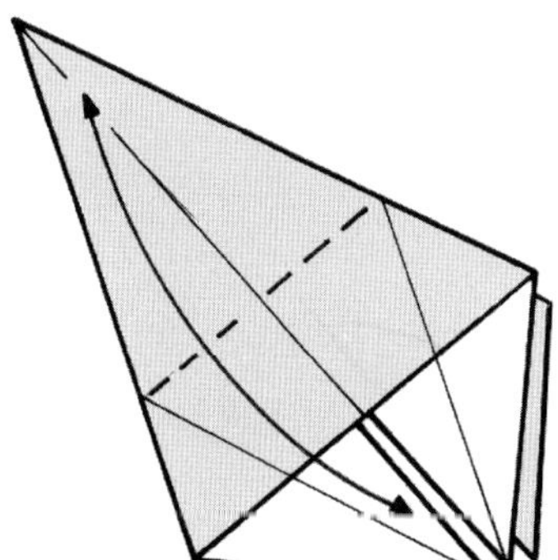
4

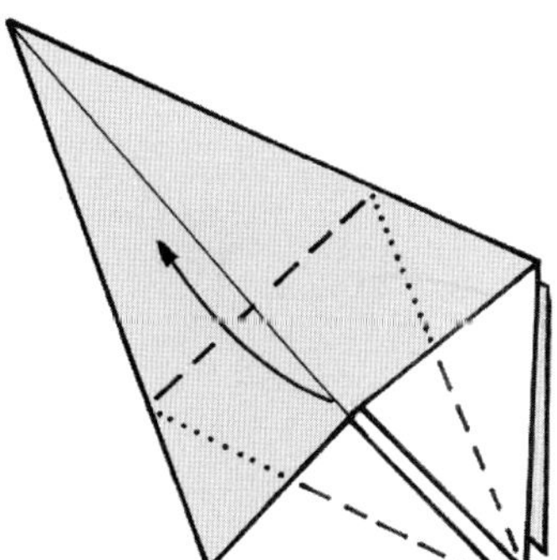
5

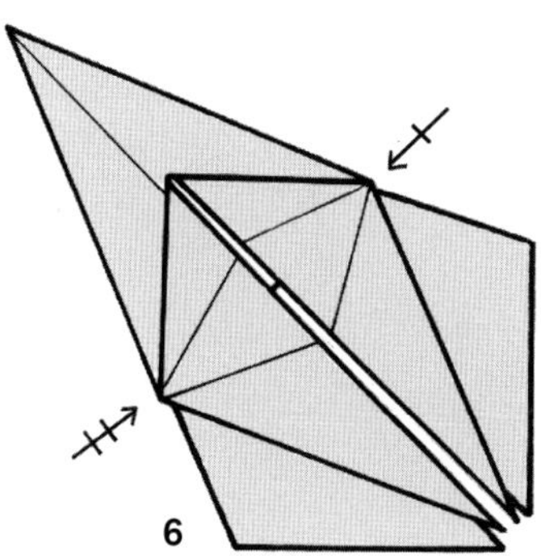
6

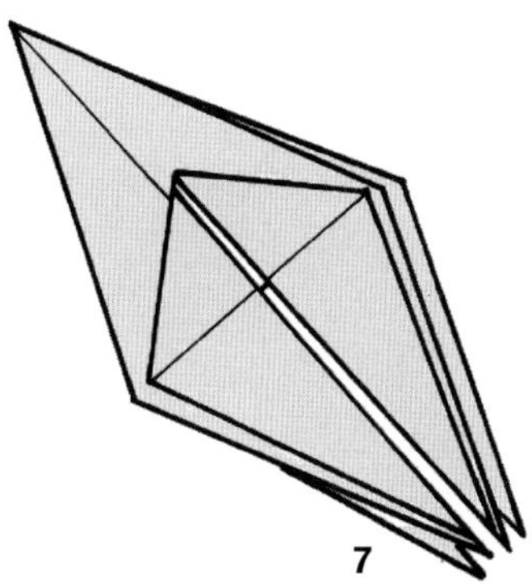
7

**4** Die Figur sieht jetzt so aus. Die obere Spitze an die untere Spitze talfalten und wieder entfalten.

**5** Die Mitte nach oben talfalten. Dabei ziehen sich zwei lange Kanten zum Mittelbruch. Es entsteht eine Drachenform.

**6** Die gefalteten Außenkanten der Drachenform glatt streichen. Den Faltschritt noch dreimal hinten wiederholen, bis die Figur wieder symmetrisch ist.

**7** Die Grundform, die Frosch- oder auch Blumenform genannt wird, ist jetzt fertig.

# Fünfeck aus dem Quadrat

Beginn: Quadrat, farbige Seite liegt hinten

**1** Das Quadrat steht auf der Spitze. Die Mittelachse durch eine Faltung markieren, und dann die untere Spitze an die obere Spitze falten.

**2** Die Spitze des oberen Dreiecks an die untere Kante bringen. Nicht falten, sondern im Bruch auf der Mittelachse nur leicht andrücken, um den Mittelpunkt zu markieren, und wieder entfalten. Die Spitze des oberen Dreiecks nun an den so gefundenen Mittelpunkt bringen, talfalten und dann wieder entfalten.

**3** Die rechte Spitze des Dreiecks in angegebener Richtung talfalten.

**4** Die linke Spitze der Figur wieder nach rechts talfalten. Dabei die untere Lage des Papiers mitfalten.

**5** Die rechte Spitze der Figur nun nach links talfalten.

**6** Einen 90°-Winkel zur rechten Kante der Figur im angegebenen Bereich markieren, und entlang dieser Linie die oberen drei Spitzen der Figur abschneiden.

**7** Das gefaltete Dreieck ganz auseinander falten, und das Fünfeck ist fertig.

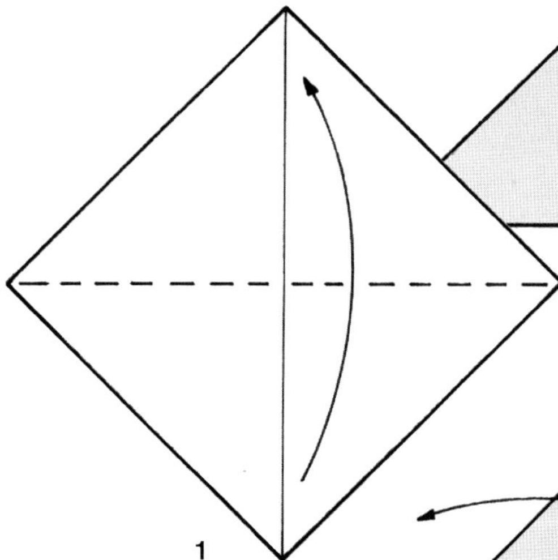

1

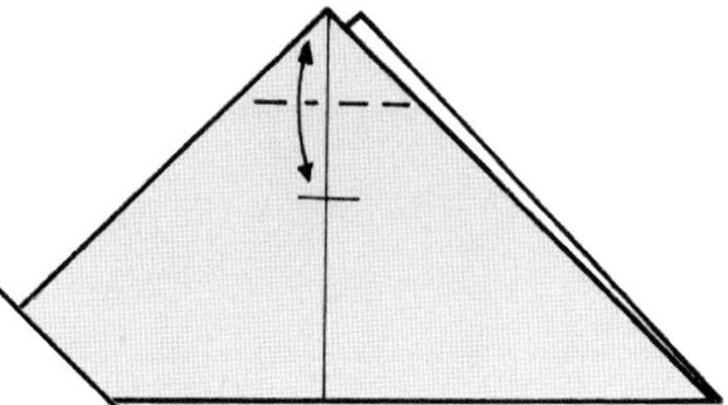

2

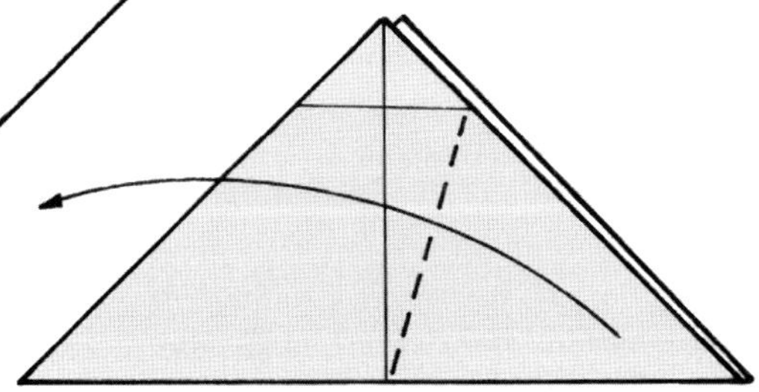

3

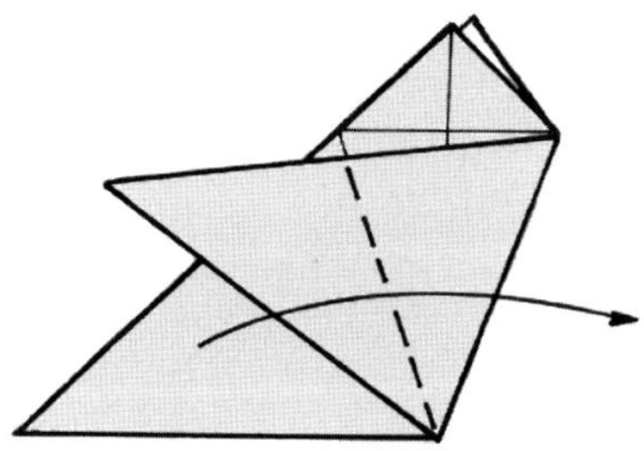

4

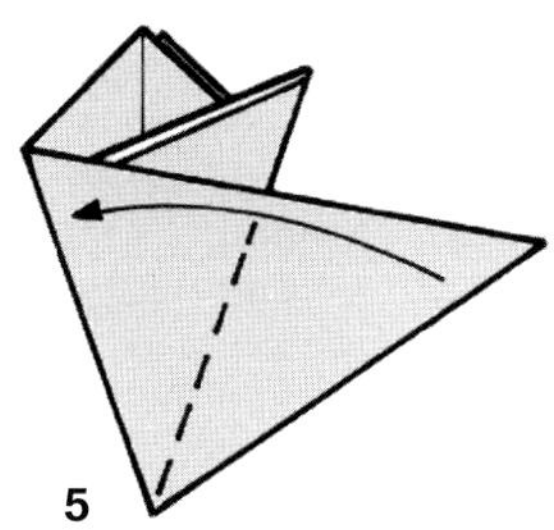

5

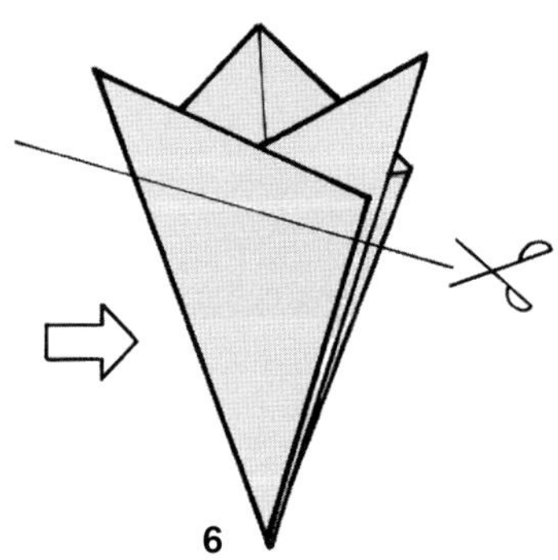

6

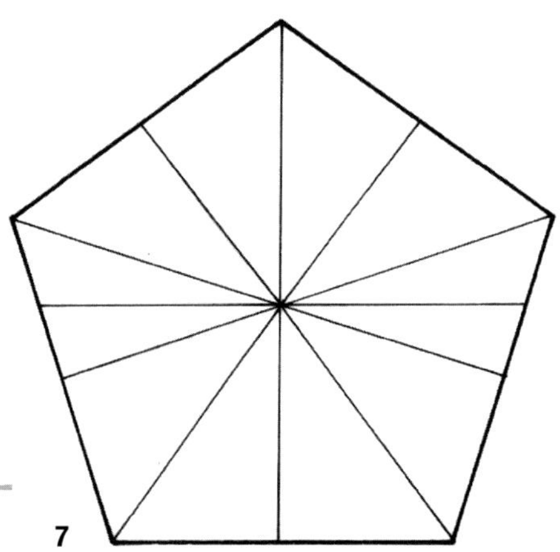

7

# Sechseck aus dem Quadrat

Beginn: Quadrat,
farbige Seite liegt hinten

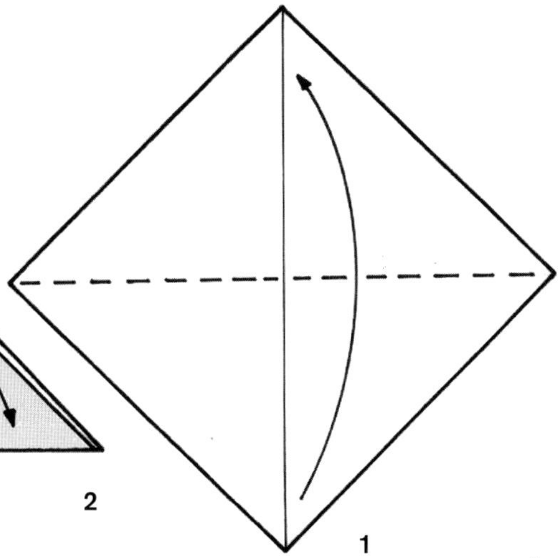
1

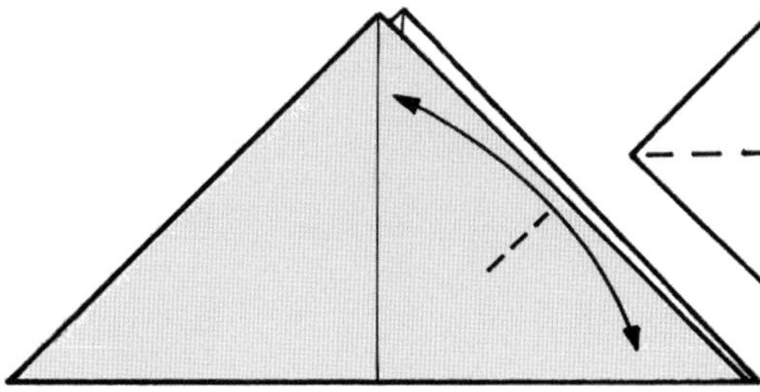
2

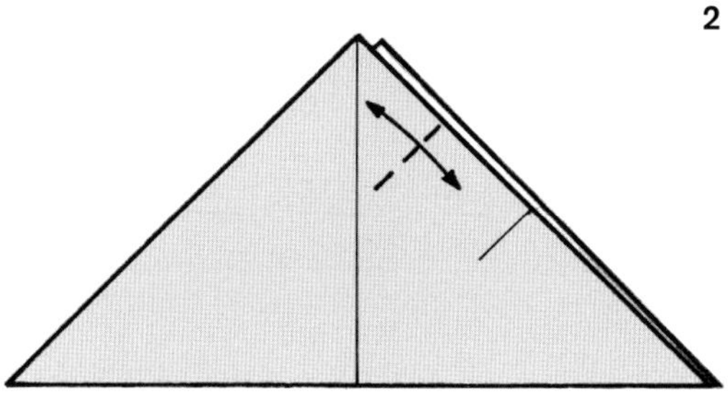
3

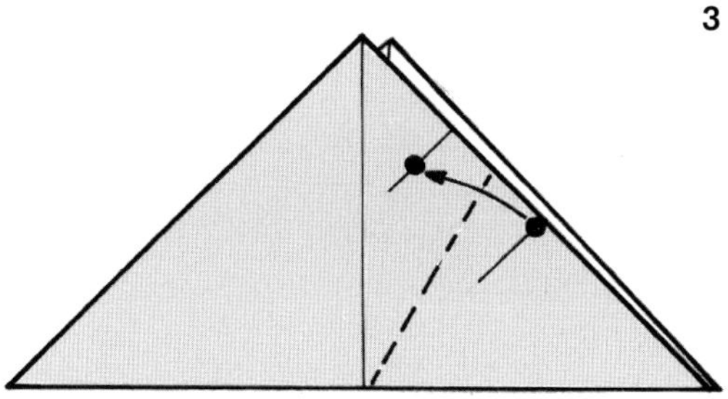
4

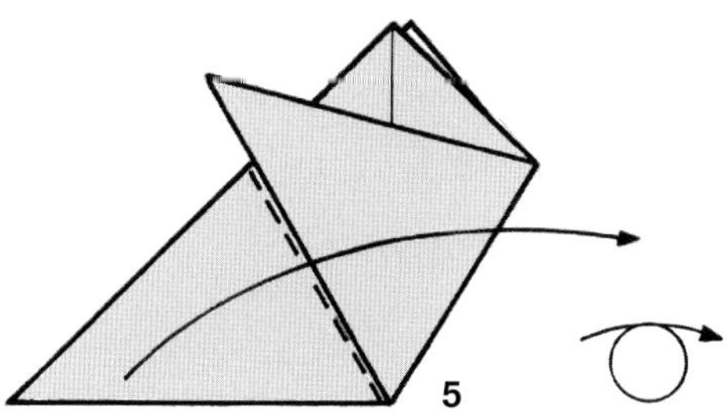
5

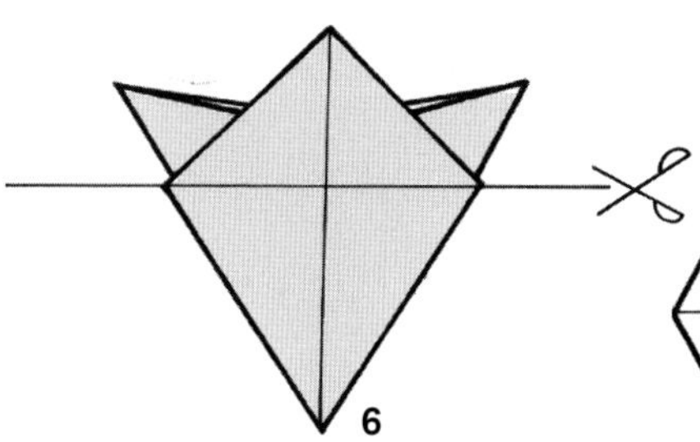
6

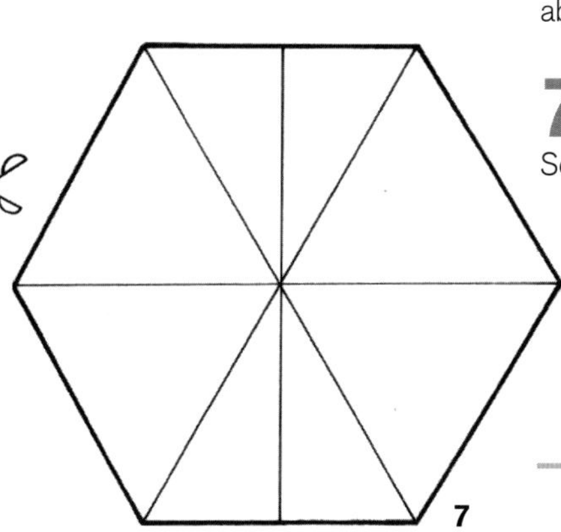
7

**1** Das Quadrat steht auf der Spitze. Die Mittelachse durch eine Faltung markieren, und dann die untere Spitze an die obere Spitze falten.

**2** Die rechte Spitze des Dreiecks an die obere Spitze bringen und im Bruch leicht andrücken, um den Mittelpunkt der rechten Kante des Dreiecks zu markieren. Die Figur wieder zum Dreieck öffnen.

**3** Die obere Spitze des Dreiecks an den in Faltschritt 2 gefundenen Mittelpunkt talfalten und dann wieder entfalten.

**4** Im spitzen Winkel zur Mittelachse Punkt auf Punkt falten.

**5** Die linke untere Spitze der Figur nach rechts falten, und die Figur dann wenden.

**6** Entlang der gekennzeichneten Linie – sie markiert ein gleichschenkliges Dreieck im unteren Bereich der Figur – die drei oberen Spitzen abschneiden.

**7** Das gefaltete Dreieck schließlich ganz auseinander falten, und das Sechseck ist fertig.

# Gleichschenkliges Dreieck aus dem Quadrat

Beginn: Quadrat,
farbige Seite liegt hinten

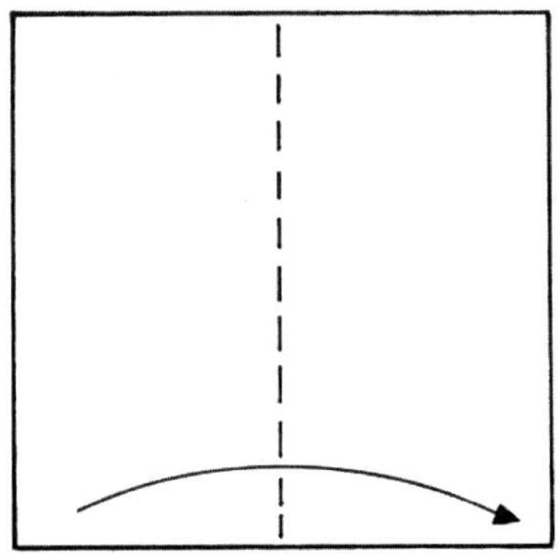

1

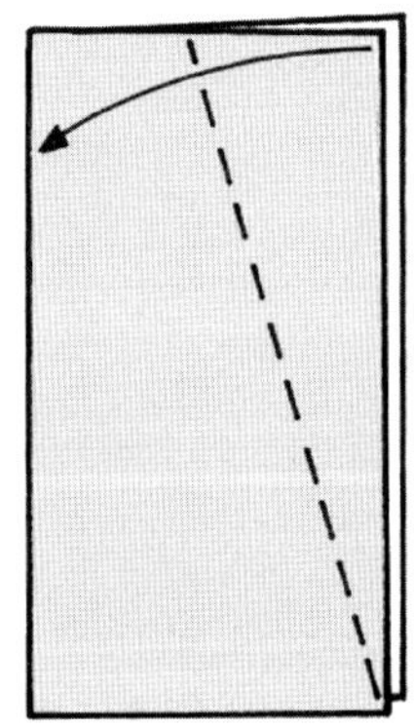

2

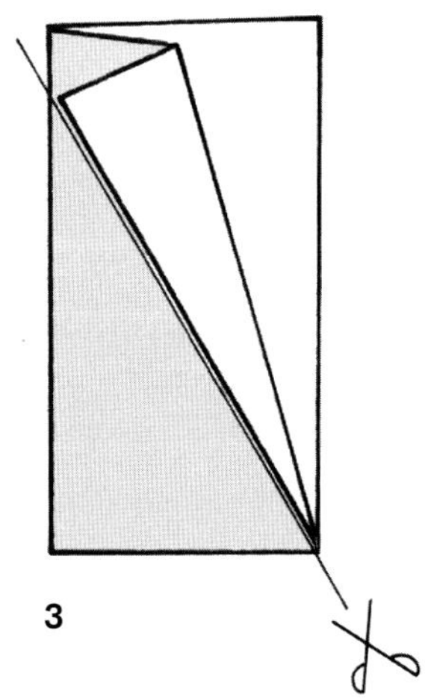

3

**1** Die linke Kante an die rechte Kante des Quadrats talfalten.

**2** Die rechte obere Spitze der Form an die linke Kante talfalten.

**3** Schneiden Sie nun an der offenen Kante dieser Faltung entlang.

**4** Sie erhalten ein rechtwinkliges Dreieck. Dieses Dreieck nun noch aufklappen.

**5** Die Grundform, die gleichschenkliges Dreieck aus dem Quadrat genannt wird, ist jetzt fertig.

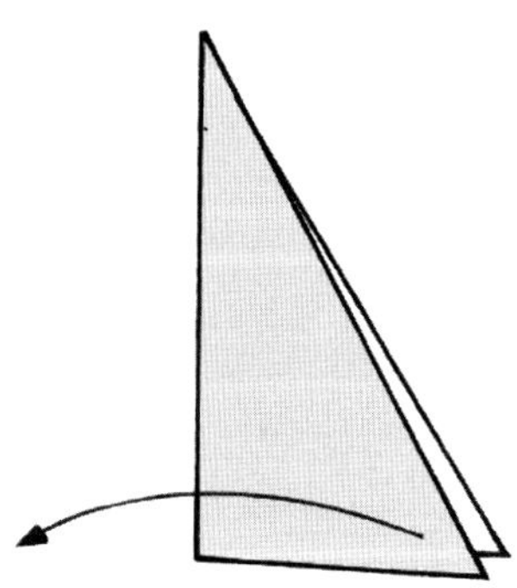

4

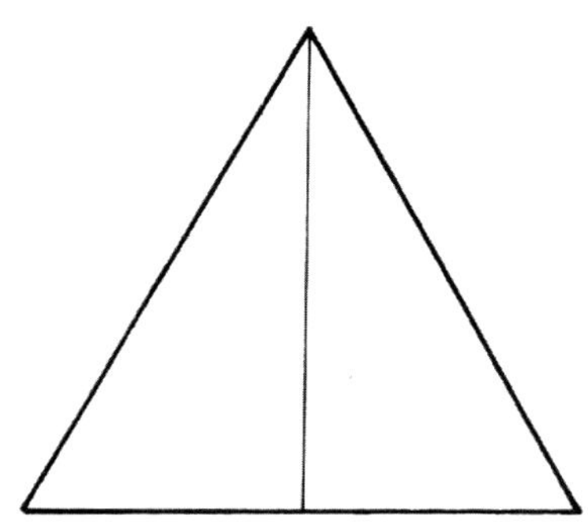

5

Jeder Origami-Künstler hat seinen eigenen Stil und seine eigene Technik und trägt auf seine Art zur Weiterentwicklung der Kunst des Papierfaltens bei. Es gibt schematisch arbeitende Künstler, die systematisch nach neuen Grundformen und -faltungen suchen. Und es gibt unsystematische Papierfalter, die stark intuitiv arbeiten und sich kaum Gedanken über die Grundform machen. So ist es ausnahmsweise erlaubt, mit Schere und Klebstoff zu arbeiten, um zum Beispiel Grundformen zusammenzukleben und aus der so entstandenen Grundform eine herausragende neue Origami-Figur zu entwickeln.

Doch für Origami-Anfänger geht es zunächst alleine darum, sich die wichtigsten und grundlegendsten Techniken zu vergegenwärtigen. Die Fertigung einer Origami-Figur beginnt schon bei der Auswahl des geeigneten Papiers. Dann muss das Papier auf die richtige Form und Größe zugeschnitten werden. Nun kann mit der Faltung der Grundform begonnen werden. Es sollte in jeder Phase des Faltprozesses sauber und sorgfältig gearbeitet werden. Das Papier muss exakt zugeschnitten, alle Falten müssen gewissenhaft gearbeitet und alle Faltschritte in der angegebenen Reihenfolge ausgeführt werden. Kein Faltschritt darf ausgelassen werden.

In diesem traditionellen Behälter, einem „sambo“ aus Knitterpapier mit Goldstaubauflage, verströmen ätherische Öle ihr Aroma.

Jeder, der ein Origami nach allen Regeln der Kunst anfertigen möchte, sollte die folgenden drei goldenen Origami-Regeln beachten:

**1** Eine Figur sollte nach Möglichkeit aus einem Stück Papier gefaltet sein. Komplexe Figuren, die aus mehreren Faltelementen bestehen, sollten zusammengesteckt und nicht zusammengeklebt werden.

**2** Die Schere hat beim Origami nichts zu suchen. Beim Falten soll gar nicht geschnitten werden. Schneiden ist nur zur Herstellung einer Grundform, wie Dreieck oder Sechseck, erlaubt, auf keinen Fall während des Faltprozesses.

**3** Während des Faltens darf nicht geklebt werden. Um eine bessere Haltbarkeit der fertigen Origami-Figuren zu erzielen, ist Kleben jedoch erlaubt.

Falten ist übrigens nicht gleich Falten! Es gibt da feine Unterschiede. Sie können eine Falte mit dem Daumennagel oder dem Falzbein scharf nachziehen. Dies ist bei der Faltung einer Grundform zum Beispiel unbedingt nötig und, in den meisten Fällen, auch bei den weiteren Faltschritten zu einer Origami-Figur. Bei den Modulen für den Kaleidozyklus und auch für die Geldscheinfaltungen wird bis zuletzt mit scharfen Falten gearbeitet. Die Hibiskusblüte dagegen ist ein schönes Beispiel dafür, dass beim letzten Faltschritt „weich“ gefaltet wird. Immer wenn eine organische Form entstehen soll, wird man das Papier biegen und nicht brechen. Sie sollten außerdem darauf achten, das Papier beim Falzen entlang der Falte nicht zu beschädigen. Beim Ausmodellieren einer Origami-Figur können dann wieder ein paar Tricks angewandt werden. So ist es durchaus erlaubt, einzelne Teile der Figur einfach zu befeuchten, so dass das Papier aufquillt, und diese Teile dann zu biegen oder zu knautschen. Auch dadurch erhält ein Origami einen naturalistischen Touch. Achten Sie immer darauf, dass Ihre Hände sauber sind. Vor allem wenn man mit weißem oder sehr hellem, zartem Papier arbeitet, können sonst schnell graue Schleier auf der Oberfläche entstehen. Lassen Sie sich immer Zeit, und betrachten Sie einen Faltschritt nicht isoliert, sondern arbeiten Sie vorausschauend, indem Sie den folgenden Schritt mit berücksichtigen. Es ist im Übrigen sehr reizvoll, eine fertige Origami-Figur so weit aufzufalten, bis das Blatt Papier wieder vor einem liegt, mit dem man begonnen hatte. Es wird ein Diagramm zu erkennen sein, das aus diagonal, vertikal und horizontal verlaufenden Berg- und Talfalten besteht. Und dies ist der erste Schritt zur Entwicklung der eigenen Kreativität in der Kunst des Papierfaltens, wenn man, von so einem Diagramm ausgehend, versucht, neue Formen zu erfinden.

Alle Figuren in diesem Buch sind ohne Schere oder Klebstoff entstanden. Noch ein Tip: Beginnen Sie mit den elf Grundformen, und machen Sie sich gründlich mit den internationalen Faltsymbolen vertraut. Gehen Sie Schritt für Schritt vor, dann werden Ihnen auch die aufwendigeren Origami-Figuren keine großen Schwierigkeiten machen.

# Schachteln und Co.

# Orisue

*Orisue* sind traditionelle Schachteln zur Aufbewahrung der Fäden, mit denen die kostbaren japanischen Kimonos zusammengenäht werden. Bevor ein Kimono gereinigt werden kann, müssen die Stoffbahnen voneinander getrennt werden. Dazu werden die seidenen Nähfäden aus dem Gewebe gezogen. Da diese Fäden ebenso wertvoll sind wie der Seidenstoff der Kimonos, werden sie wieder verwendet. Jeder Seidenfaden wird in ein eigenes *orisue* gelegt. Viele *orisue* werden in einem *itokuzuire*, dem Behälter für gebrauchte Fäden, aufbewahrt.

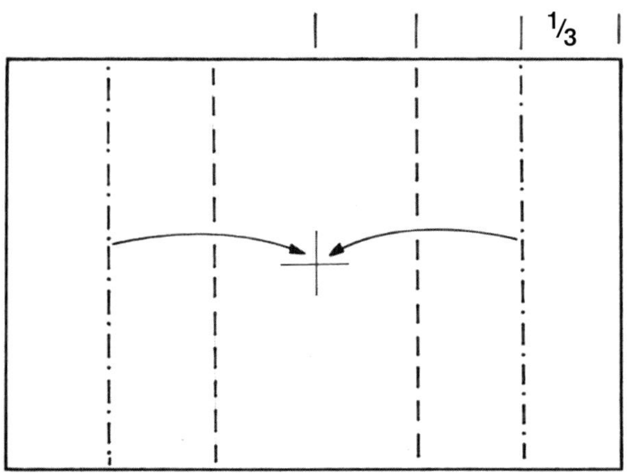

1

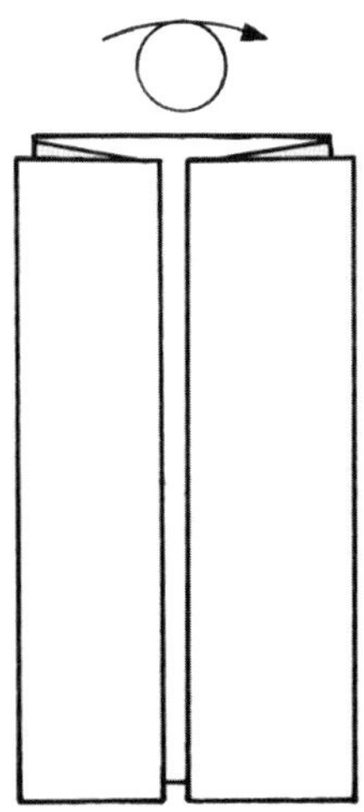
2

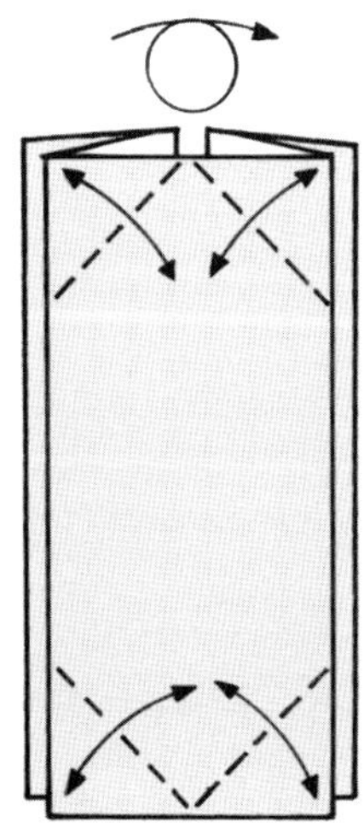
3

**1** Ausgangsform ist ein 8 x 12 cm großes Rechteck. Die farbige Seite liegt hinten. Den Mittelpunkt finden, und die Berg- und Talfalten im angegebenen Bereich falten. Beide Bergfalten an den Mittelpunkt falten.

**2** Die Faltung sieht jetzt so aus. Die Figur wenden.

**3** Alle vier Ecken der Figur Richtung Mittelpunkt talfalten und wieder entfalten. Die Figur wenden.

**4** Die Figur leicht öffnen. Die obere und die untere Mitte an den Mittelpunkt talfalten und flach drücken.

**5** Das Rechteck der rechten Seite nach links falten.

**6** Den vorderen Teil der Figur im angegebenen Bereich oben und unten talfalten.

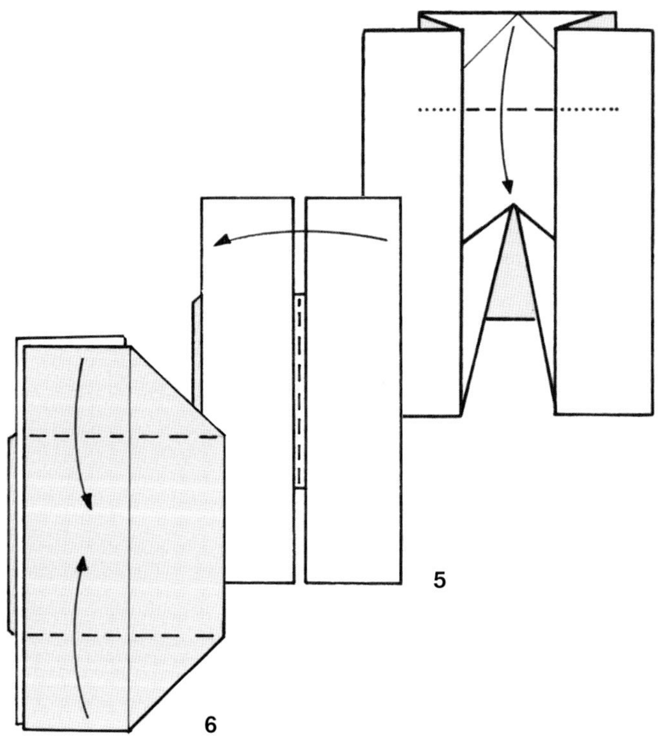
4

5

6

**7** Der vordere Teil der Figur stellt ein Quadrat dar. Die obere und die untere linke Ecke des Quadrats zur Mitte hin talfalten.

**8** Es ist eine Spitze entstanden. Diese Spitze nach rechts talfalten.

**9** Die Figur sieht jetzt so aus. Die linke Seite der Figur nun ebenfalls wie ab Faltschritt 5 beschrieben falten.

**10** Die kleine japanische Schachtel ist jetzt fertig.

**11** Durch leichtes Ziehen an den oberen Spitzen des „orisue“, lässt sich das traditionelle Schächtelchen spielend öffnen.

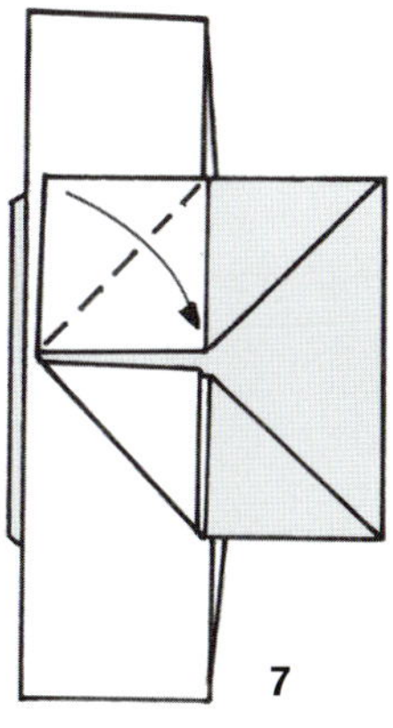

7

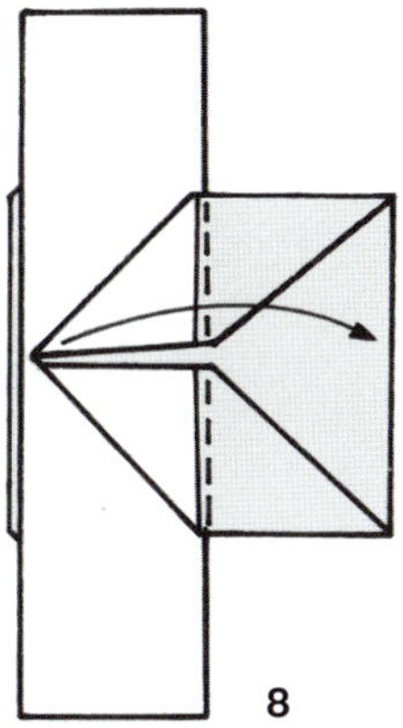

8

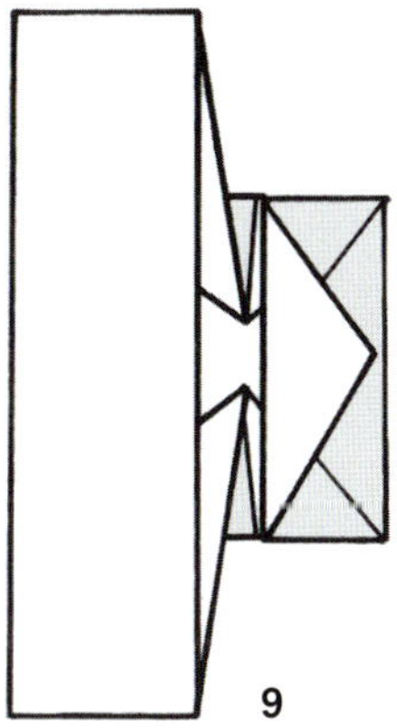

9

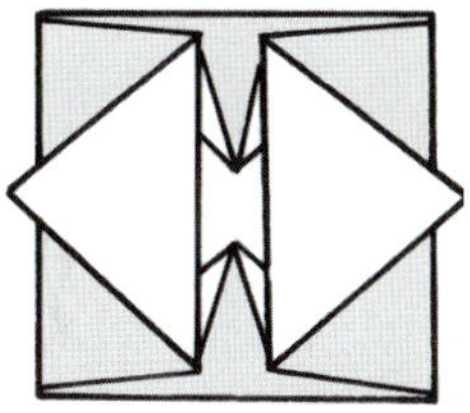

10

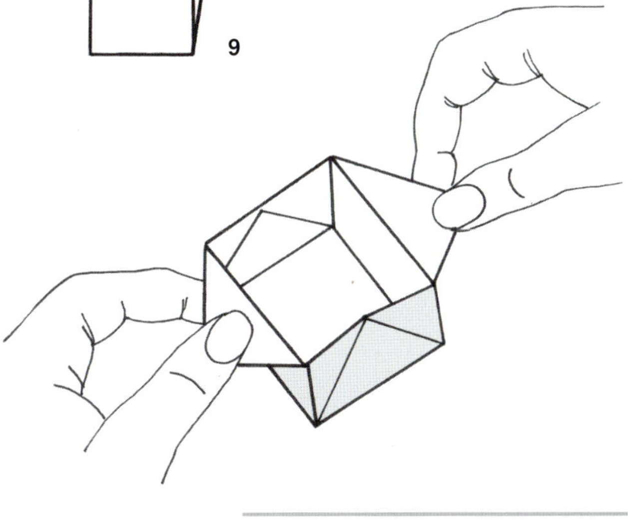

# Schachtel

Auf diese Schachtel passt der Sternendeckel ebenso gut wie der Rosen- oder der Tannenbaumdeckel. Für kleine Geschenke ist so eine Schachtel die ideale Verpackung, und zum Wegwerfen ist sie einfach viel zu schade.

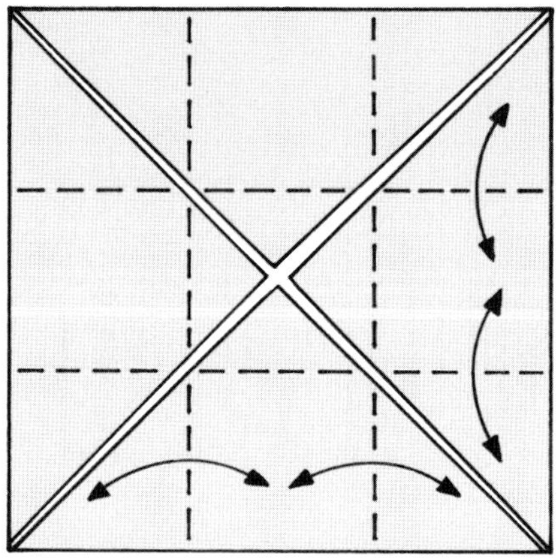

1

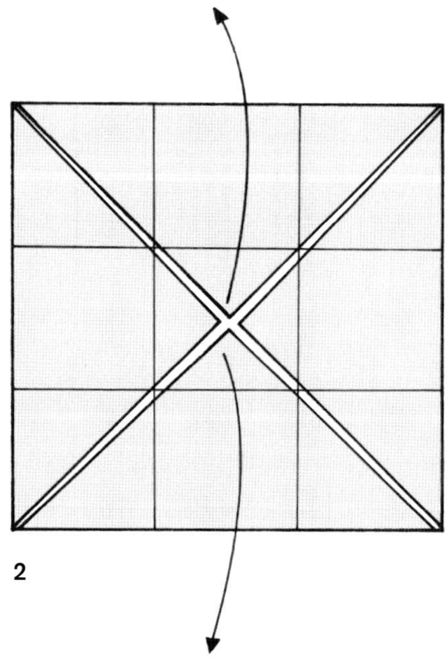

2

**1** Ausgangsform für die Schachtel ist die Blintzform aus einem Papierquadrat (30 x 30 cm). Die farbige Seite ist außen. Die quadratische Blintzform in der Horizontalen und in der Vertikalen durch Talfalten dritteln und dann wieder entfalten.

**2** Die Blintzform nach oben und auch nach unten öffnen.

**3** Die obere und die untere Spitze bergfalten und wieder entfalten. Die rechte Seite der Figur im ersten Drittel nach links talfalten.

**4** Berg- und Talfalten in beiden gekennzeichneten Quadraten falten und entfalten. Die Figur dann nach rechts öffnen.

**5** Die linke Seite der Figur im ersten Drittel nach rechts talfalten.

**6** Berg- und Talfalten in beiden gekennzeichneten Quadraten falten und entfalten. Die Figur jedoch nach links öffnen.

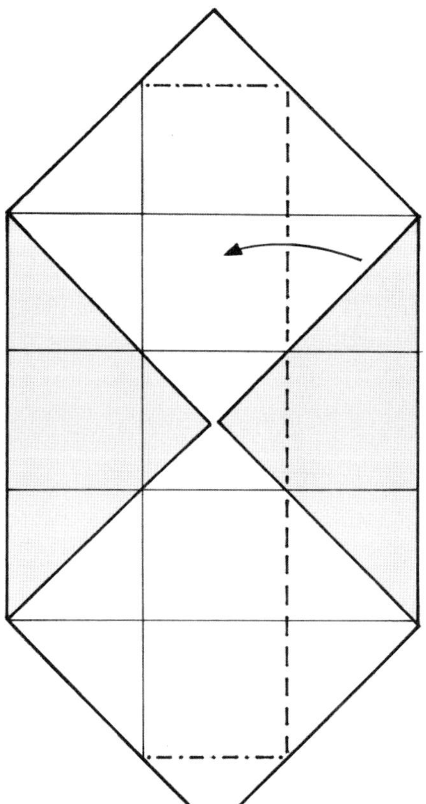

3

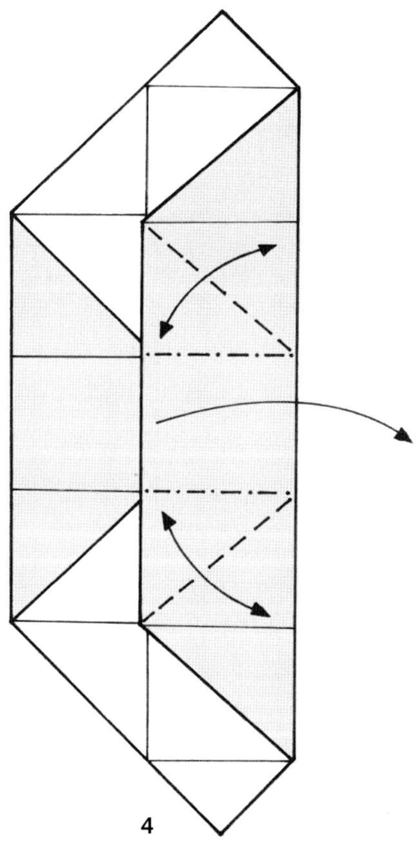

4

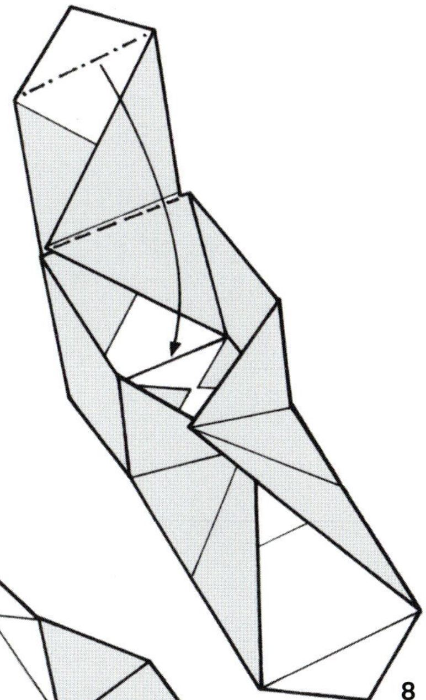

8

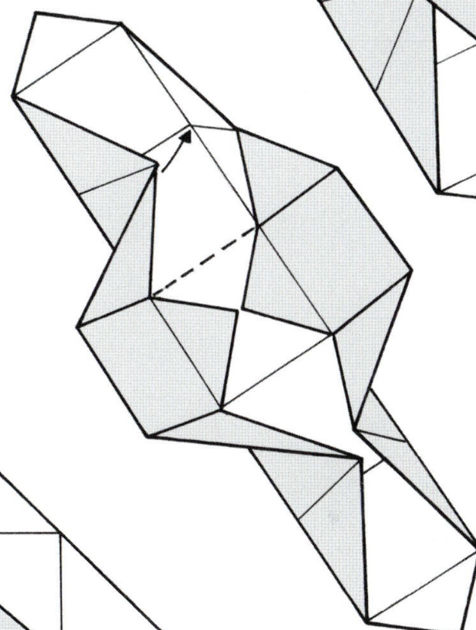

7

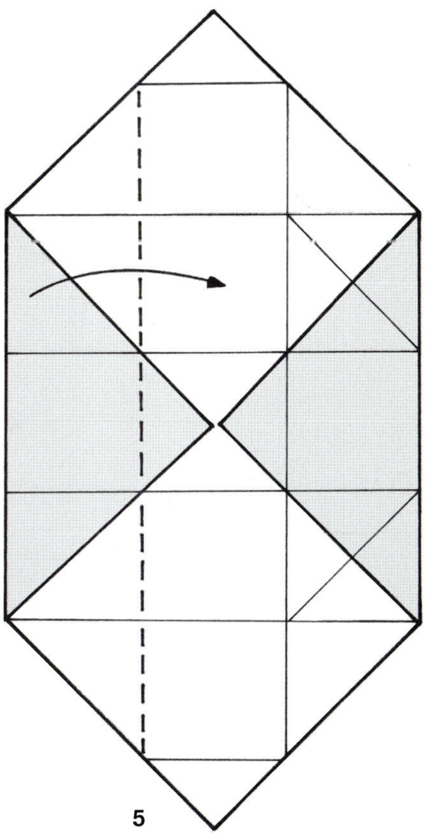

5

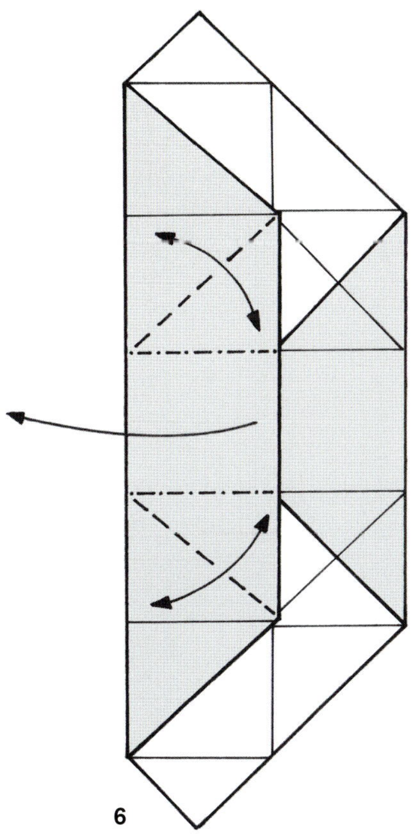

6

**7** Die rechte und die linke Seite der Figur anheben. Dabei schieben sich die diagonalen Faltungen übereinander, und die Form der Schachtel ist schon zu erkennen. Die obere Spitze nach innen über den Rand der Schachtel klappen.

**8** Die untere Spitze auf die gleiche Weise über den Rand der Schachtel klappen. Schon ist die Schachtel fertig. Jetzt fehlt nur noch ein passender dekorativer Deckel.

# Sternendeckel

Der Sternendeckel besticht durch seine schlichte Form und seine flache, reliefartige Oberfläche. Er passt exakt auf die Schachtel.

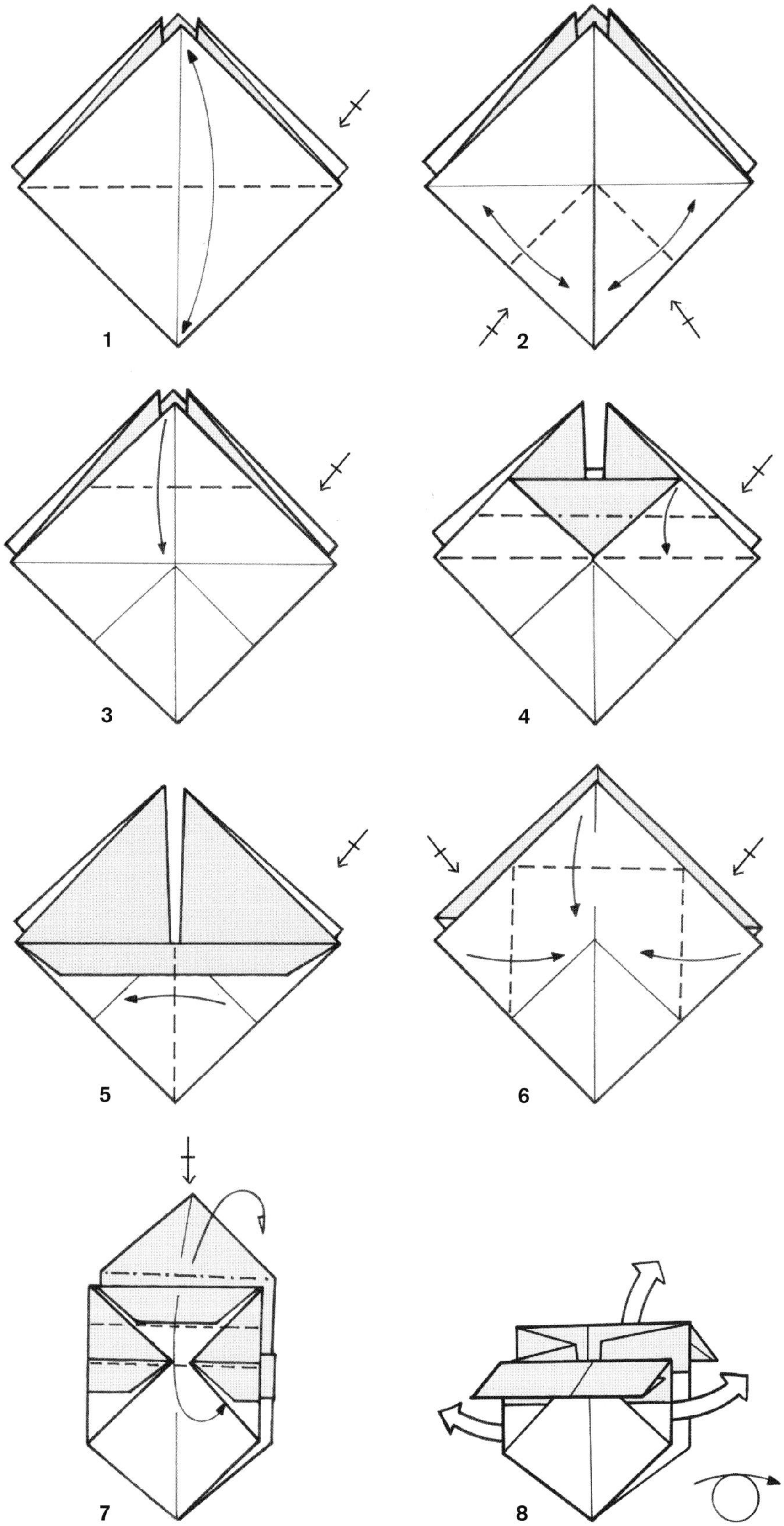


**1** Ausgangsform ist das zusammengeschobene Quadrat aus einem Papierquadrat (20 x 20 cm). Die farbige Seite ist innen. Die obere Spitze des vorderen und rückwärtigen Quadrats an die untere Spitze talfalten und entfalten.

**2** Im unteren angegebenen Bereich talfalten und wieder entfalten. Auch hinten falten.

**3** Die obere Spitze zum Mittelpunkt falten. Auch hinten falten.

**4** Die Spitze des kleinen Dreiecks bergfalten, so dass sie verschwindet. Dann zur Mittellinie talfalten. Hinten ebenso falten.

**5** Die rechte Spitze auf die linke Spitze falten. Hinten ebenso falten. Es entsteht ein Quadrat.

**6** Die obere und die beiden seitlichen Spitzen des vorderen Quadrats der Figur zum Mittelpunkt talfalten. Auch hinten falten.

**7** Die obere Spitze wieder öffnen, und sie dann einmal zum schon vorhandenen Bruch talfalten. Im Bruch ein zweites Mal talfalten. Das Ganze in derselben Breite noch zweimal talfalten. Mit dem rückwärtigen Teil der Figur ebenso verfahren.

**8** Figur öffnen und wenden. Die farbige Seite ist vorne. Übrigens: Wenn Sie die Figur 8 nicht öffnen, sondern das untere Dreieck nach oben talfalten und wieder entfalten, können Sie daraus eine flache Schachtel formen.

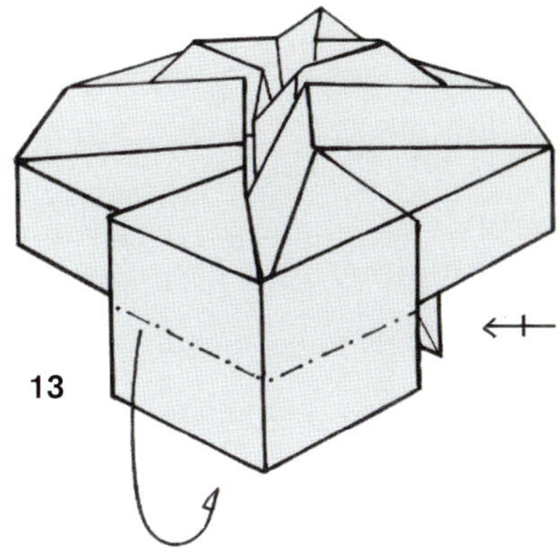

13

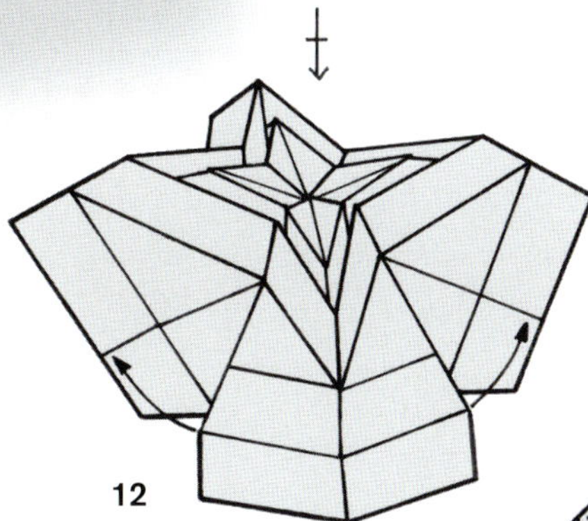

12

**9** Zunächst erkennt man ein Quadrat, das auf der Spitze steht. Die obere und die untere Spitze am zweiten Querfalz nach hinten bergfalten. Die seitlichen Spitzen am dritten Längsfalz nach hinten bergfalten.

**10** Das Diagramm zusammenschieben. Die obere Spitze der Figur zweimal talfalten, zweimal bergfalten, und die Spitze versenken. Die Figur zum Diagramm öffnen.

**11** Jetzt wird der Deckel noch ausgeformt. Falten Sie exakt alle angegebenen Berg- und Talfalten nach, bevor Sie das Diagramm an den diagonalen Bergfalten zusammenschieben.

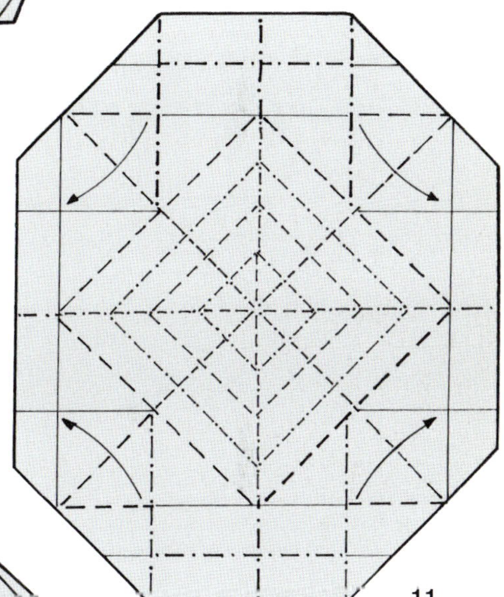

11

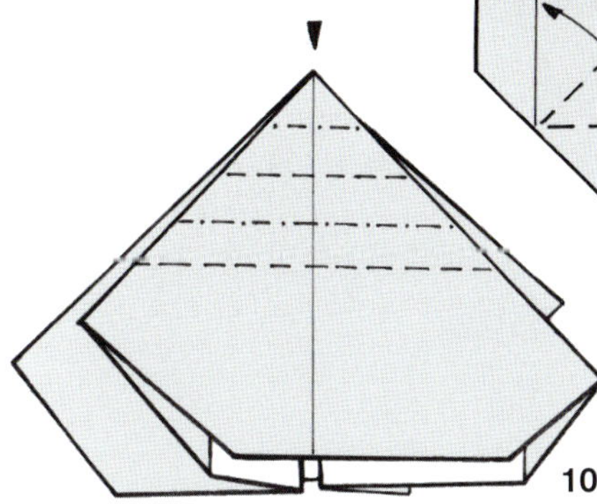

10

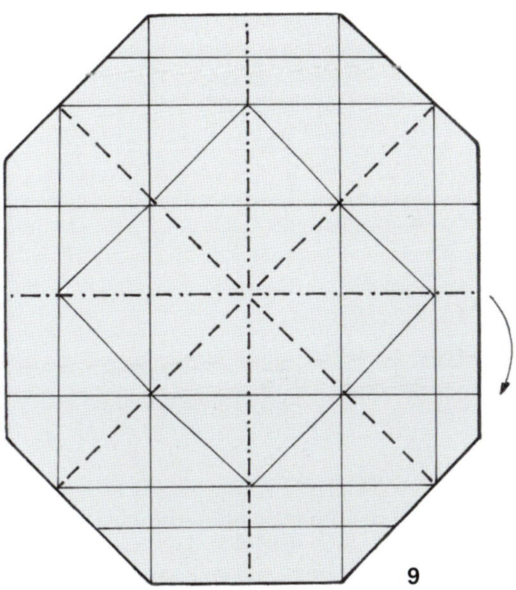

9

**12** Die Figur im unteren Bereich in Pfeilrichtung an die jeweils seitlichen Vorfalten bringen. Jetzt auch hinten falten.

**13** Den vorderen, etwas längeren Teil nach innen falten. Auch hinten falten, und der dekorative Sternendeckel ist fertig.

# Tannenbaumdeckel

Dieser Deckel erinnert an einen Tannenbaum oder auch an eine Pagode und eignet sich daher sehr gut für Weihnachtsgeschenke. Er entsteht durch ein Stecksystem aus drei Modulen. Wenn man den Deckel auf eine kleine Tüte von Seite 158 steckt, dann wird daraus ein wunderschöner Weihnachtsbaum.

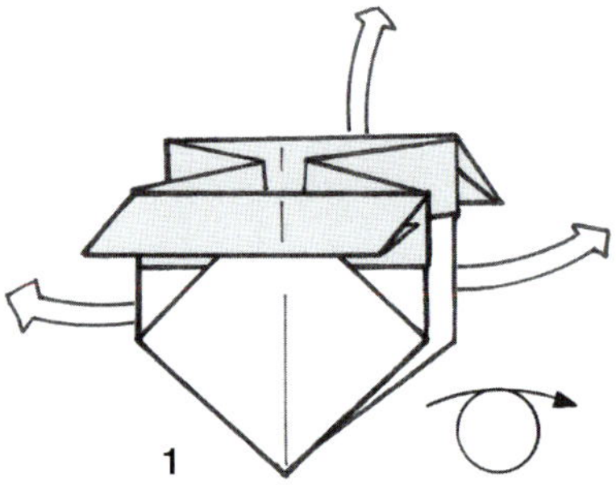

1

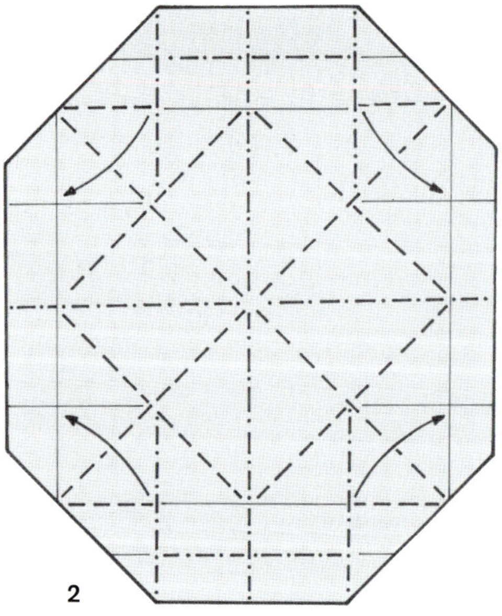

2

**1** Ausgangsformen für den Tannenbaumdeckel sind drei zusammengeschobene Quadrate aus Papierquadraten (Unterteil 20 x 20 cm, Mittelteil 18 x 18 cm, Oberteil 16 x 16 cm). Die farbige Seite ist innen. Die zusammengeschobenen Quadrate genauso falten, wie bereits unter Faltschritt 1 bis 7 für den Sternendeckel beschrieben. Die Figur öffnen und wenden. Die farbige Seite ist vorne.

**2** Im angegebenen Bereich berg- und talfalten. Vorfalten sind schon vorhanden. Falten Sie alle gekennzeichneten Berg- und Talfalten exakt nach, das hilft beim Zusammenschieben. Nun den oberen und unteren Bereich an die seitlichen Vorfalten bringen. Die Figur wie gehabt zusammenschieben.

**3** Den vorderen, etwas längeren Teil nun nach innen falten. Auch hinten falten, und ein Modul ist fertig.

**4** Die beiden noch fehlenden Module für den Tannenbaumdeckel falten.

**5** Die drei Module der Reihe nach aufeinander stecken. Unten ist das größte Modul und oben das kleinste.

**6** So sieht der Tannenbaumdeckel aus, wenn er fertig gesteckt ist.

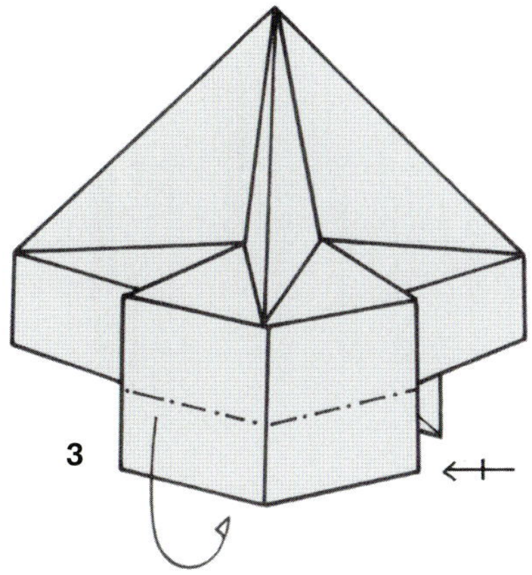

3

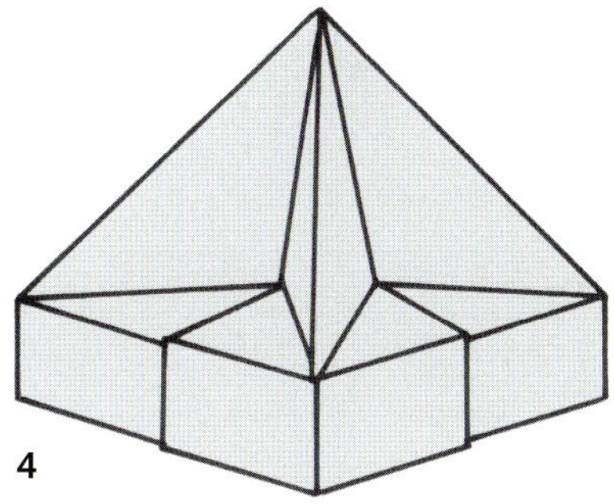

4

VARIATIONEN
Aus zwei gleich großen Modulen, deren Breitseiten ineinander gesteckt wurden, entsteht eine reizvolle Form, die sich zum Beispiel als Christbaumschmuck eignet. Beim Weihnachtsbaum dient die verkleinerte Tüte von Seite 158, aus cincm Papicrquadrat von 15 x 15 cm, als Baumstamm.

VARIATION

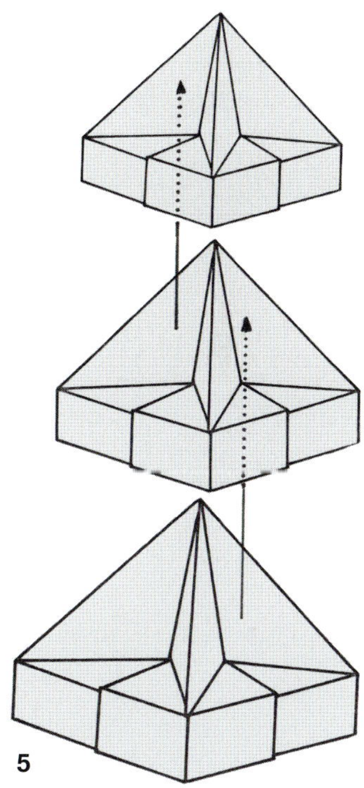

5

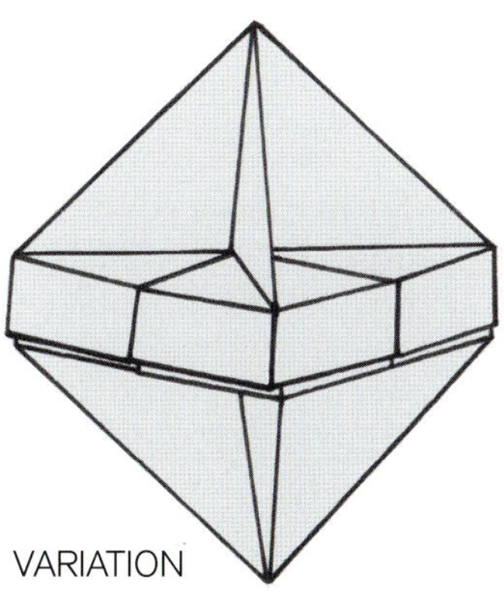

VARIATION

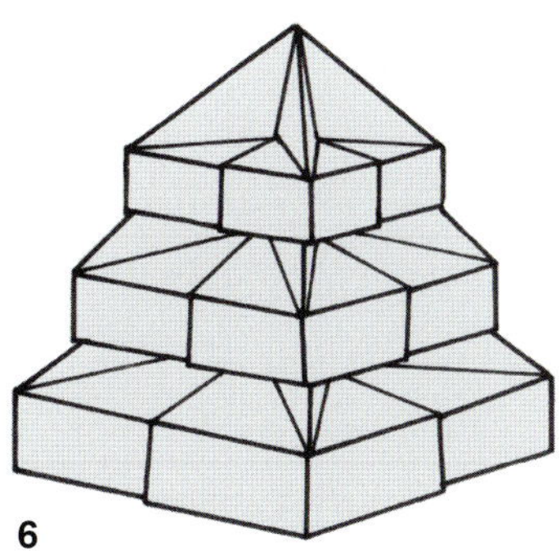

6

# Deckel mit Knoten

Der Deckel mit Knoten und der Rosendeckel bestechen durch ihre floralen Elemente. Als Krönung einer Schachtel für Konfekt oder zum Aufbewahren von Potpourris aus getrockneten Blumen und Gewürzen sind sie unschlagbar. Was auf den ersten Blick sehr kompliziert aussieht, ist eigentlich ganz einfach nachzufalten. Ihre Plastizität erhalten die Deckel, weil sie aus vier Modulen bestehen, die kunstvoll miteinander verflochten werden.

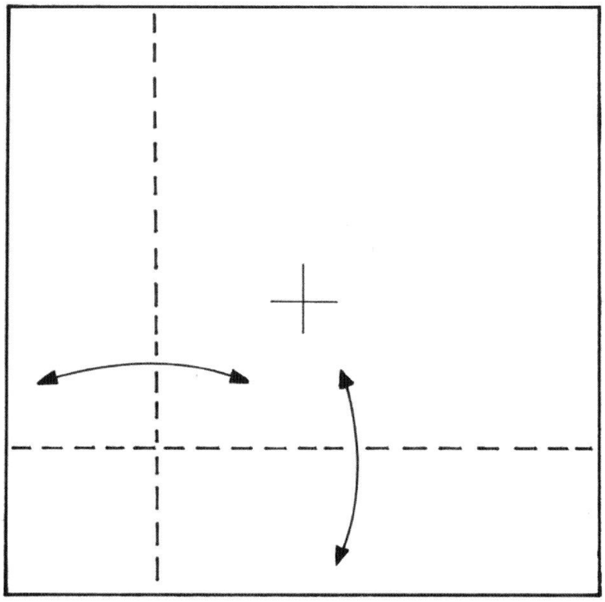

1

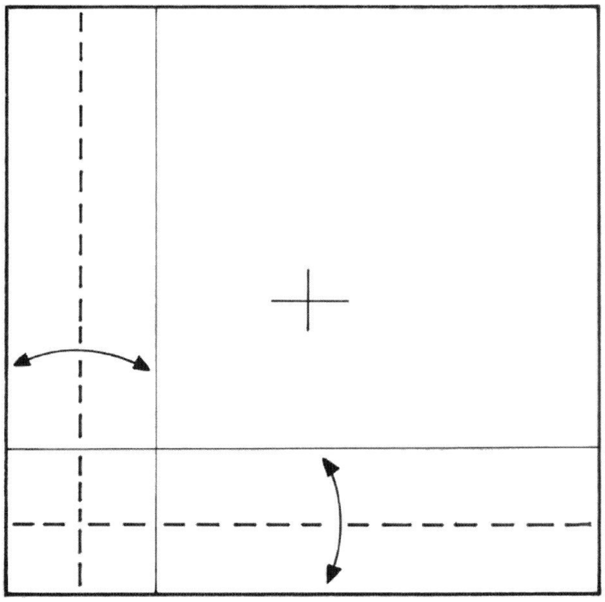

2

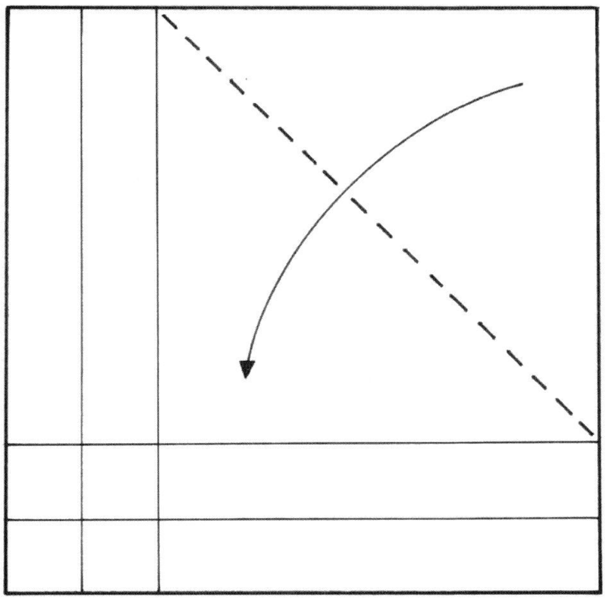

3

**1** Ausgangsform ist ein Papierquadrat (15 x 15 cm). Die farbige Seite ist hinten. Den Mittelpunkt markieren. Die untere und die linke seitliche Kante an den gefundenen Mittelpunkt talfalten und wieder entfalten.

**2** Die untere und die linke seitliche Kante jetzt an die gefundenen Vorfalten bringen und wieder entfalten.

**3** Die rechte obere Spitze im angegebenen Bereich talfalten.

**4** Die obere und untere linke Spitze der Figur talfalten. Die rechte untere Spitze ebenso nach hinten bergfalten.

**5** Die Spitze im oberen linken Bereich zur senkrechten Mittelachse talfalten. Die Bergfalte im angegebenen Bereich nach hinten falten.

**6** Die obere rechte Ecke der Figur an die Mittelachse talfalten, und dann die linke Seite der Figur entlang der senkrechten Mittelachse nach rechts talfalten.

**7** Die vordere Papierlage im angegebenen Bereich talfalten und wieder entfalten.

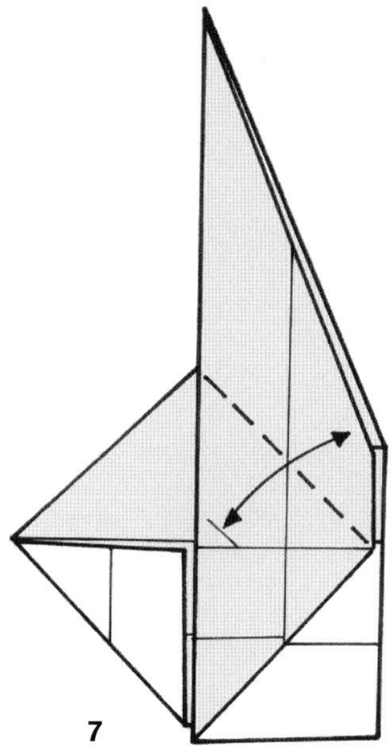

7

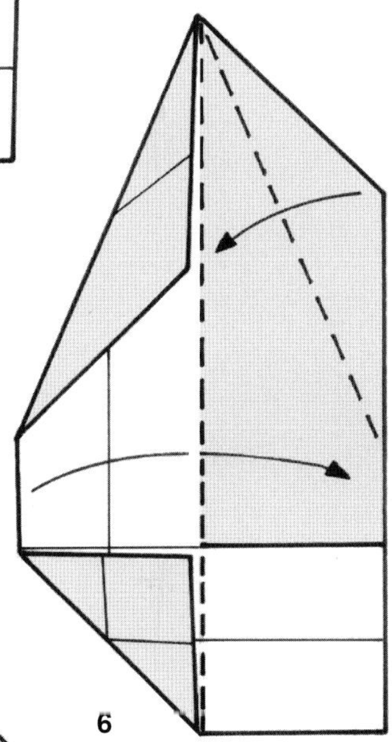

6

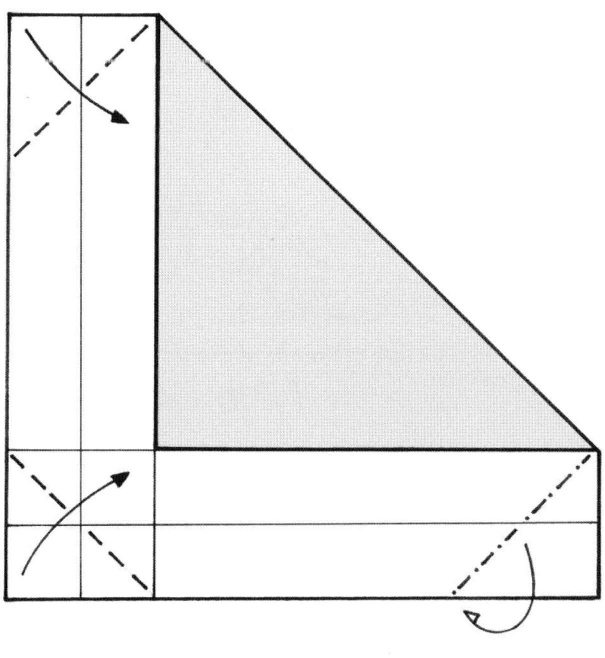

4

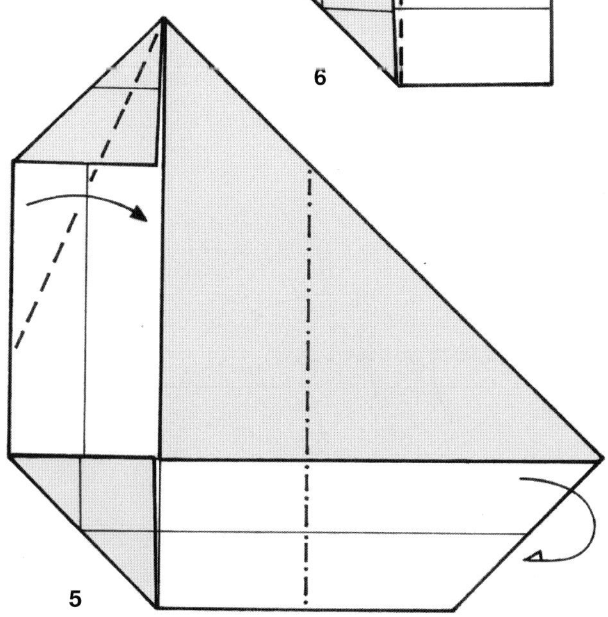

5

**8** Im angegebenen Bereich nach hinten bergfalten.

**9** Die obere Lage in Pfeilrichtung berg- und talfalten. Dadurch wird die Figur dreidimensional.

**10** Wenn die Figur so aussieht, wenden und um 180° nach rechts drehen.

**11** Das nach innen gefaltete rechte Dreieck nach außen klappen. Wie in Faltschritt 1 bis 11 beschrieben, noch drei weitere Module falten.

**12** Zwei Module werden miteinander verbunden, indem man das aufgefaltete Dreieck des ersten Moduls in die dreieckige Tasche des zweiten Moduls steckt. Die beiden oben sichtbaren Flügel dann verschränkt übereinander legen.

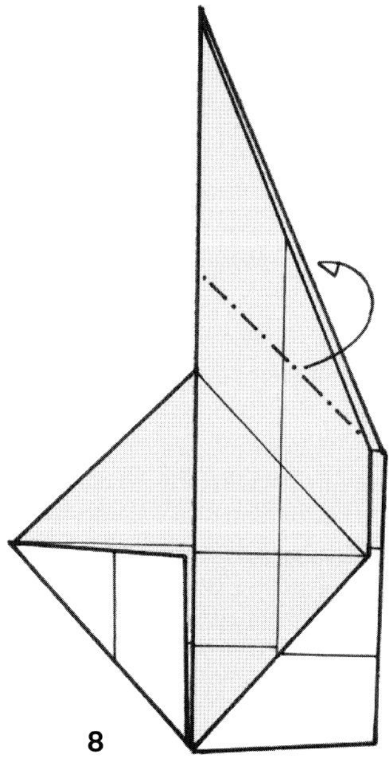
8

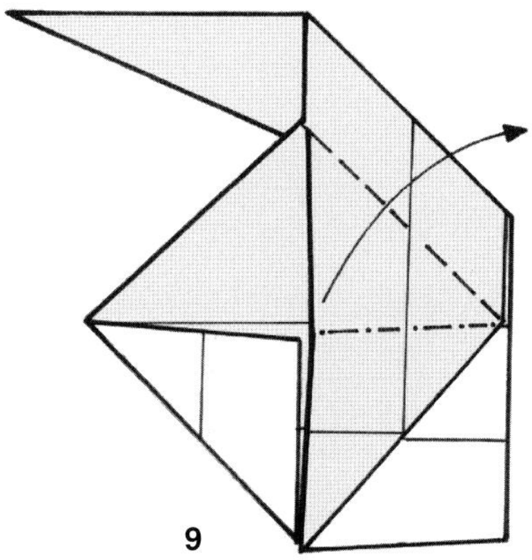
9

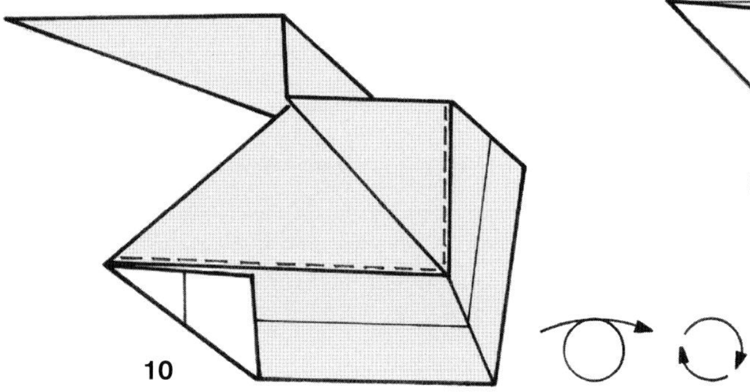
10

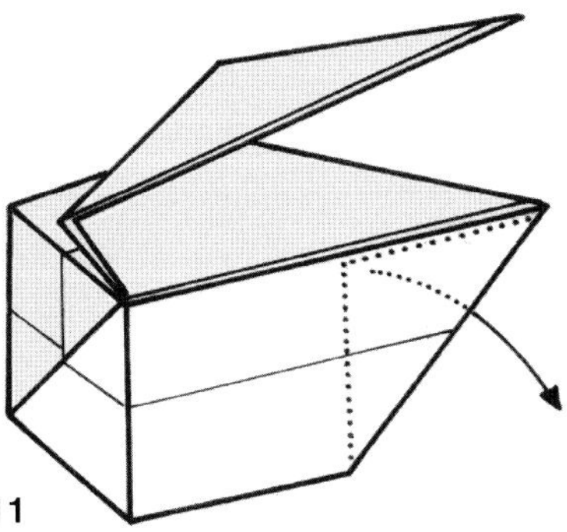
11

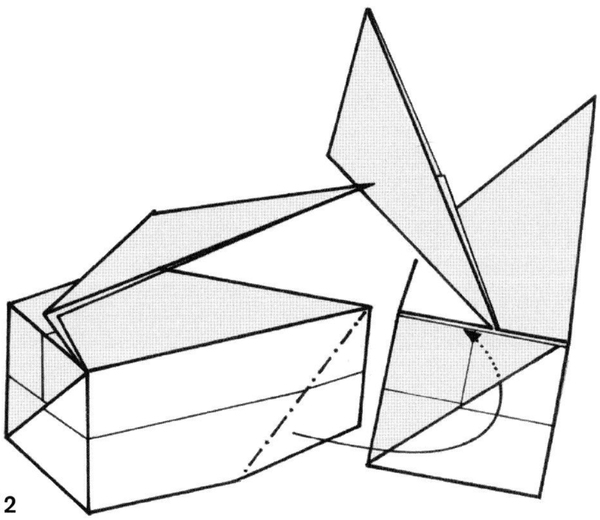
12

**13** Den oberen, nach links zeigenden Flügel unter den nach rechts zeigenden Flügel bergfalten. Dessen Spitze noch einmal um die kürzere Spitze schlingen, und diese Faltung flach drücken.

**14** Die übrigen zwei Module wie in Faltschritt 12 beschrieben mit der Deckelfigur verbinden. Deren beiden spitzen Flügel mit dem schon vorhandenen Knoten so verflechten, dass sich ein regelmäßiger Knoten ergibt.

**15** Der Deckel wölbt sich leicht nach oben. Nun den Rand durch Bergfalten nach innen falten. Den Faltvorgang auch hinten wiederholen. Der Deckel mit Knoten ist fertig.

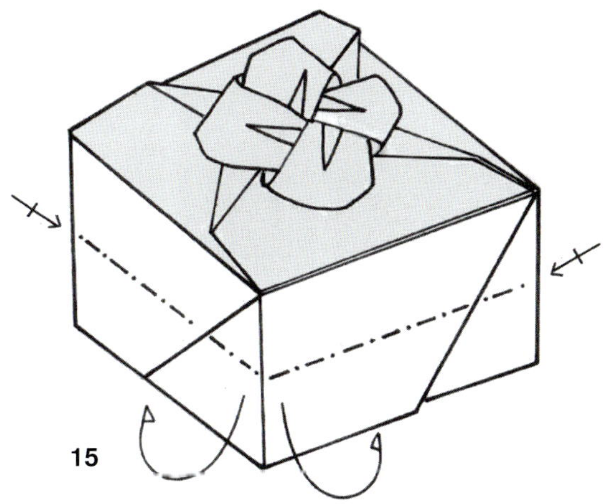

15

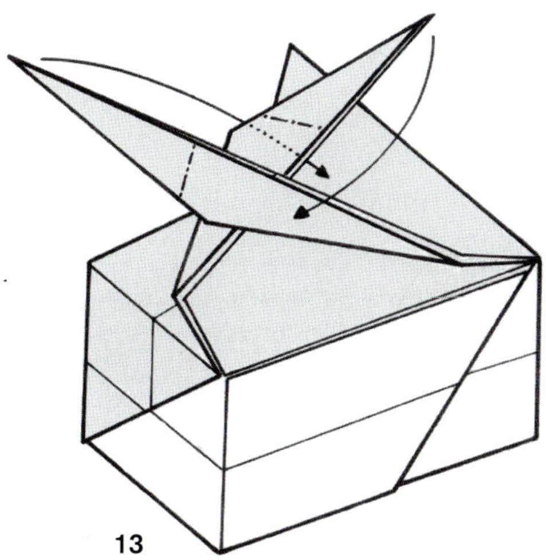

13

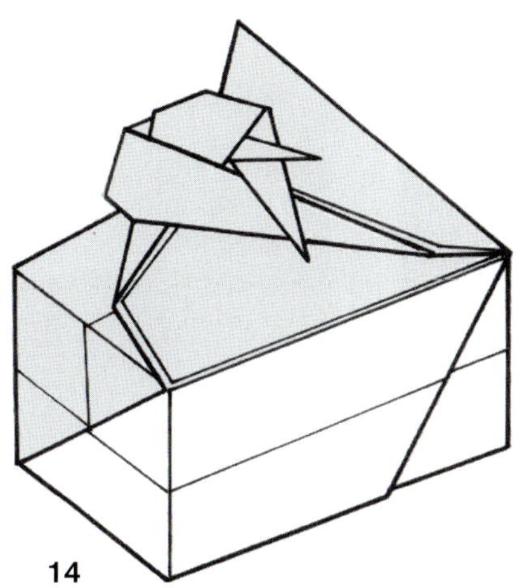

14

# Rosendeckel

Beim Rosendeckel handelt es sich im Grunde nur um eine Abwandlung der Faltung für den Deckel mit Knoten. Dennoch ist seine Wirkung eine ganz andere, und überraschenderweise ist er noch ein wenig leichter zu falten.

**1** Die Faltung für den Rosendeckel beginnt zunächst genauso wie für den Deckel mit Knoten. Der Faltvorgang ändert sich erst ab Faltschritt 7, der hier noch einmal dargestellt ist. Die vordere Papierlage im angegebenen Bereich talfalten und dann wieder entfalten.

**2** Im angegebenen Bereich berg- und talfalten. Die Figur nun öffnen, so dass sie dreidimensional wird.

**3** Talfalten im angegebenen Bereich. Die Figur wenden und dann um 180° drehen.

**4** Die vordere Papierlage der langen Spitze im angegebenen Bereich talfalten. Diese Spitze öffnet sich. Die obere Hälfte entlang des Mittelbruchs über den Daumennagel oder ein Falzbein ziehen, so dass sich das spätere Rosenblatt biegt.

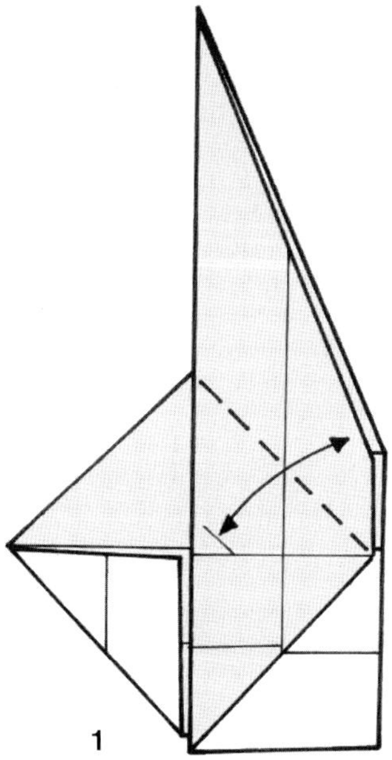

1

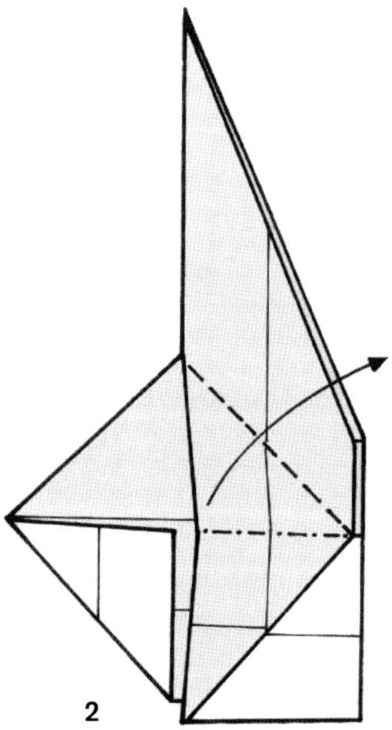

2

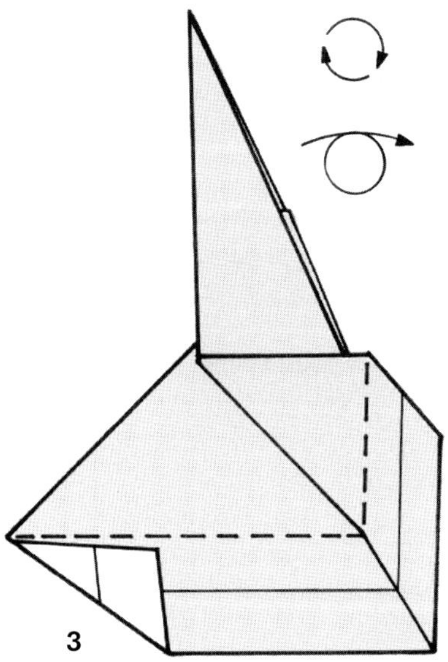

3

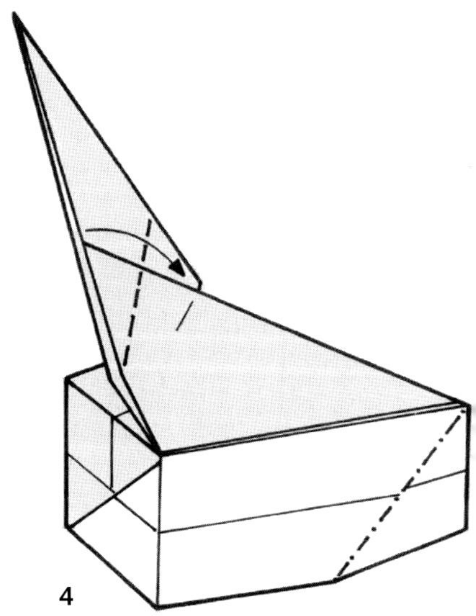

4

PAPIER

Dünne Papiere sind ideal, damit der Knoten und die Blütenknospe einen naturalistischen Charakter erhalten.

TIPS UND TRICKS

Durch kleine Veränderungen bei der Faltung der langen Spitzen kann man ganz leicht eine andere Blüte oder Knospe auf den Deckel zaubern.

**5** Das erste Modul für den Rosendeckel sieht jetzt so aus. Nun noch drei weitere Module falten, wie in Faltschritt 1 bis 4 beschrieben.

**6** Die Module werden miteinander verbunden, indem man das aufgefaltete Dreieck eines Moduls in die dreieckige Tasche des anschließenden Moduls steckt. Die vier Blütenblätter verschränken sich miteinander.

**7** Die Rose kann nun noch zu einer Knospe oder einer vollen Blüte modelliert werden. Die unteren vorderen Kanten nach innen bergfalten. Jetzt noch hinten falten, und schon ist der Rosendeckel fertig.

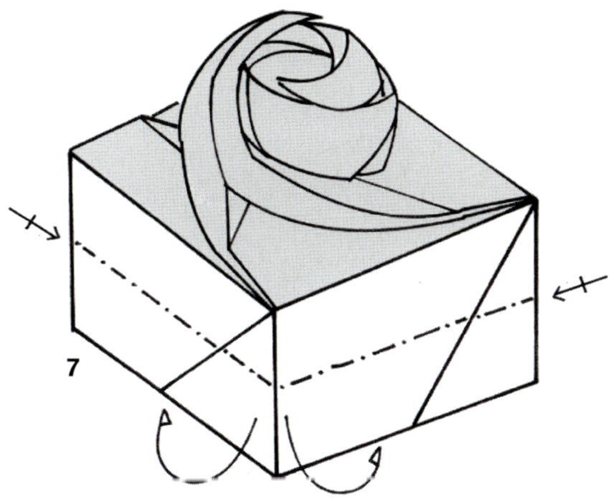


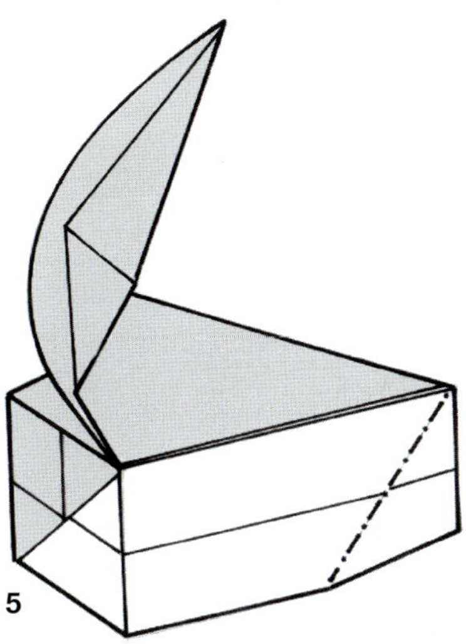


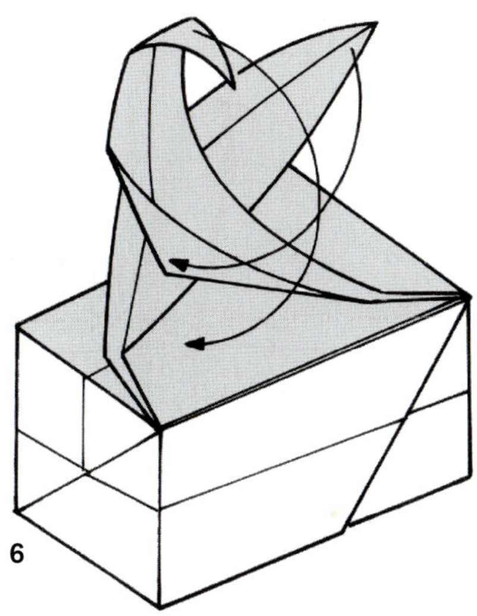

# Schachtel mit Innenfach

Es gibt keine Unordnung und kein wildes Durcheinander mehr, wenn Kleinigkeiten in dieser Schachtel aufbewahrt werden. Garantiert! Dafür sorgt ein raffiniertes Innenfach. Zunächst wird der Boden der Schachtel (28 x 28 cm) gefaltet, dann der Schachteldeckel (30 x 30 cm) und schließlich das Innenfach (14 x 14 cm).

**1** Die farbige Seite des Quadrats liegt hinten. Die Mitte finden und markieren. Die rechte und die linke Kante zur Mitte talfalten.

**2** Erneut die beiden äußeren Kanten der Figur zur Mitte talfalten und wieder entfalten.

**3** Die obere und die untere Kante der Figur zur Mitte der Figur talfalten.

**4** Die beiden offenen Kanten in der Mitte des Quadrats zur oberen und unteren Kante talfalten und dann wieder entfalten.

**5** Das Quadrat nun nach oben und unten entfalten.

**6** Die rechte und die linke Kante der Figur zur Mitte talfalten.

**7** Im gekennzeichneten Bereich viermal berg- und talfalten, und die Figur dazu leicht öffnen und wieder entfalten. Das werden die Ecken.

**8** Die Figur in der Mitte auseinander ziehen; der Schachtelboden ist zu erkennen. Den oberen und den unteren Teil der Figur nach innen über den Rand falten, so dass ein „doppelter Boden" entsteht.

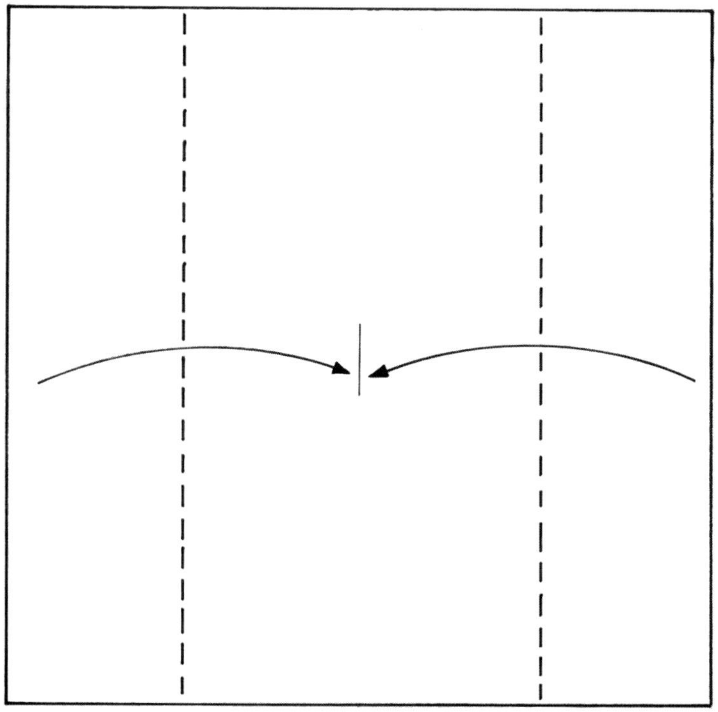
1

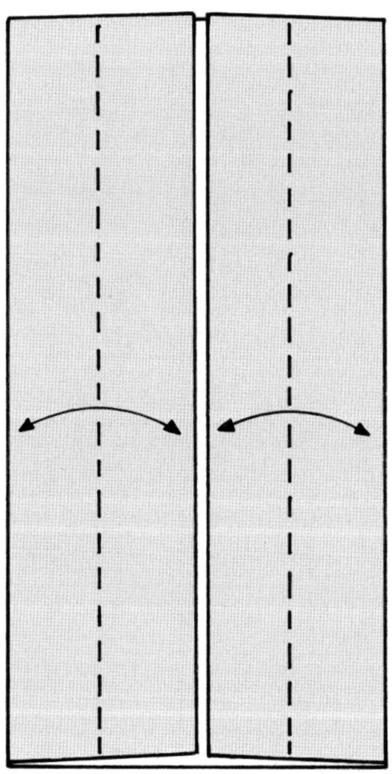
2

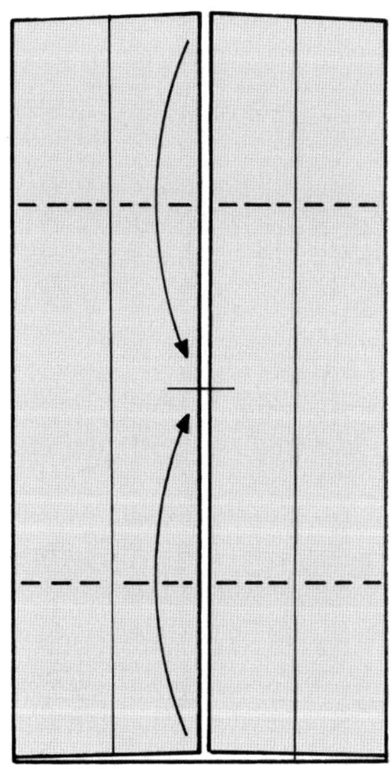
3

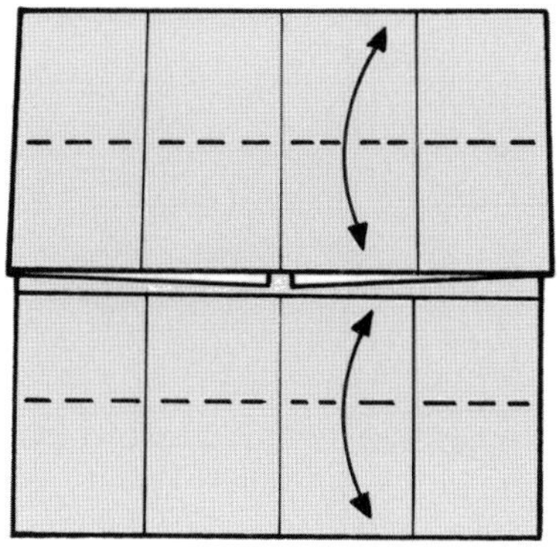

4

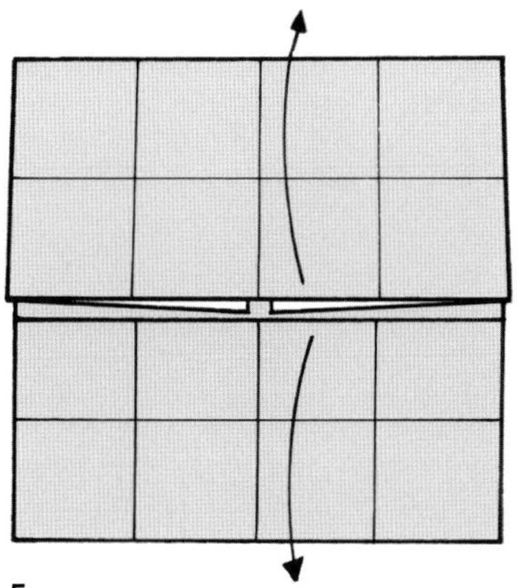

5

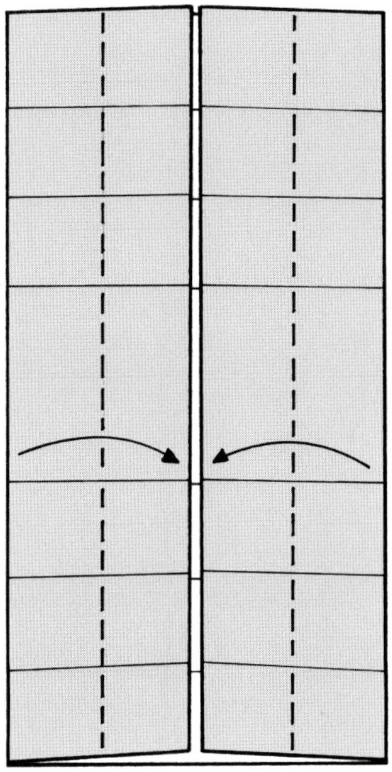

6

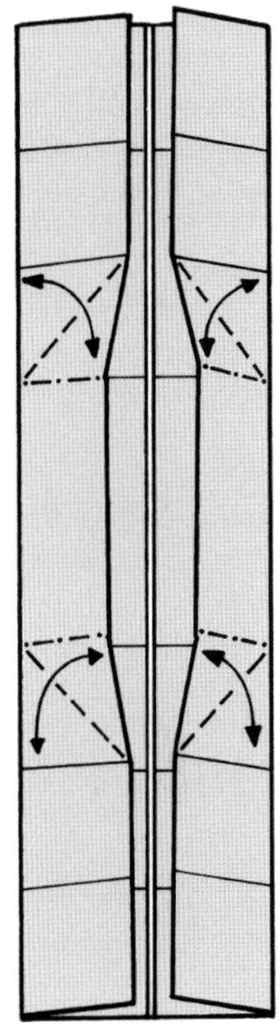

7

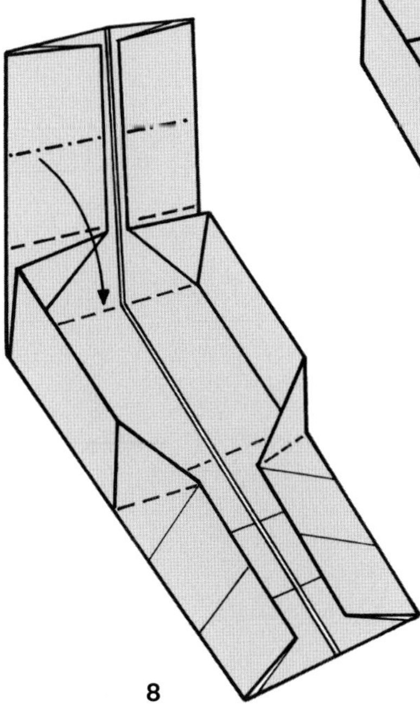

8

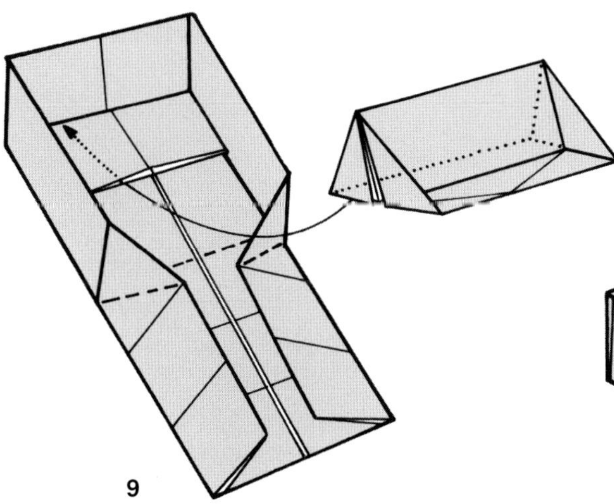

9

**9** Wie hier zu sehen, wird das Innenfach später unter dem zweigeteilten Boden befestigt.

**10** Der Deckel wird, wie in Faltschritt 1 bis 8 beschrieben, aus dem größeren Quadrat gefaltet.

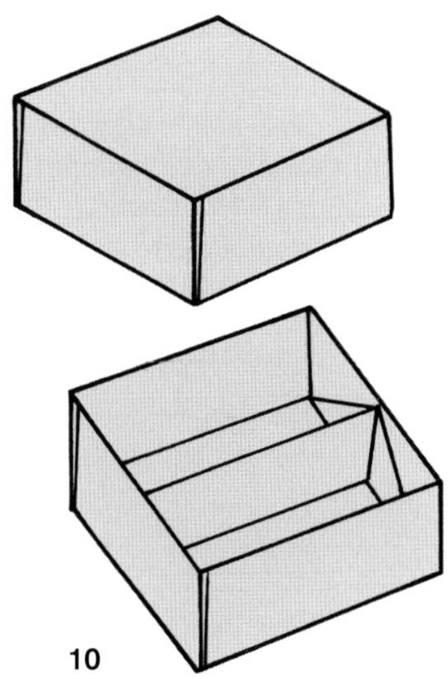

10

**11** Jetzt ist das Innenfach an der Reihe. Ausgangsform für das Innenfach ist die Blintzform aus einem Papierquadrat (14 x 14 cm). Die Blintzform steht auf einer Spitze, die farbige Seite ist innen. Die beiden seitlichen Spitzen zum Mittelpunkt nach hinten bergfalten.

**12** Die obere und die untere Spitze der Form zum Mittelpunkt talfalten und wieder entfalten.

**13** Die Mitte der Form bildet eine Blintzform. Die vier Spitzen, die im Mittelpunkt liegen, an die Ecken der Blintzform talfalten.

**14** Die Figur entlang der horizontalen Mittelachse bergfalten.

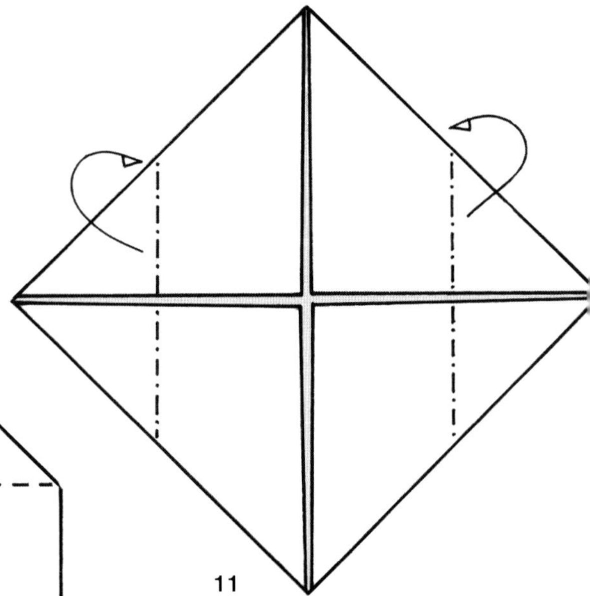

11

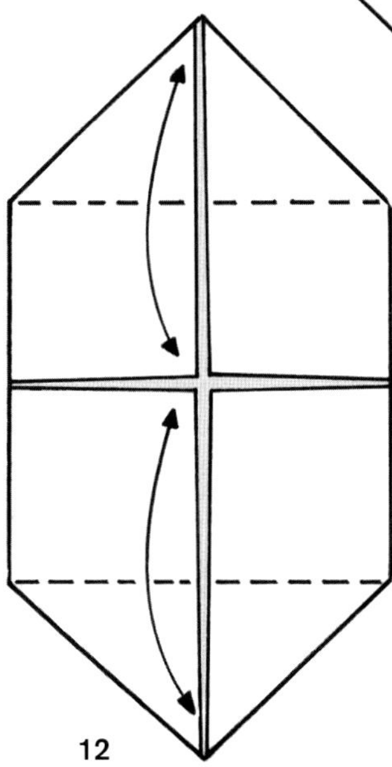

12

### TIPS UND TRICKS

Wenn die Schachtel größer ausfallen soll, ist Folgendes zu beachten: Die Seiten des Papierquadrats für den Deckel sind immer 2 cm länger als die des Papierquadrats für die Schachtel. Die Seiten des Papierquadrats für das Innenfach sind nur halb so lang wie die für die Schachtel. Beispiel: Schachtel (32 x 32 cm), Deckel (34 x 34 cm), Innenfach (16 x 16 cm).

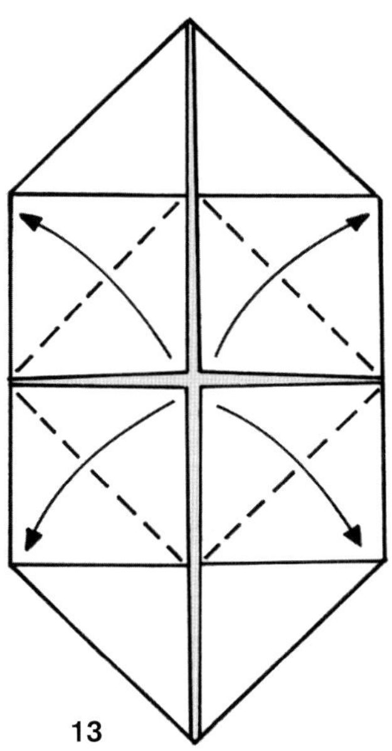

13

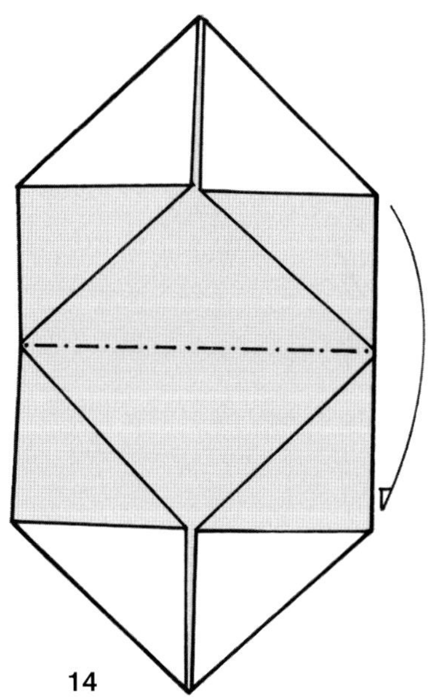

14

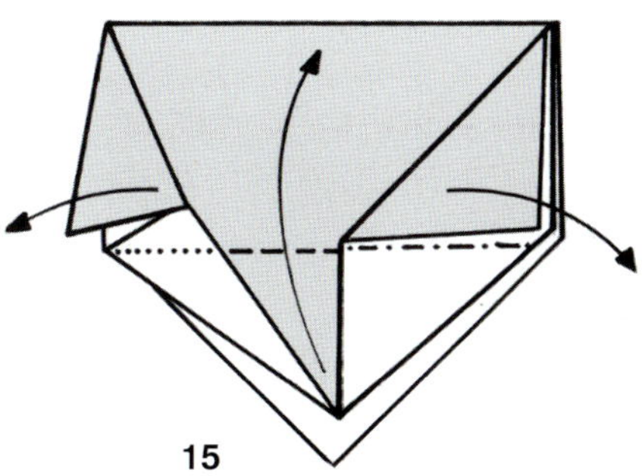

15

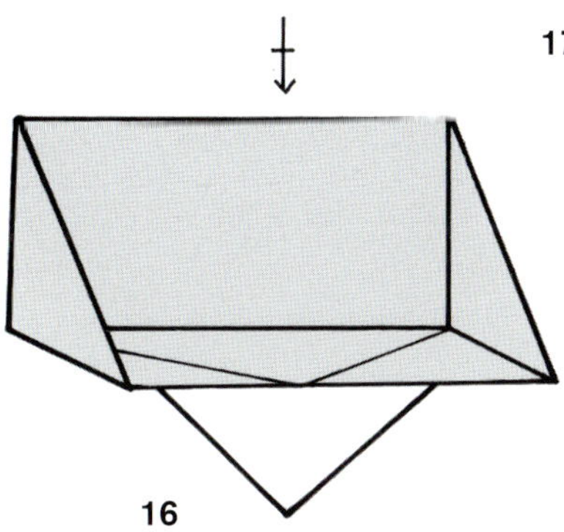

16

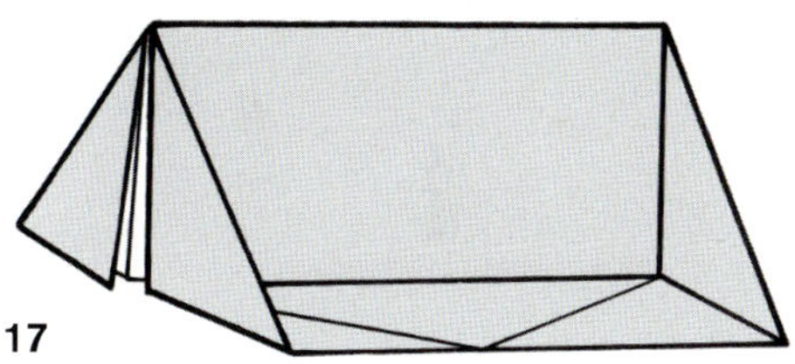

17

**15** Den vorderen Teil der Figur durch seitliches Ziehen öffnen, die untere Spitze nach oben talfalten.

**16** Jetzt ist bereits eine Hälfte des Innenfachs zu erkennen. Die Figur hinten, wie in Faltschritt 15 beschrieben, ebenfalls falten.

**17** Das Innenfach ist jetzt fertig und muss nur noch in die Schachtel eingesetzt werden.

# Tato-Schachtel

Zu den ganz traditionellen Geschenkverpackungen in Japan gehört der Tato. Die beiden Autoren haben zu diesem Thema eine äußerst dekorative Form entwickelt, die besonders gut für schön strukturiertes oder auch leicht transparentes Papier geeignet ist. Und überraschenderweise ist diese raffinierte Schachtel ganz einfach zu falten.

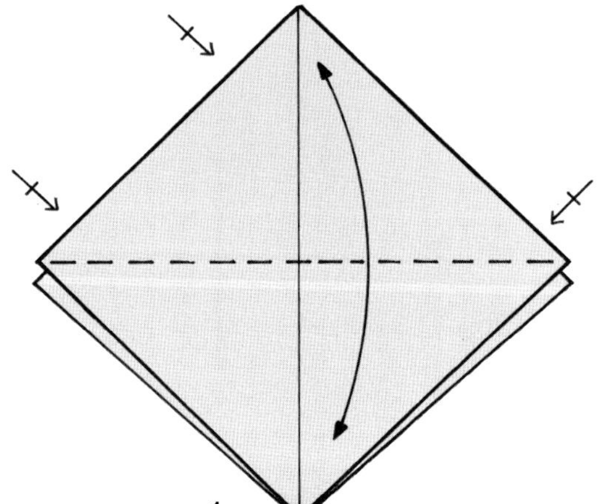

1

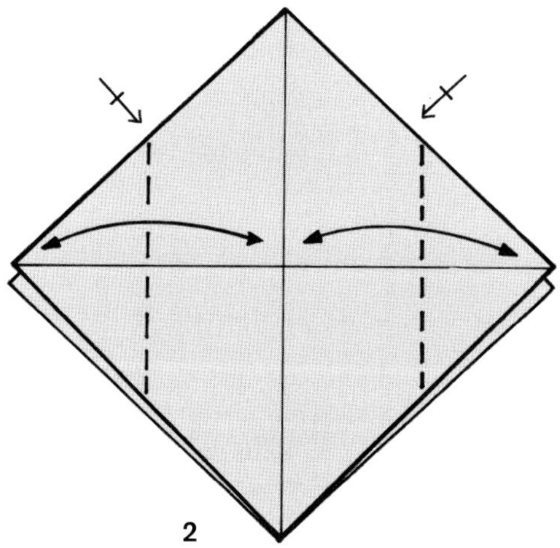

2

**1** Ausgangsform für die Tato-Schachtel ist das zusammengeschobene Quadrat aus einem Papierquadrat (30 x 30 cm). Die farbige Seite ist außen, und die offene Spitze liegt oben. Diese Spitze an die untere Spitze falten und wieder entfalten. Wie angegeben auch hinten falten.

**2** Die beiden vorderen seitlichen Spitzen an den Mittelpunkt talfalten und wieder entfalten. Auch hinten falten.

**3** Die seitlichen Spitzen an die gefundenen Vorfalten falten und wieder entfalten. Auch hinten falten.

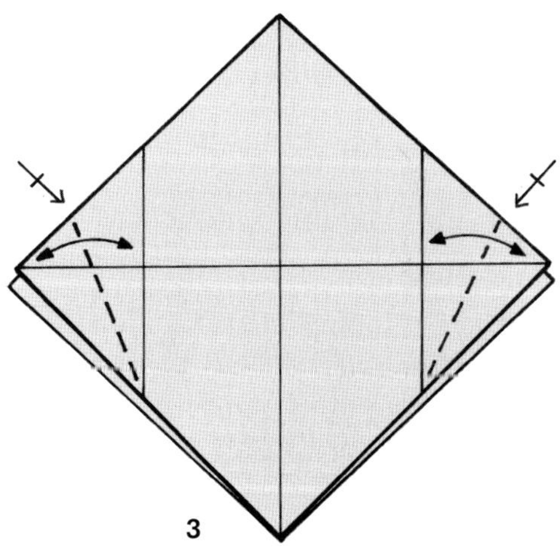

3

**4** Die seitlichen Spitzen über die senkrechte Faltung ziehen und flach drücken, so dass Tüten entstehen. Auch hinten falten.

**5** Die beiden seitlichen Spitzen jeder Tüte zur Mittelachse der Tüte talfalten. Aus jeder Tüte ist eine Raute geworden. Die gerade Kante jeder Tüte in der Mitte nach unten ziehen und flach drücken. Schließlich die untere Spitze der Figur zum Mittelpunkt der Figur talfalten und wieder entfalten. Auch die rückwärtige Seite der Figur auf diese Weise falten.

**6** Wenn die Figur so aussieht, entlang der senkrechten Mittelachse talfalten. Die Rückseite auf dieselbe Art und Weise talfalten.

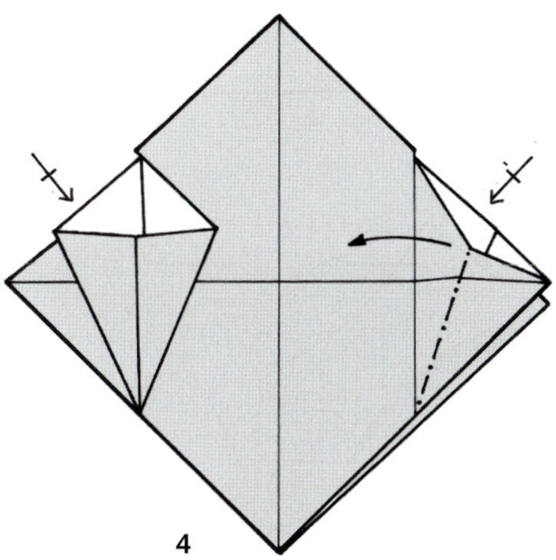

4

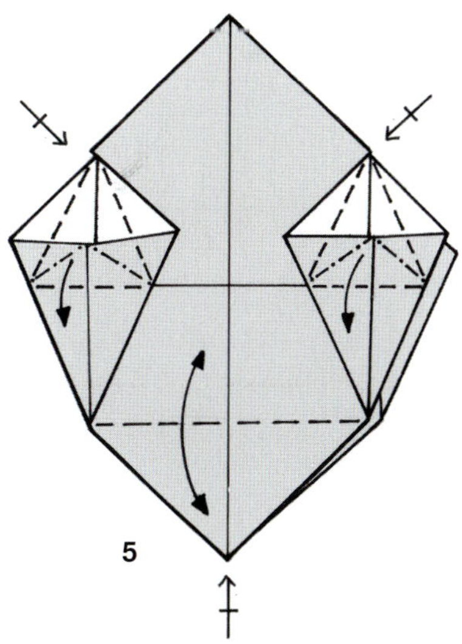

5

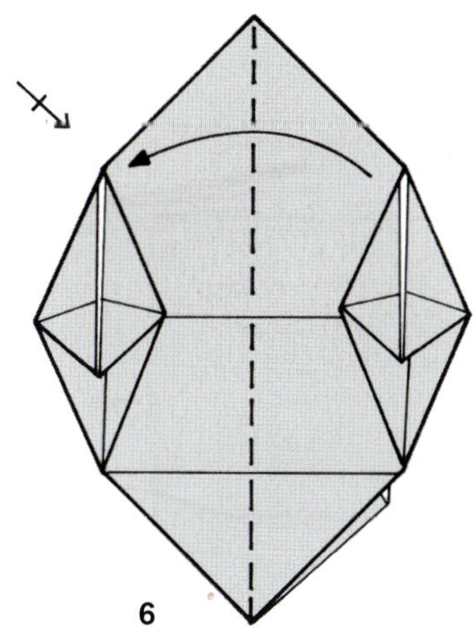

6

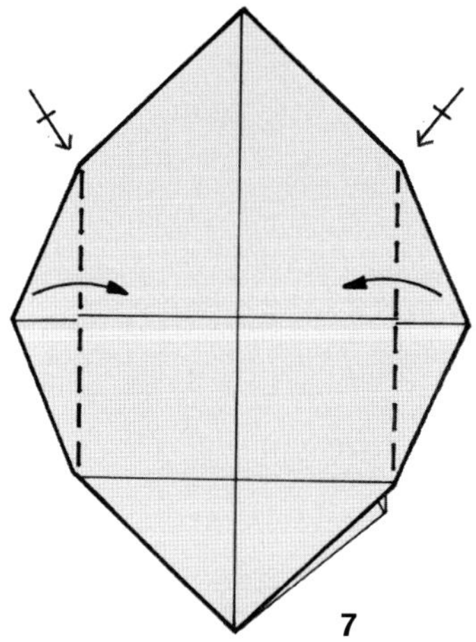

7

**7** Die äußeren Spitzen der Figur entlang der senkrechten Vorfalten talfalten. Auch hinten falten.

**8** Alle vier oberen Spitzen der Figur talfalten.

**9** Die soeben in Faltschritt 8 gefalteten oberen Spitzen noch ein weiteres Mal talfalten. Die Talfalte liegt genau auf der Höhe der seitlichen Faltung. Auch hinten falten.

**10** So sieht der Faltschritt 9 aus, nachdem er ausgeführt worden ist. Die Faltung an allen vier Seiten der Figur vornehmen.

**11** Die eingezeichnete diagonale Talfalte falten und wieder entfalten. Auch hinten falten.

**12** Die linke Hälfte der durch Faltschritt 11 gefundenen Talfalte bergfalten. Diese Faltung an allen vier Seiten der Figur ausführen.

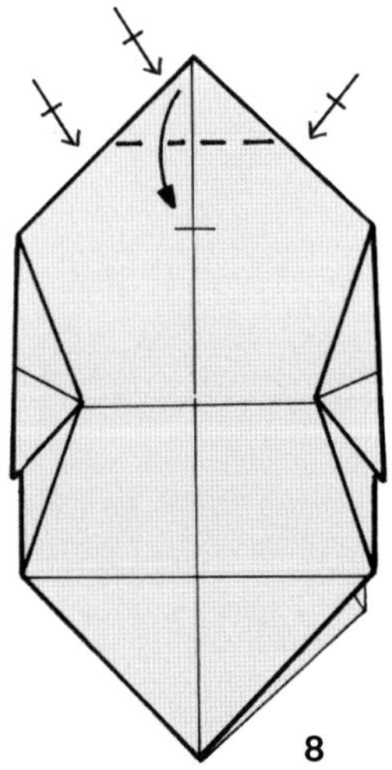

8

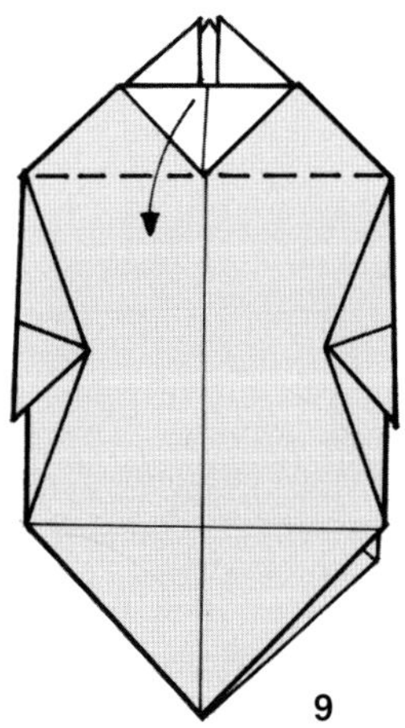

9

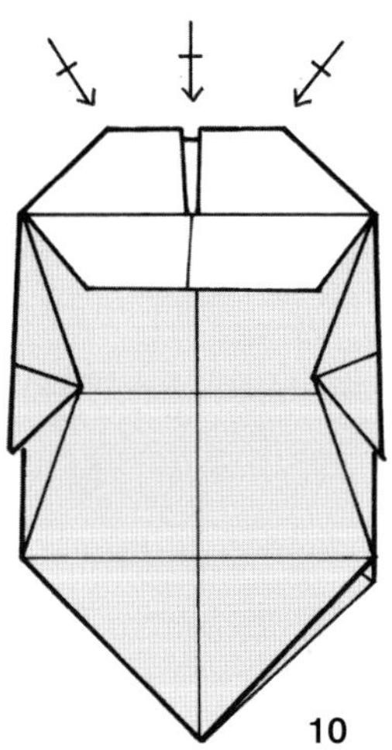

10

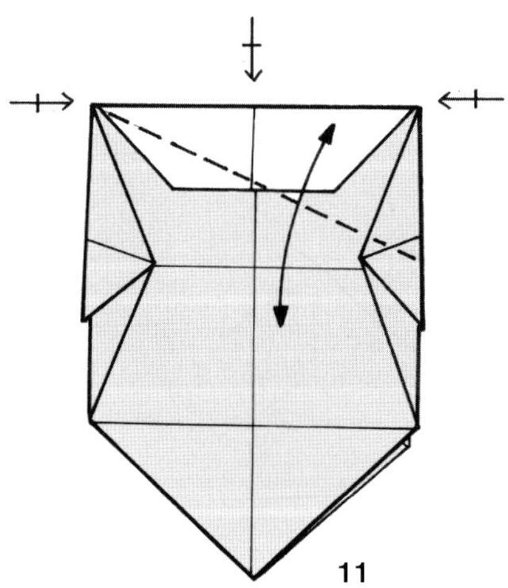

11

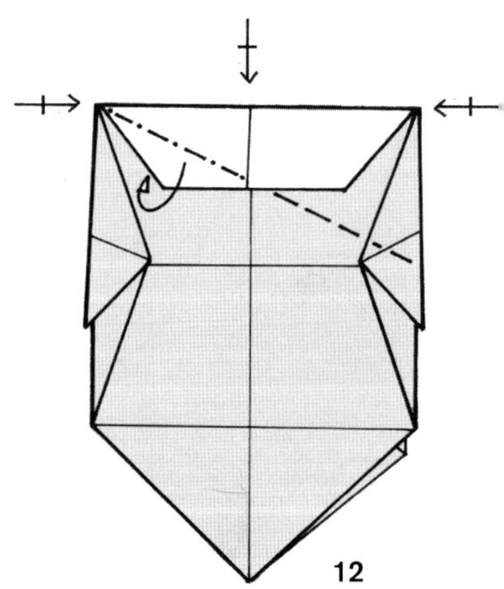

12

**TIPS UND TRICKS**
Die Tato-Schachtel wird insgesamt höher und ihre Öffnung wird kleiner, wenn man bei Faltschritt 2 die beiden vorderen und die hinteren seitlichen Spitzen über den Mittelpunkt hinaus talfaltet.

**13** Im gekennzeichneten Bereich talfalten. Auch hinten falten.

**14** Die Figur im gekennzeichneten Bereich bergfalten. Dies wird später der Rand der Tato-Schachtel. Auch hinten falten. Bei der Faltung darauf achten, dass die vorderen Dreiecke nicht mitgefaltet werden! Den Boden der Tato-Schachtel ausformen.

**15** Nun jeweils die linke Seite einer Randfigur unter die rechte Seite der benachbarten Figur schieben, und die Tato-Schachtel ist fertig.

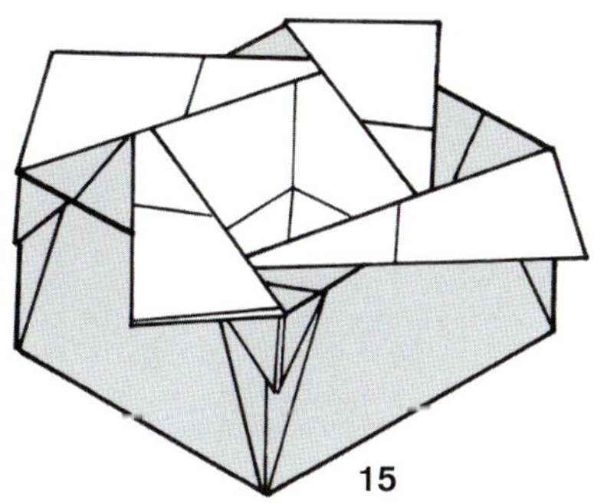

15

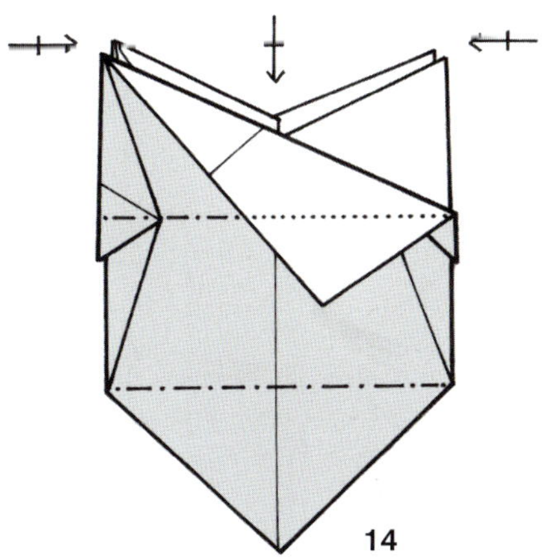

14

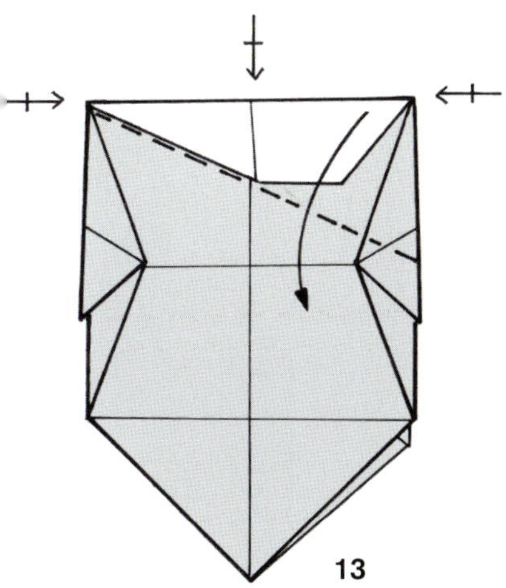

13

# Würfel

Der Würfel wird aus sechs Modulen zusammengesetzt und birgt unendlich viele Möglichkeiten der Verwandlung. Nur eines steht fest: Die sechs Module für ein und denselben Würfel müssen in jedem Fall gleich groß sein.

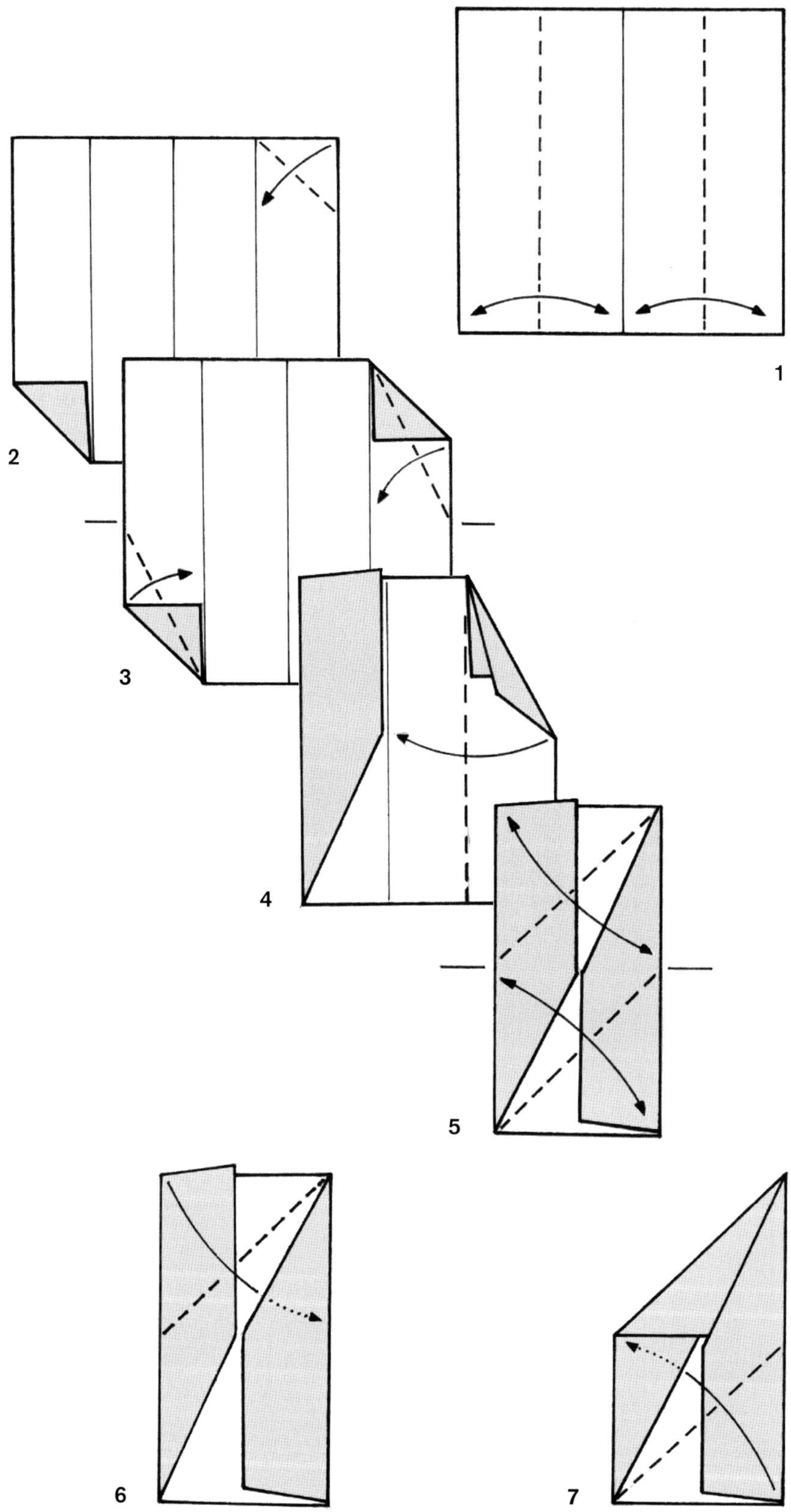


**1** Ausgangsform für ein Modul ist ein Papierquadrat (z. B. 15 x 15 cm). Die farbige Seite liegt hinten. Die linke und die rechte Seite des Quadrats an den senkrechten Mittelbruch talfalten und wieder entfalten.

**2** Die linke untere Ecke des Quadrats an die linke Falte talfalten, und die rechte obere Ecke des Quadrats an die rechte Falte talfalten.

**3** Die Mitte der rechten und linken Kantenlänge des Quadrats finden. Oben rechts bzw. unten links eine Diagonale talfalten.

**4** Die rechte und die linke Seite des Quadrats zum Mittelbruch talfalten.

**5** Die obere linke und die untere rechte Ecke der Figur zum horizontalen Mittelbruch talfalten und wieder entfalten.

**6** Nun die linke obere Ecke der Figur unter die obere rechte Faltung schieben.

**7** Dann die rechte untere Ecke der Figur unter die untere linke Faltung schieben.

**8** Das erste Würfelmodul ist fertig. Wie in Faltschritt 1 bis 7 beschrieben, noch fünf weitere Würfelmodule falten.

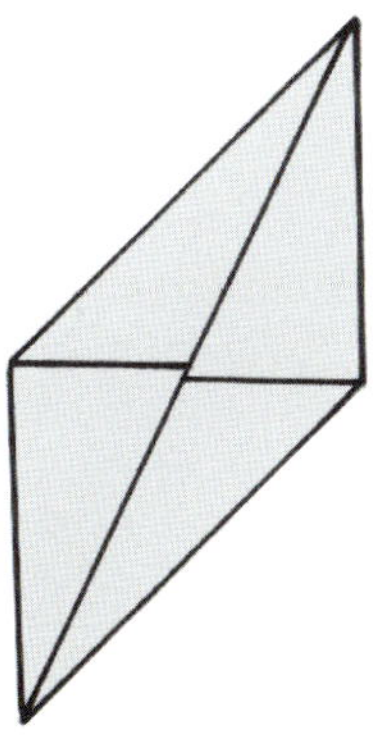

8

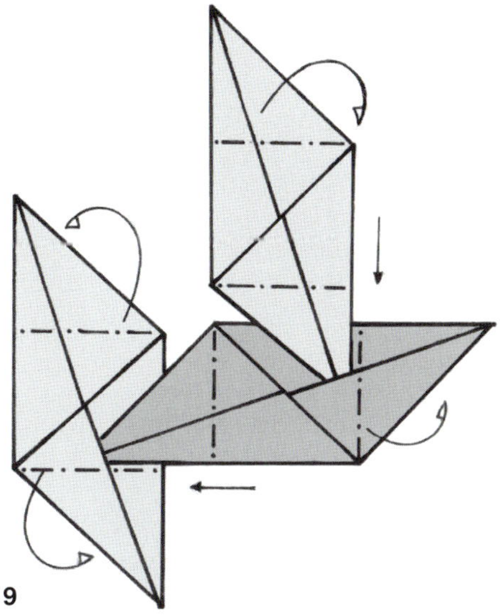

9

10

**9** Jedes Modul nun so bergfalten, dass eine quadratische Fläche mit zwei Spitzen entsteht. Eine Modulspitze nach der anderen in die gegenüberliegende Tasche eines Nachbarmoduls schieben, bis der Würfel fertig ist.

**10** So sieht der Würfel jetzt aus. Übrigens: Mit zehn Modulen wird aus dem Würfel eine raffinierte hohe Schachtel.

# Durchdrungener Würfel

Für die Module des durchdrungenen Würfels ist doppelseitig gefärbtes Papier ideal, denn es sorgt für interessante Farbkombinationen. Spielen Sie mit der Form! Faltet man z. B. an Stelle der Talfalte (bei 9 B oder 4 B) eine Bergfalte und steckt drei solche Module zusammen (jeweils Spitzen in die Taschen), entsteht ein Tetraeder.

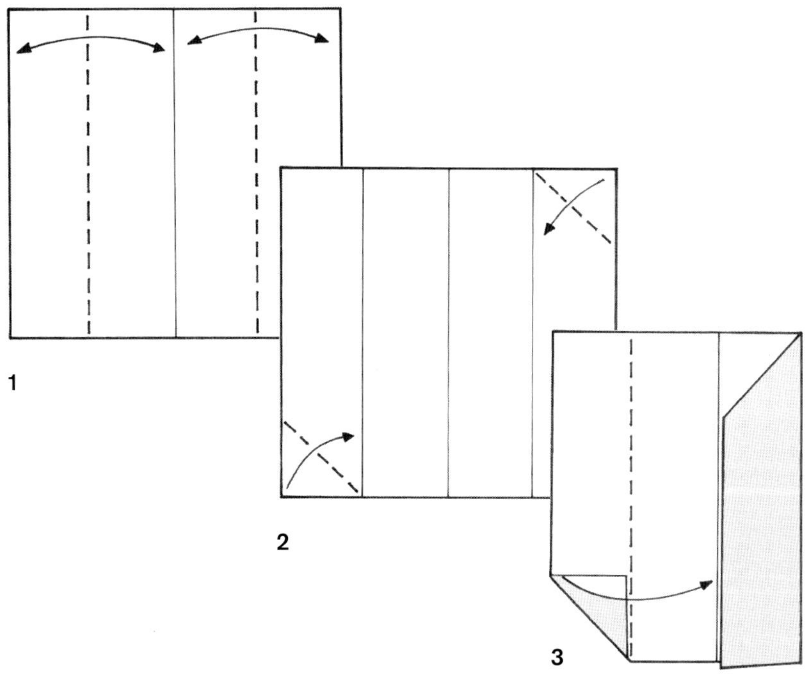


**1** Ausgangsform für ein Modul des durchdrungenen Würfels ist ein Papierquadrat (15 x 15 cm). Die farbige Seite ist außen. Die seitlichen Kanten an die senkrechte Mitte falten und wieder entfalten.

**2** Die gegenüberliegenden Spitzen talfalten.

**3** Die seitlichen Kanten wieder zur Mitte falten.

**4** Im angegebenen Bereich talfalten und wieder entfalten.

**5** Die obere linke Spitze unter den gekennzeichneten Bereich talfalten.

**6** Dann die rechte untere Spitze unter den gekennzeichneten Bereich stecken.

**7** Beide Spitzen im gekennzeichneten Bereich talfalten.

**8** Das erste Modul mit Dekoration ist jetzt fertig.

**9** Für den durchdrungenen Würfel benötigen Sie neun Module mit verschiedenen Faltungen: sechsmal Modul A und dreimal Modul B.

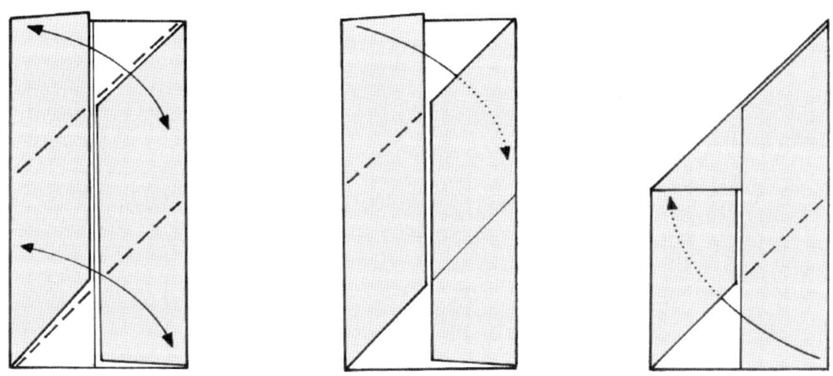

4 5 6

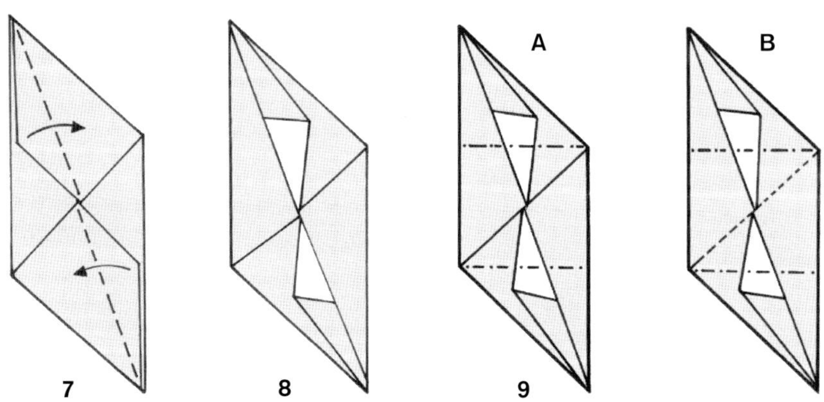

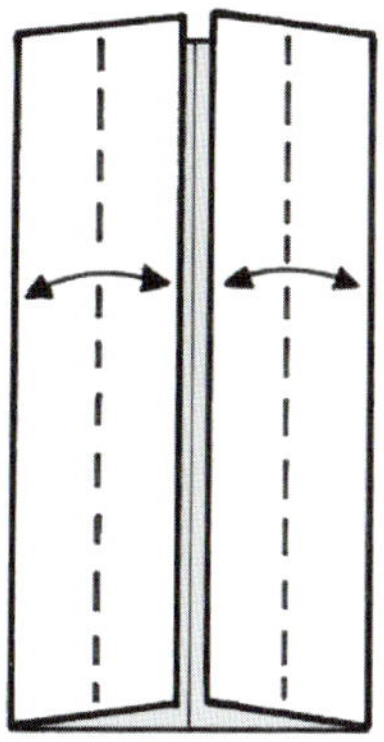
1

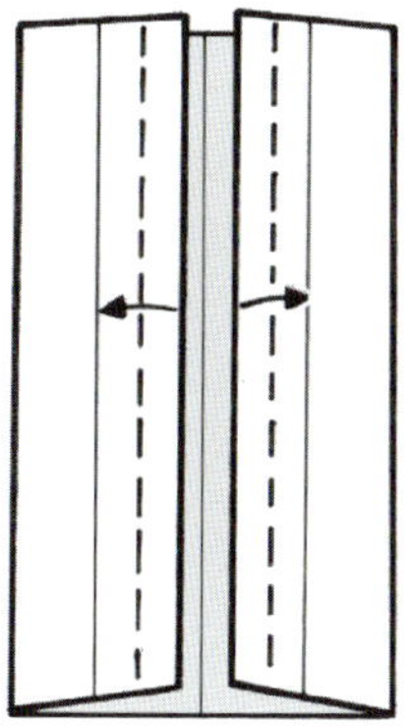
2

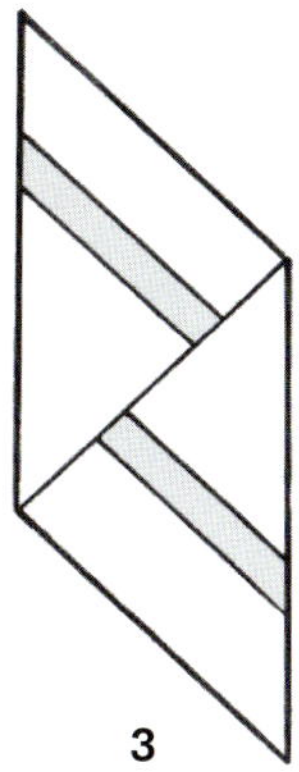
3

A

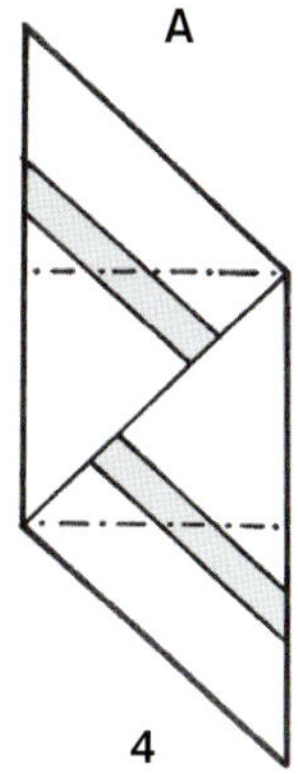
4

B

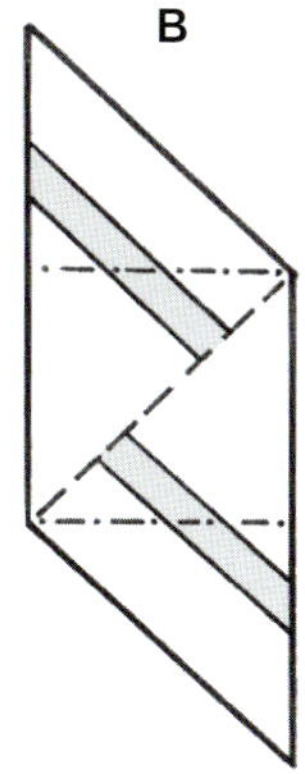

**1** Ausgangsform für dieses Modul ist ein Papierquadrat (15 x 15 cm). Die farbige Seite ist innen. Einen Mittelbruch falten. Beide seitlichen Kanten an den Mittelbruch falten. Die am Mittelbruch liegenden senkrechten Kanten jeweils nach außen talfalten und entfalten.

**2** Die am Mittelbruch liegenden Kanten erneut an die Vorfalten talfalten.

**3** Das Modul wird jetzt, wie in Faltschritt 4 bis 6 auf Seite 60 beschrieben, fertig gefaltet.

**4** Sechsmal Modul A und dreimal Modul B falten.

**5** Drei A Module bergfalten und, wie in Abbildung 5 zu sehen, ineinanderstecken. Die Taschen liegen hinter den farbigen Bändern. Die äußeren Spitzen nach hinten falten. Die Figur wenden.

**6** Ein B-Modul berg- und talfalten und in eine äußere Spitze stecken. Dabei das dahinterliegende Dreieck auch in die Tasche stecken. Mit den übrigen zwei B-Modulen wiederholen. Tip: Die Taschen und die hineinzusteckenden Dreiecke liegen immer außen. Nun erkennt man schon den durchdrungenen Würfel. Mit den noch verbliebenen A-Modulen den an der Ecke sitzenden Würfel schließen.

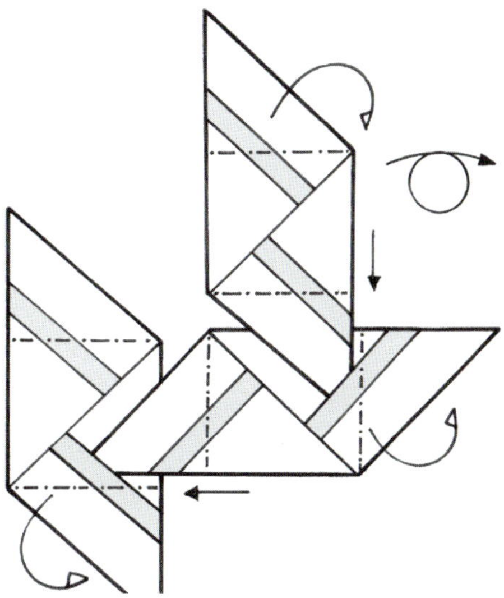
5

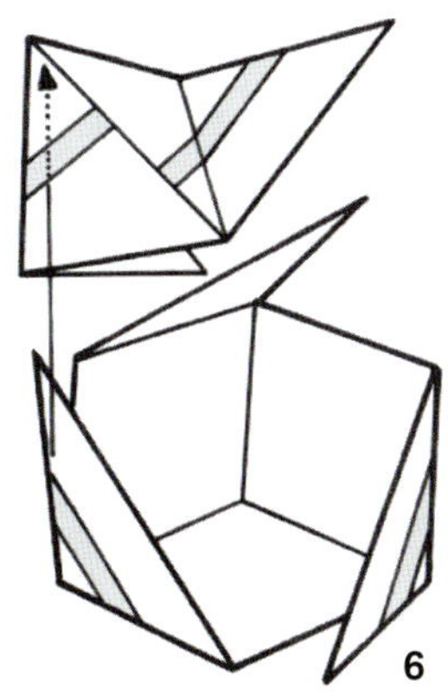
6

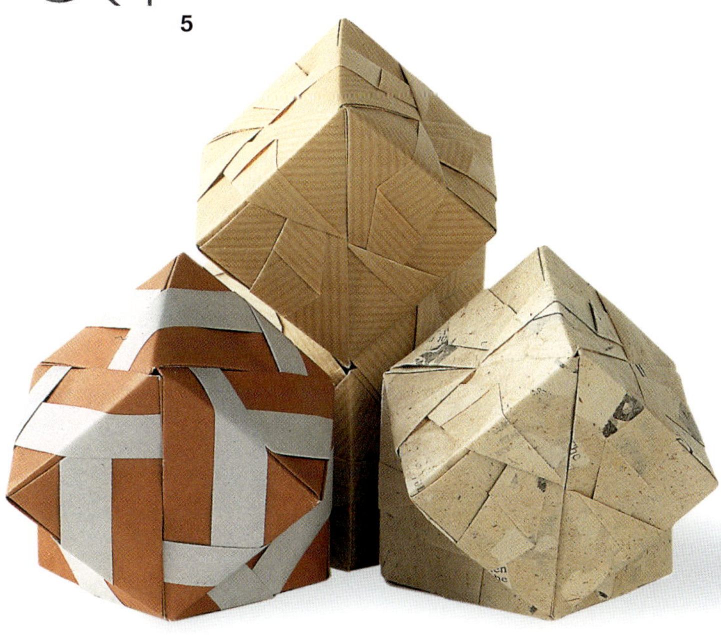

# Pflanzen und Tiere

# Tulpe mit Blättern

Ganz egal, welche Jahreszeit draußen gerade herrscht, Papiertulpen blühen immer. Sie wirken einzeln ebenso schön wie zu mehreren in einem Tulpenfeld. Die Tulpe mit Blättern wird aus drei Modulen zusammengesteckt.

**1** Ausgangsform für die Blüte ist das zusammengeschobene Quadrat aus einem Papierquadrat (15 x 15 cm). Die farbige Seite ist innen, die offene Spitze ist oben. Die rechte seitliche Kante am Rand dritteln. Diesen Punkt parallel zur senkrechten Mittelachse talfalten und entfalten. Mit der linken Spitze wiederholen. Auch hinten falten.

**2** Die zwei seitlichen Spitzen diesmal an die soeben gefundenen Falten bringen. Dabei entstehen Talfalten. Wieder entfalten. Auch hinten falten.

**3** Jede der seitlichen Spitzen über die senkrechte Faltung ziehen und flach drücken, so dass Tüten entstehen. Auch hinten falten.

**4** Wenn an allen vier seitlichen Spitzen Tüten gefaltet wurden, sieht die Figur so aus.

**5** Die beiden seitlichen Spitzen jeder Tüte zur Mittelachse der Tüte talfalten und wieder entfalten. Die vordere Öffnung der Tüte nach unten talfalten, so dass sich eine Drachenform ergibt. Auch hinten falten.

**6** Die rechte Seite der Figur auf die linke Seite talfalten. Hinten ebenso falten.

**7** Die seitlichen Spitzen der Figur zur Mittelachse talfalten und wieder entfalten. Hinten ebenso falten.

**8** Die ganze Figur nun zu einem Diagramm öffnen. Die farbige Seite liegt hinten.

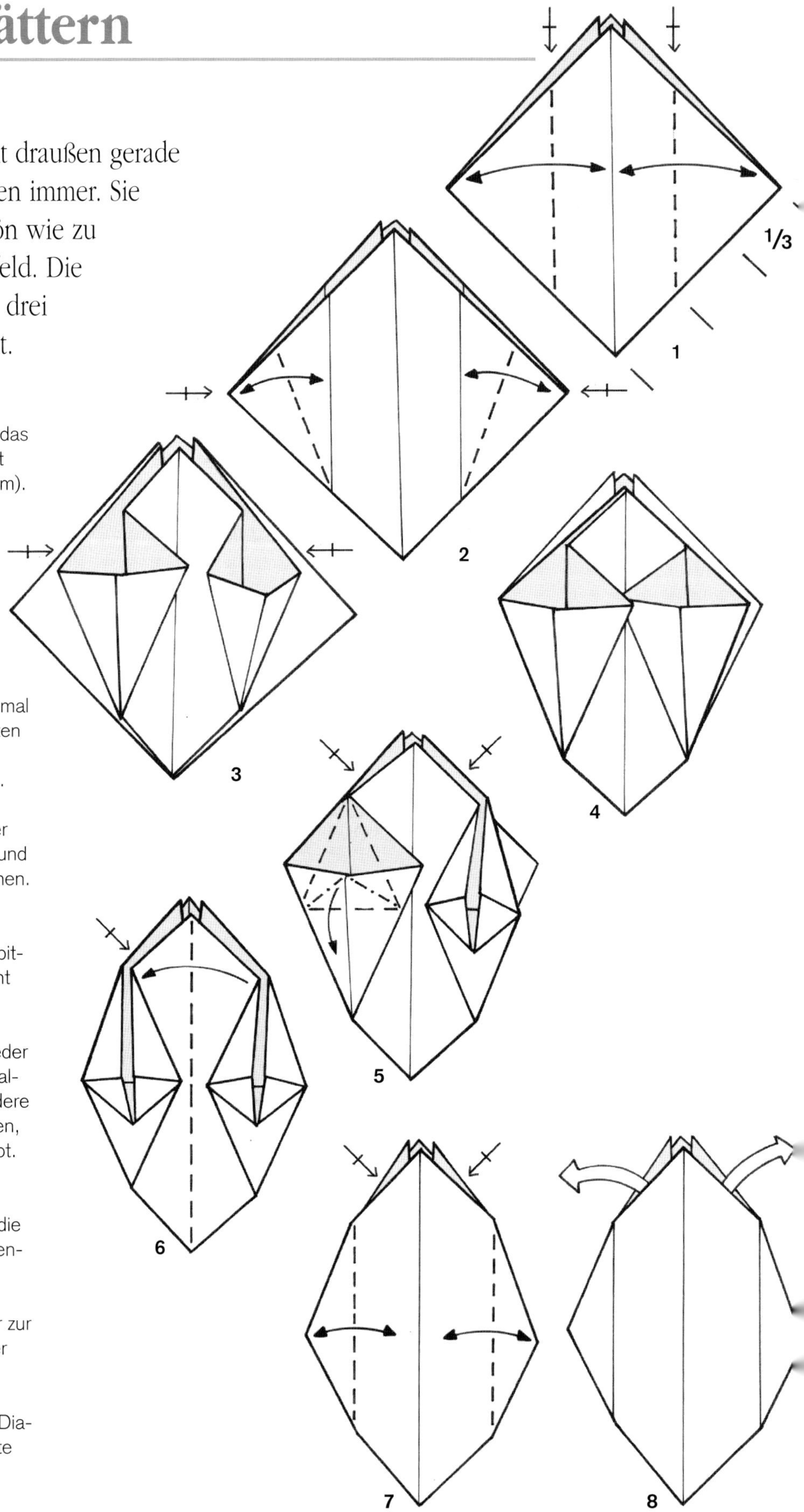

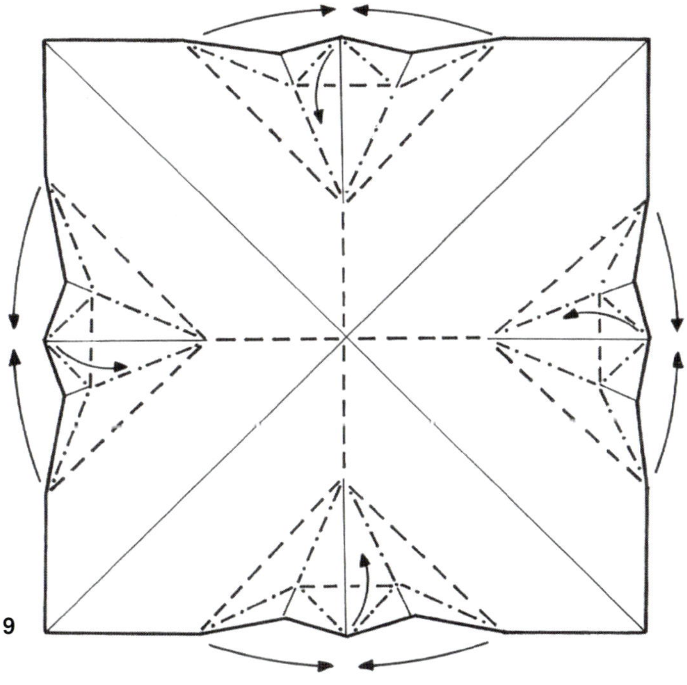

9

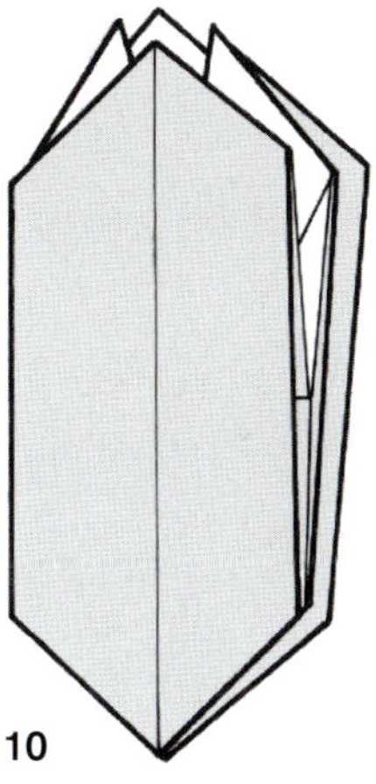

10

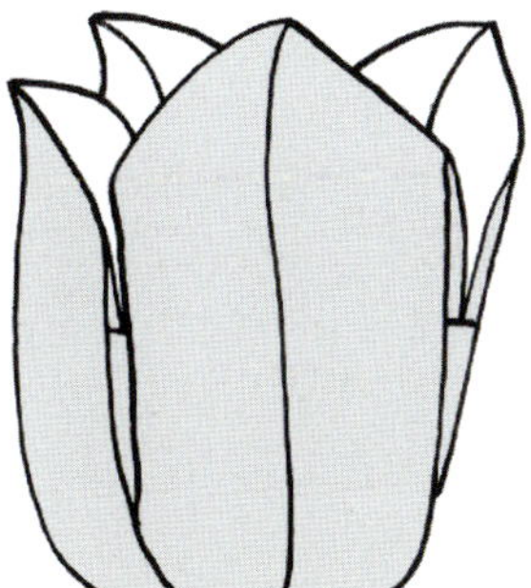

11

**9** Bearbeiten Sie jede Seite des Diagramms nacheinander. Die Talfalten nach außen zusammenbringen. Zwei Blütenblätter stoßen jetzt aneinander. An dieser Stelle entsteht eine drachenförmige Faltung, deren obere Spitze nach unten talgefaltet wird. Diese Faltung wirkt als Scharnier.

**10** Die Tulpenblüte ist bereits zu erkennen. Formen Sie die Blüte aus, indem Sie den Boden leicht zu einem Quadrat ausstreichen.

**11** Den Blütenblättern noch einen eleganten Schwung verpassen, und die Tulpenblüte ist fertig.

**12** Jetzt wird das Blatt gefaltet. Das Papierquadrat steht auf der Spitze. Mittelbruch falten. Die beiden seitlichen Spitzen wie bei der Drachenform zum Mittelbruch talfalten. Die linke Seite wieder entfalten.

**13** Die rechte Spitze der Figur zum Mittelbruch talfalten. Die linke Seite der Figur entlang der gestrichelten Linien talfalten. Die linke Spitze zusammenfalten, zum Mittelbruch der Figur führen und nach oben falten.

**14** Die Figur sieht jetzt so aus. Im angegebenen Bereich talfalten und dann nach außen gegenbruchfalten, um den Tulpenstiel zu entwickeln.

**15** Nun in der Mitte der soeben gefundenen Faltung erneut talfalten und wieder gegenbruchfalten. Dabei ist es hilfreich, die linke Hälfte der Figur leicht zu öffnen. Die rechte Spitze der Figur dann zum Mittelbruch talfalten.

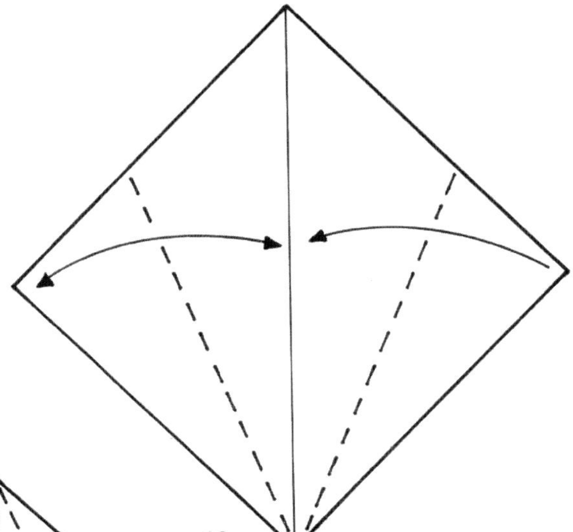

12

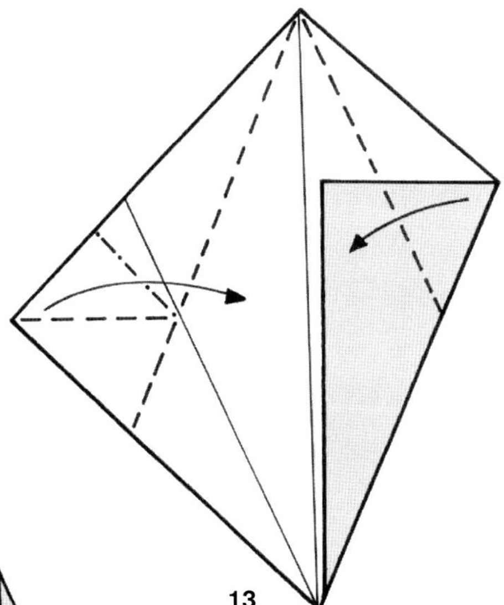

13

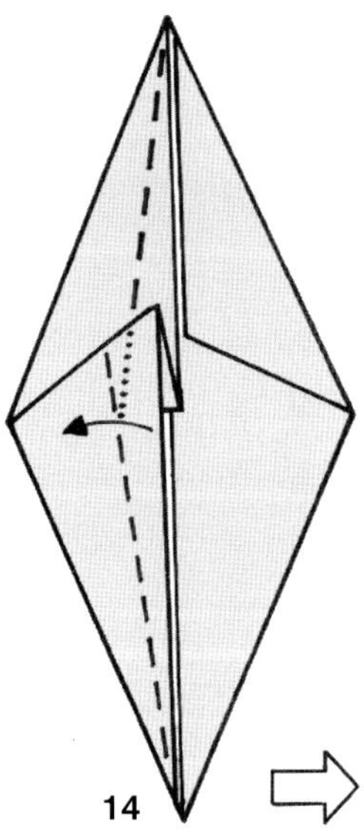

14

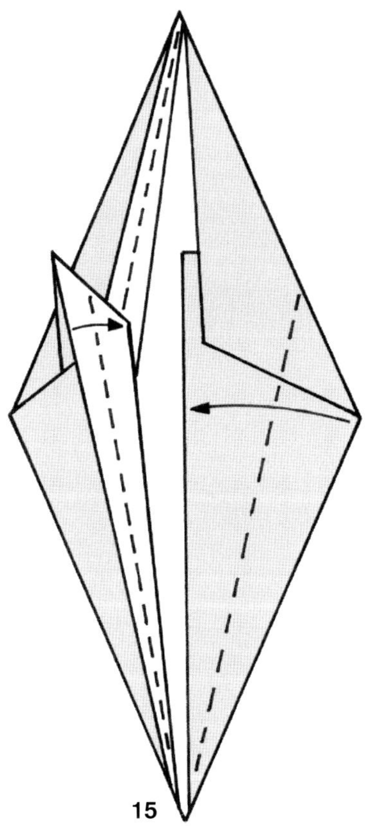

15

**16** Die linke Spitze zum Mittelbruch talfalten. Nun den Mittelbruch talfalten, und die Figur in Form bringen.

**17** Die Blüte jetzt auf den Tulpenstengel mit einem Blatt stecken. Noch ein Blatt ohne Stengel falten.

**18** Die beiden Tulpenblätter nun ineinander stecken und voilà: Die Tulpe ist fertig.

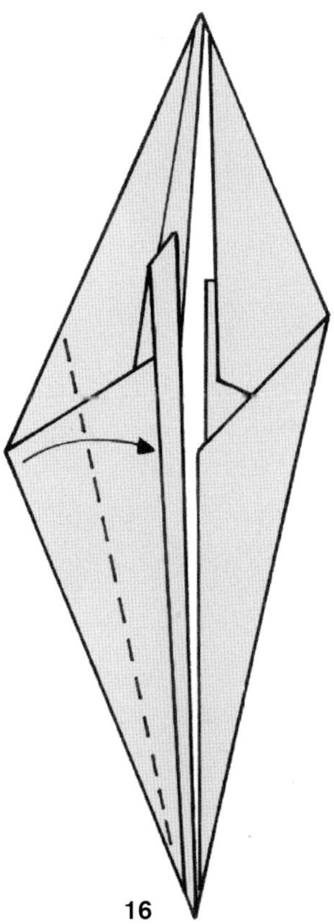

16

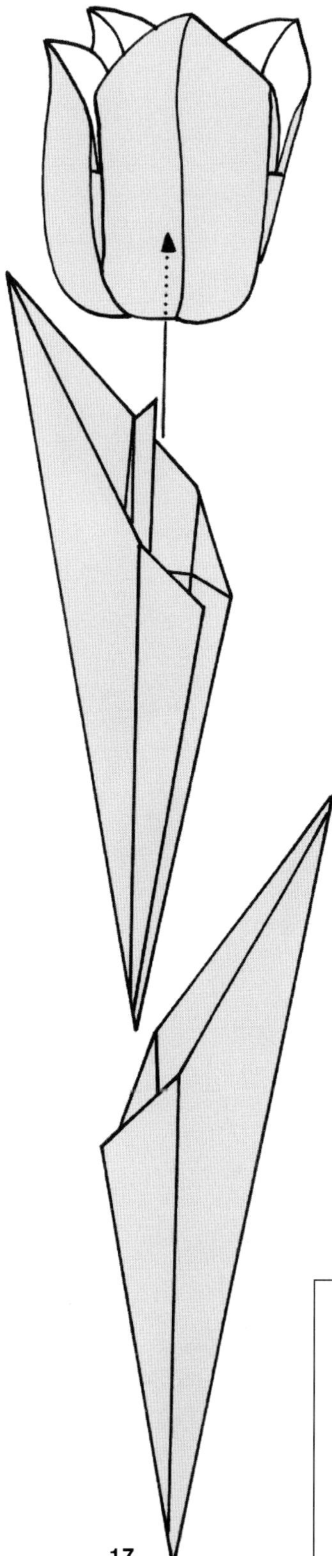

17

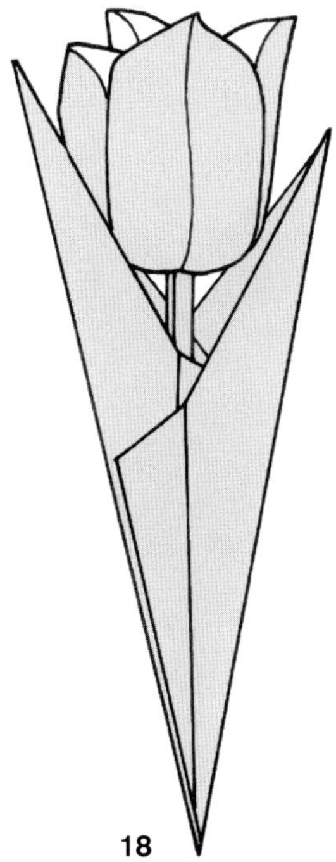

18

**TIPS UND TRICKS**

Für die Tulpen ist ein etwas festeres Papier zu empfehlen, denn es gibt mehr Standfestigkeit. Den letzten Schliff bekommen die Tulpenblüten, wenn Sie die Blütenblätter an den Spitzen mit Hilfe eines Falzbeins nach außen biegen.

# Tulpe mit Blatt

Die Tulpe mit Blatt wird aus nur zwei Modulen zusammengesetzt. Diese Variante kann ohne Hilfe auf der Fensterbank stehen.

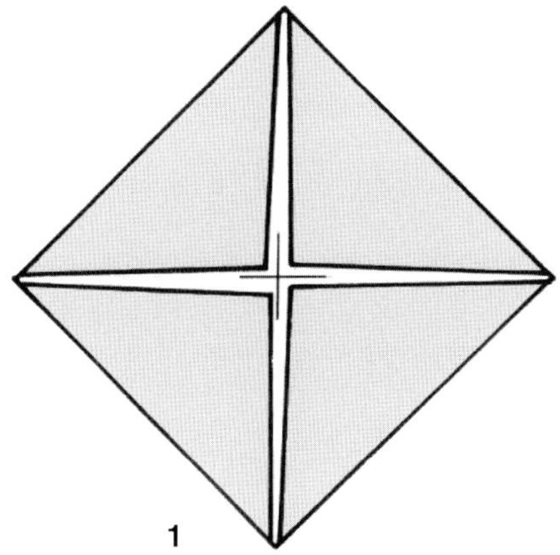

1

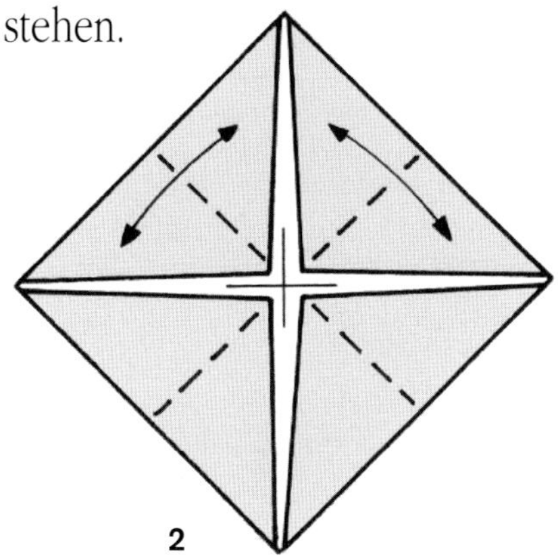

2

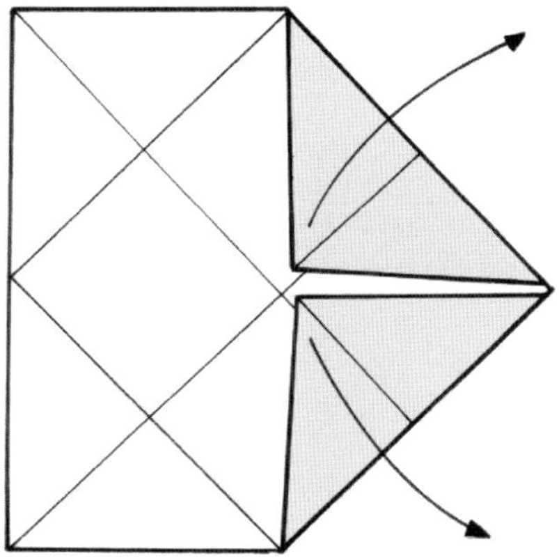

3

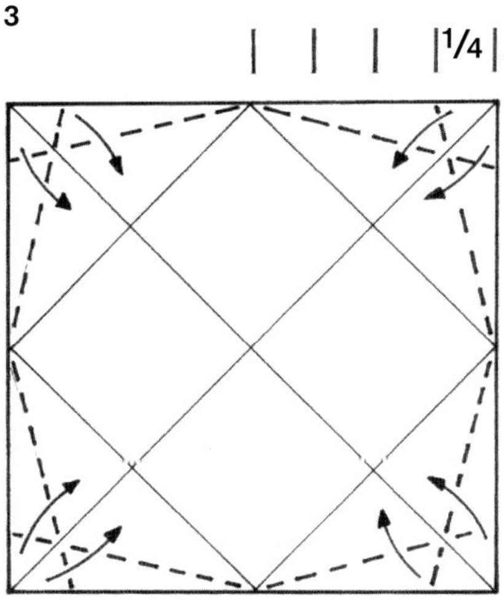


4

**1** Ausgangsform für die Blüte ist die Blintzform aus einem Papierquadrat (15 x 15 cm). Die farbige Seite des Papiers ist außen.

**2** Jeweils zwei gegenüberliegende Kanten aufeinanderfalten und wieder entfalten.

**3** Die vier Spitzen der Blintzform jetzt nach außen entfalten.

**4** Talfalten im angegebenen Bereich. Dabei ein Viertel der halben oberen Kante als Maß nehmen.

**5** Die vier äußeren Spitzen zur Mitte talfalten.

**6** Dadurch ist in der Mitte der Figur ein Stern entstanden.

**7** Diese Figur nun zum zusammengeschobenen Quadrat falten.

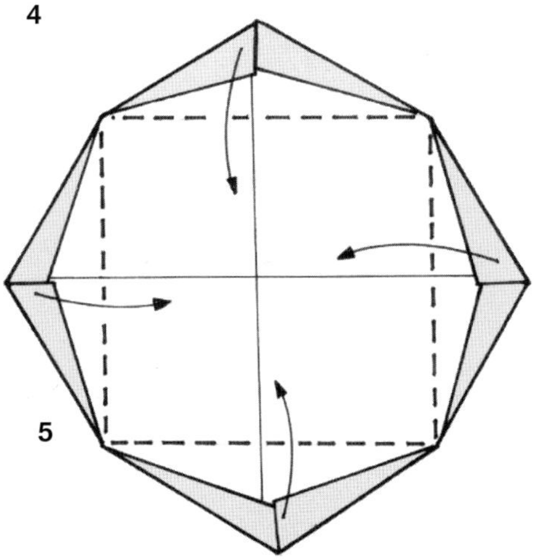

5

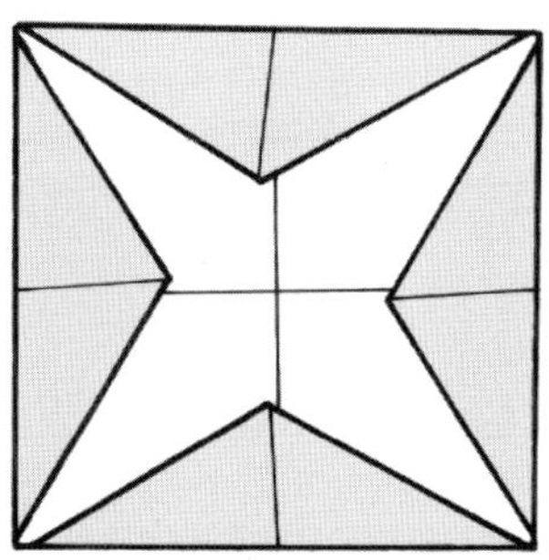

6

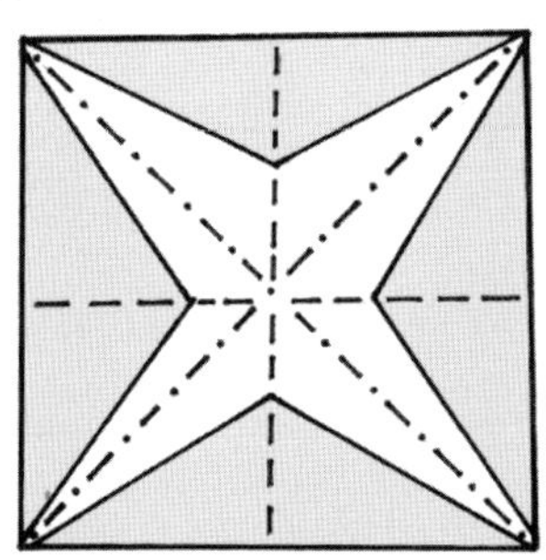

7

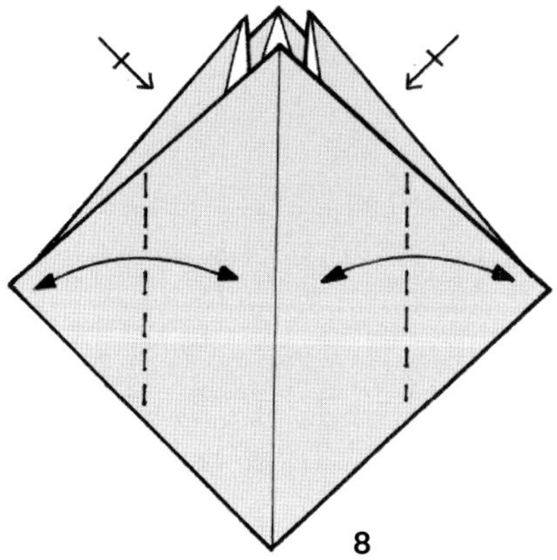
8

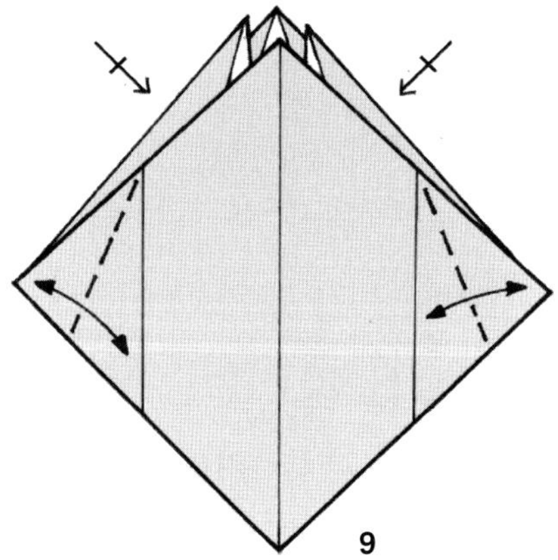
9

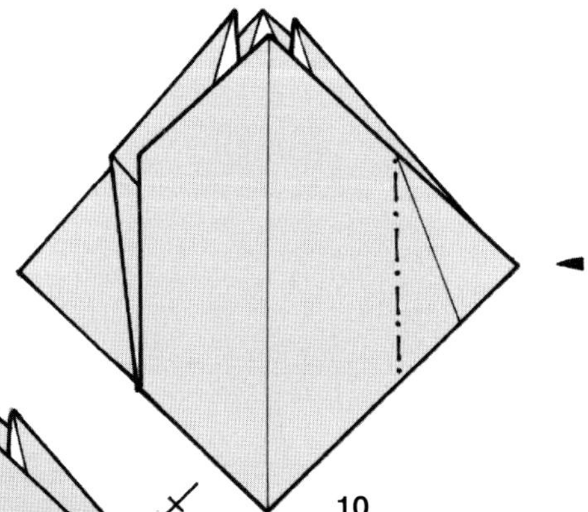
10

**8** Die offene Spitze ist oben. Die zwei seitlichen Spitzen an den Mittelpunkt des senkrechten Mittelbruchs talfalten und wieder entfalten. Auch hinten falten.

**9** Die zwei seitlichen Spitzen diesmal an die soeben gefundenen Falten talfalten und wieder entfalten. Auch hinten falten.

**10** An den seitlichen Spitzen, entlang der in Faltschritt 8 gefundenen Falten, nach innen versenken.

**11** Dieselbe Faltung ebenfalls an den hinteren seitlichen Spitzen der Figur vornehmen.

**12** Die untere Spitze bergfalten und entfalten, versenken und zum Blütenboden ausformen. Nun die innenliegenden kleinen Dreiecke umknicken und dadurch die vier Blütenblätter fixieren. Die Blüte nun in Form bringen. Dabei die Blütenblätter an den Spitzen etwas nach außen biegen.

**13** Noch ein kleines Loch in den Blütenboden pieksen, und die Tulpenblüte ist fertig.

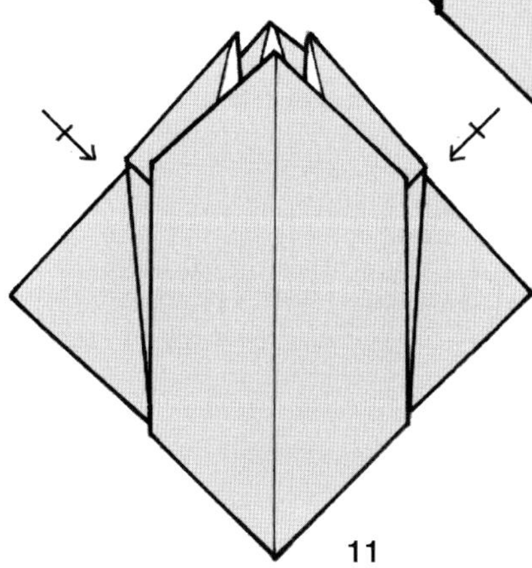
11

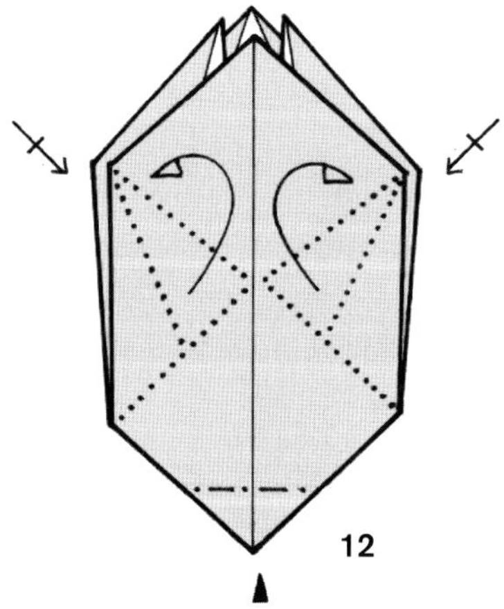
12

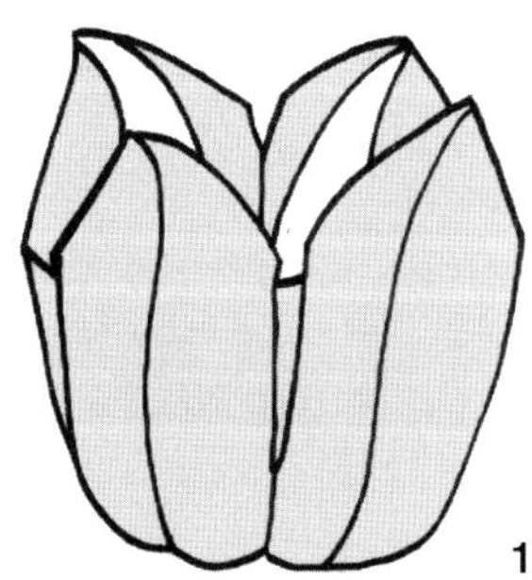
13

**14** Ausgangsform für das Tulpenblatt ist die Drachenform aus einem Papierquadrat (19 x 19 cm). Die farbige Seite ist außen. Die seitlichen Spitzen zum Mittelbruch falten.

**15** Die seitlichen Spitzen der entstandenen Figur ebenfalls zum Mittelbruch talfalten.

**16** Die untere Spitze an die obere Spitze der Figur talfalten.

**17** Die Figur, Tulpenblatt mit Tulpenstengel, talfalten.

**18** Die linke Spitze der Figur etwas nach links ziehen und durch Falzen im unteren Bereich fixieren.

**19** Das Tulpenblatt mit Tulpenstengel sieht jetzt so aus und kann ohne Hilfe stehen.

**20** Nehmen Sie das Tulpenblatt etwa in der Mitte zwischen Daumen und Zeigefinger der linken Hand, und fahren Sie mit einem Falzbein oder einem stumpfen Messer entlang der Mittelachse am Blatt entlang nach oben. Dadurch biegt es sich grazil nach außen. Gleichzeitig entsteht eine Gegenbruchfalte nach außen, die Sie jedoch nicht zusammendrücken sollten, um den naturalistischen Verlauf der Linien nicht zu zerstören. Wenn Sie in die Faltungen zwischen Blatt und Stengel eine kleine Münze legen, bekommt die Blume die nötige Standfestigkeit.

**21** Nun noch die Tulpenblüte auf den Stengel stecken, und die Tulpe ist fertig.

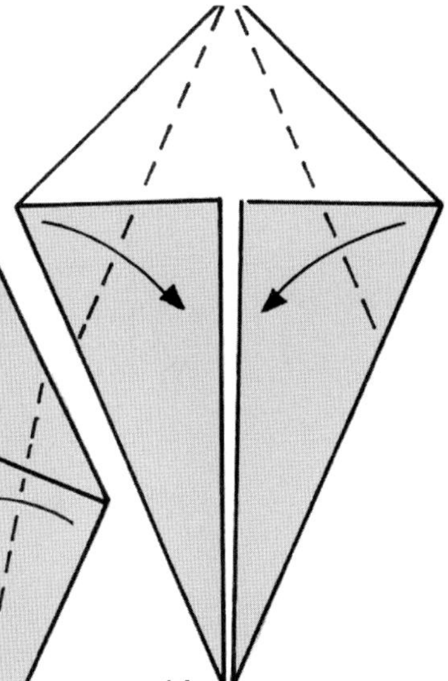
14

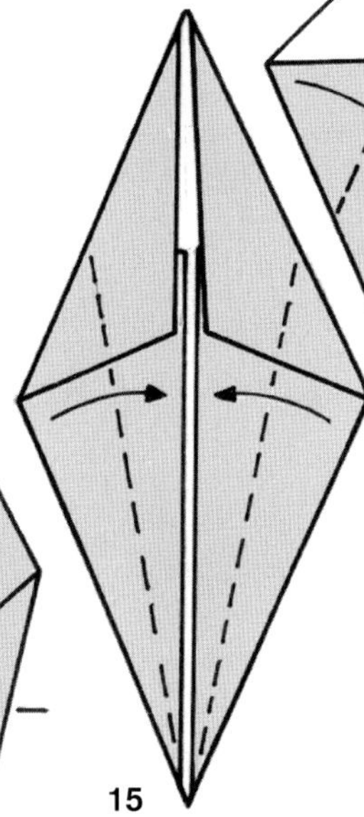
15

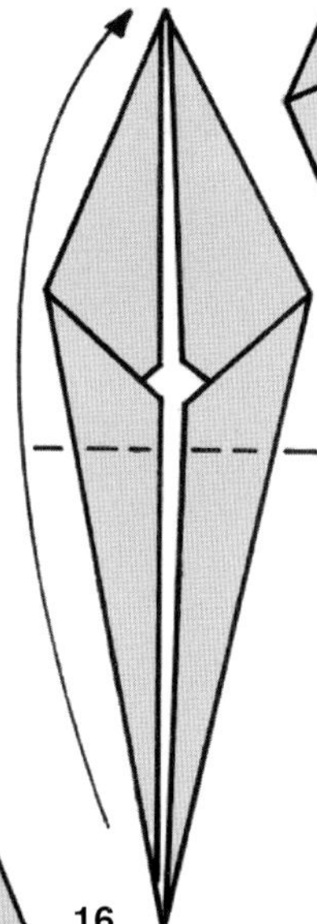
16

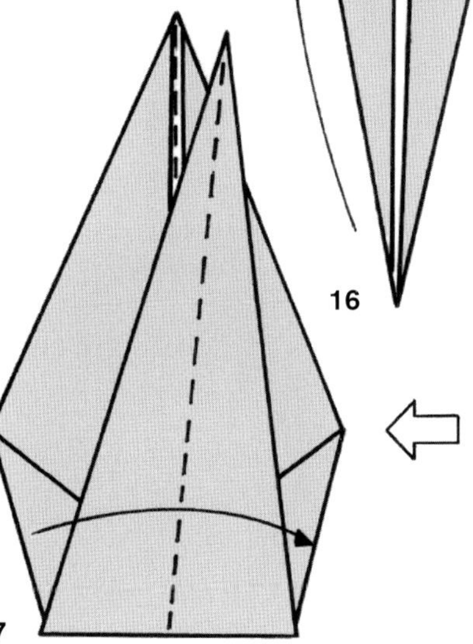
17

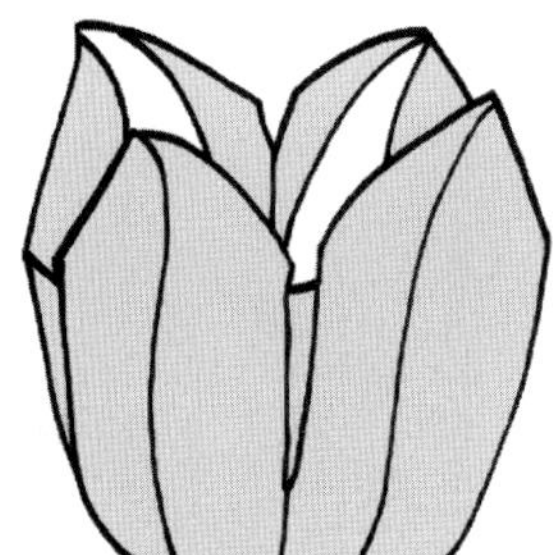
21

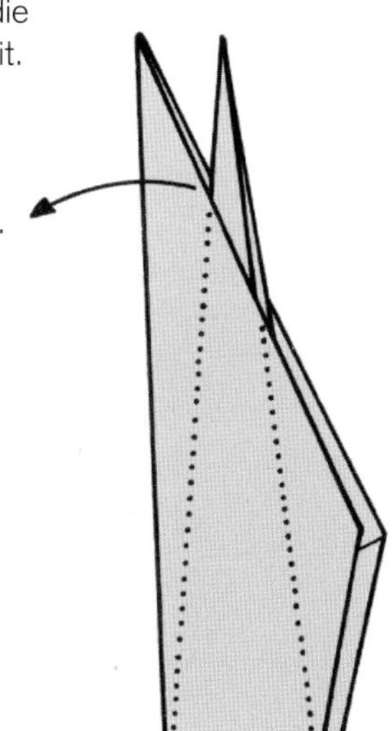
18

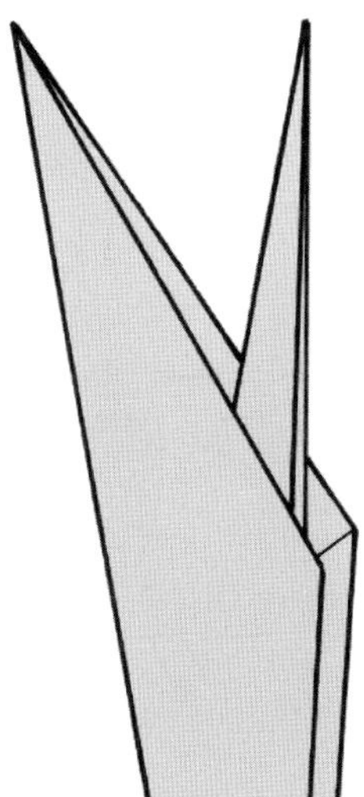
19

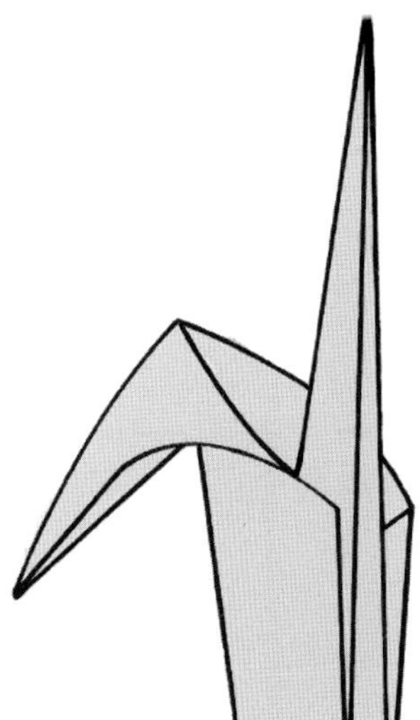
20

Ursprünglich kommt die Trompetenblume aus Ostasien. Doch auch bei uns ist diese schöne Pflanze inzwischen heimisch geworden. In bunten Kaskaden schmücken ihre farbenprächtigen, hängenden Blüten so manchen Balkon. Diese trompetenförmigen Blüten aus Papier nachzufalten stellt eine echte Herausforderung für jeden Origami-Künstler dar.

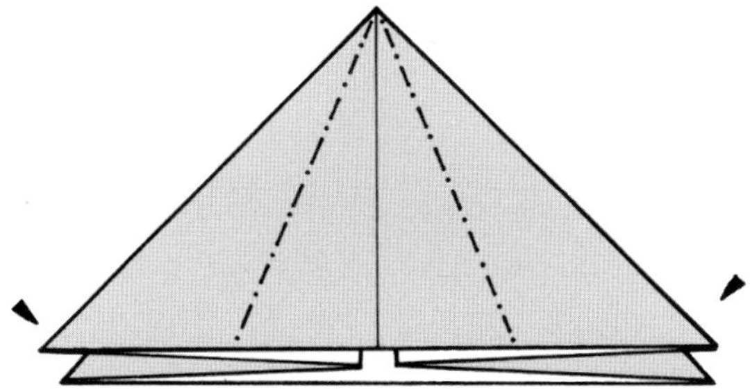

1

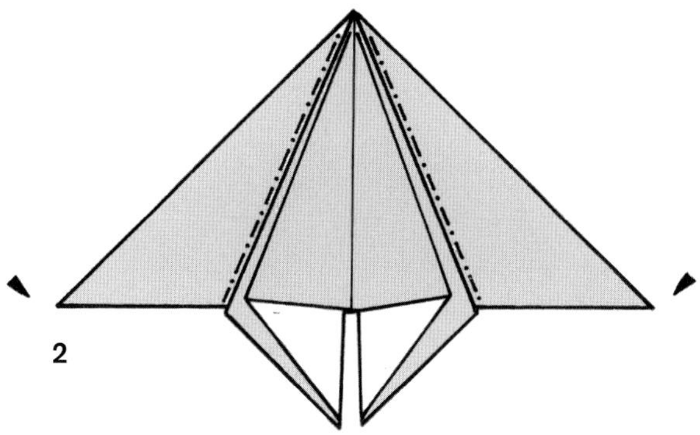

2

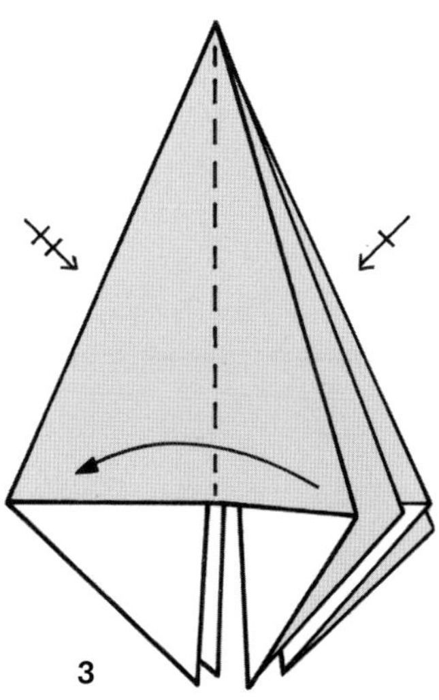

3

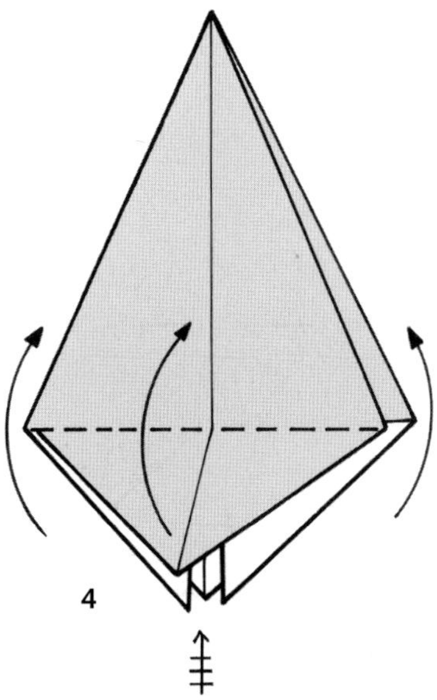

4

**1** Ausgangsform für die Trompetenblume ist das zusammengeschobene Dreieck aus einem Papierquadrat (22 x 22 cm). Zum Üben ein größeres Blatt Papier verwenden! Die farbige Seite ist außen. Die beiden seitlichen Spitzen des vorderen Dreiecks zur Mittelachse bergfalten. Die beiden vorderen Dreiecke zur Mittelachse bergfalten und wieder entfalten. Beide Spitzen nun durch eine Gegenbruchfalte nach innen zur Mittelachse versenken.

**2** Die Figur sieht jetzt so aus. Die Spitzen des vorderen Dreiecks sind versenkt. Nun die Spitzen des hinteren Dreiecks versenken.

**3** Die rechte untere auf die linke untere Spitze talfalten. Den Faltvorgang hinten dreimal wiederholen.

**4** Die untere Spitze nach oben talfalten. Den Faltvorgang hinten nun wiederholen.

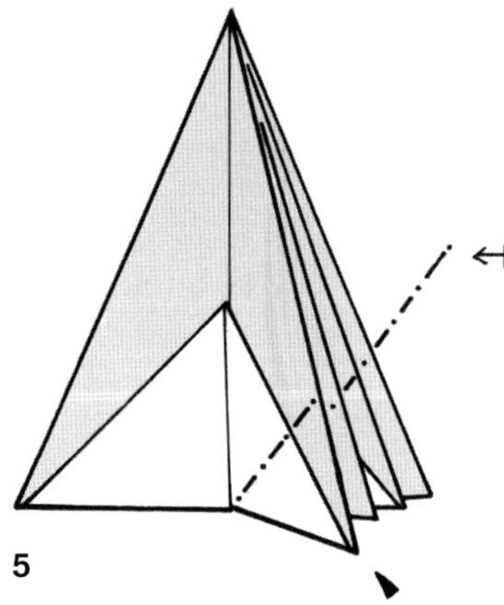

5

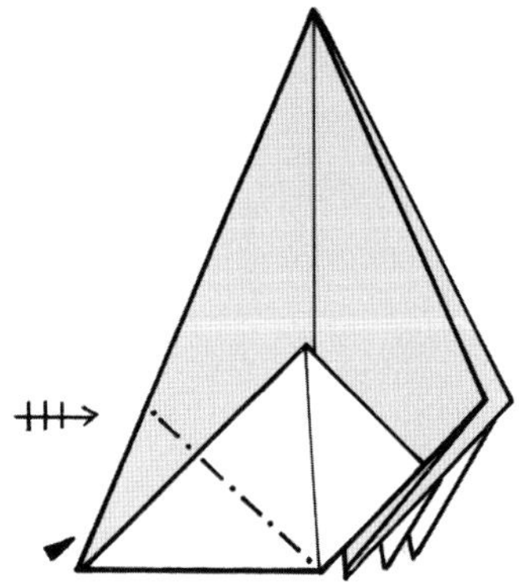

6

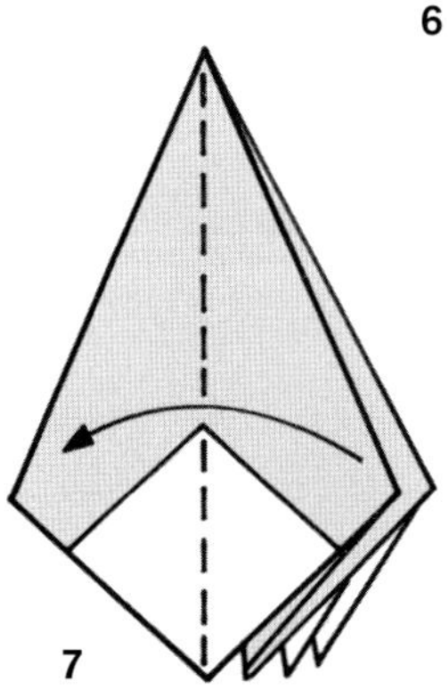

7

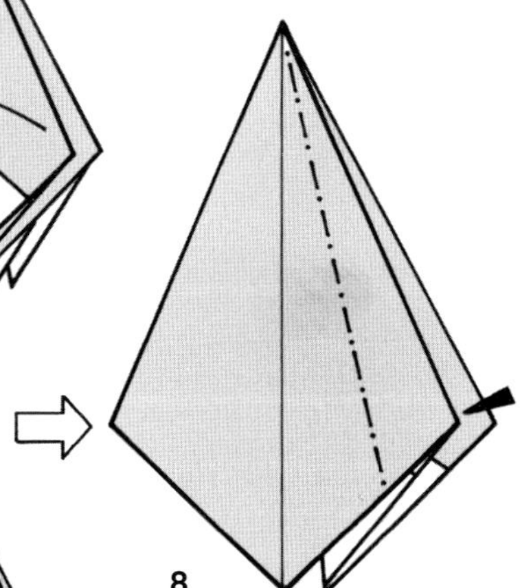

8

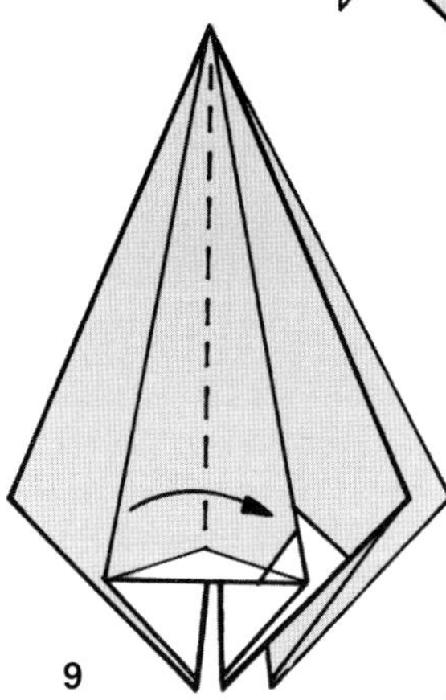

9

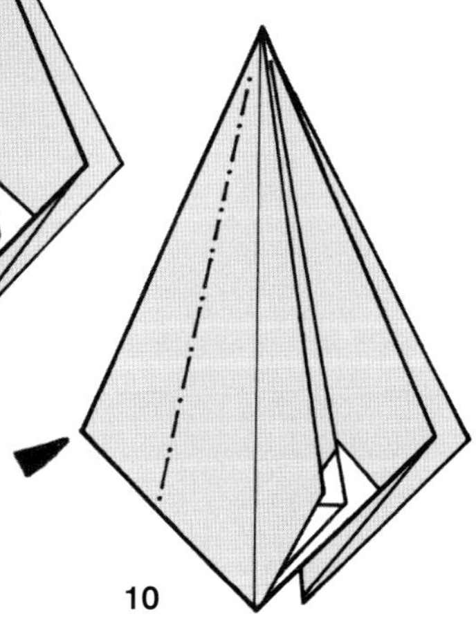

10

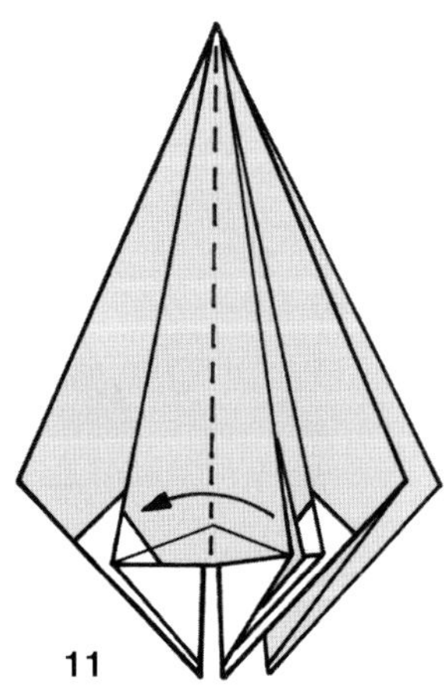

11

**5** Die rechte untere Spitze bergfalten und entfalten. Die Spitze versenken. Auch hinten falten.

**6** Die linke seitliche Spitze bergfalten und entfalten. Auch hinten falten.

**7** Die rechte seitliche Spitze an die linke Spitze talfalten. Die Form ist jetzt geschlossen.

**8** Die rechte vordere Kante der Drachenform zur Mittelachse bergfalten. Nun die Spitze versenken.

**9** Die linke seitliche Kante nach rechts talfalten.

**10** Den Faltvorgang, wie bei Figur 8 beschrieben, mit der linken seitlichen Kante wiederholen.

**11** Die rechte Kante an die linke Kante talfalten.

**12** Die Faltschritte 8 bis 11 bei den drei restlichen Blütenblättern wiederholen.

**13** Die untere Spitze vom vorderen Blütenblatt nach oben in Form bringen. Diesen Faltvorgang auch hinten wiederholen.

**14** Die vorderen zwei innenliegenden Blütenblätter besitzen ein Quadrat an der Außenseite. Diese Quadrate nach unten bringen. Den Faltvorgang hinten zweimal wiederholen.

**15** Die Figur nur noch ausformen, und schon ist die erste Trompetenblumenblüte fertig. Die genaue Faltanleitung für das Blumenblatt finden Sie ab Seite 80.

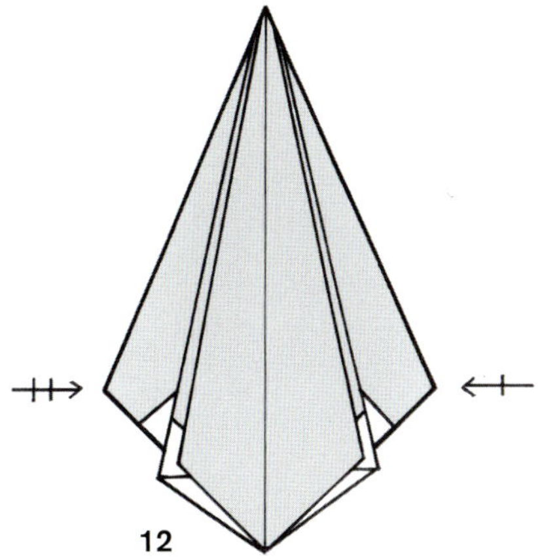

12

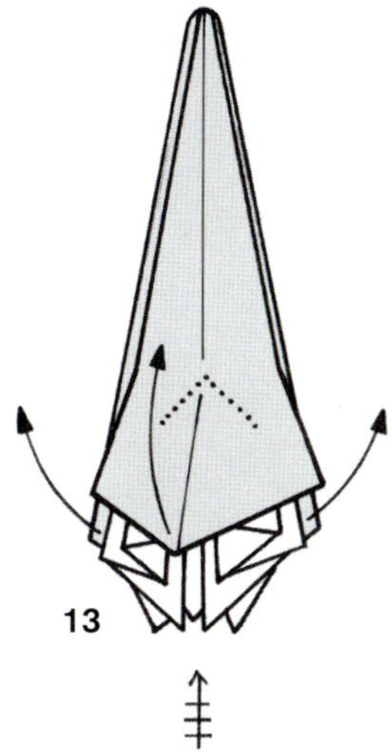

13

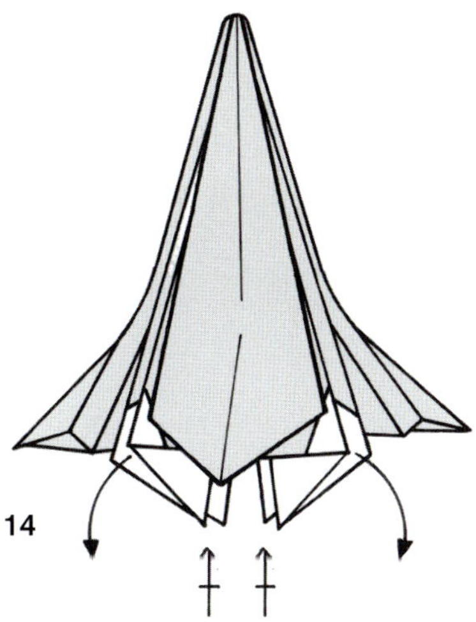

14

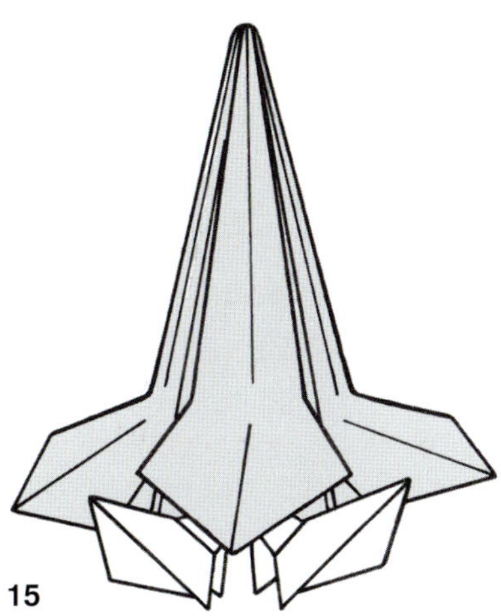

15

# Hibiskusblüte

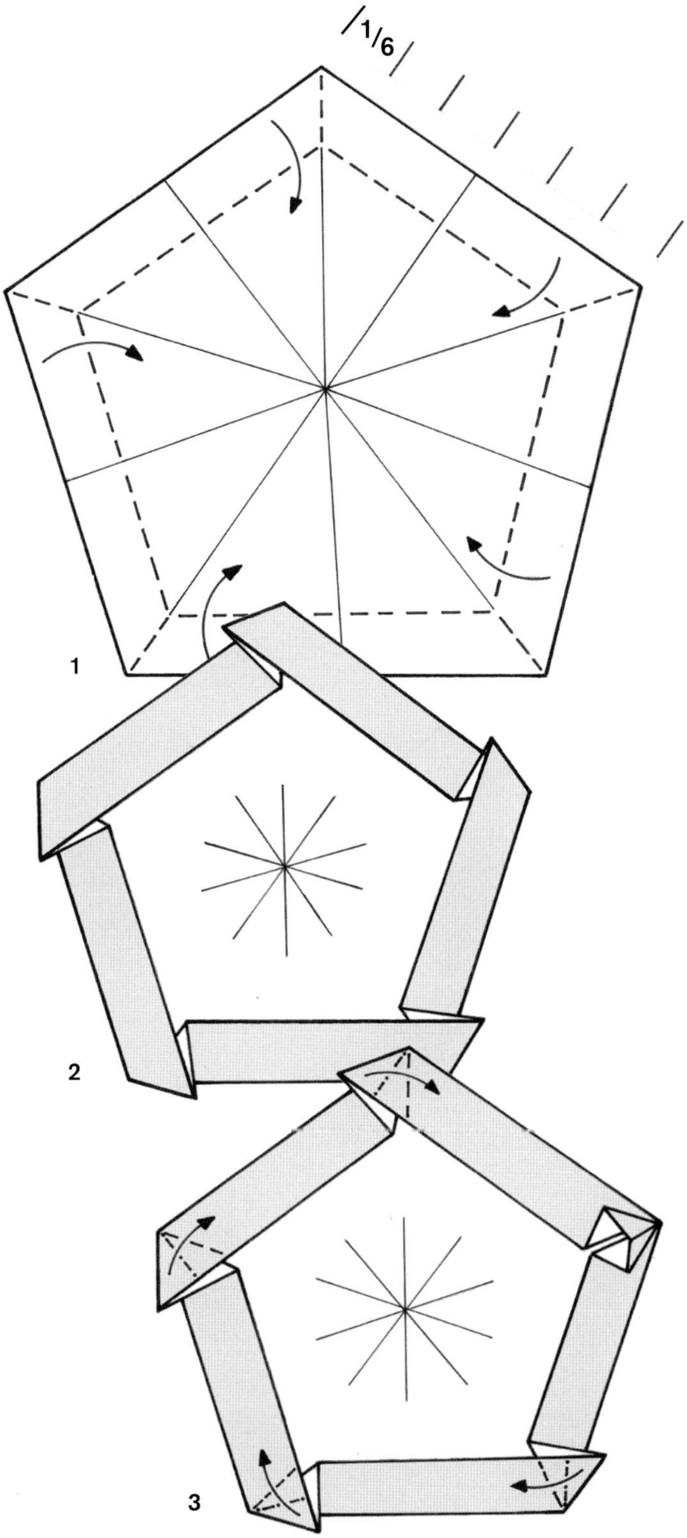


Der Hibiskus hat wunderschöne große Blüten. Sie aus Papier nachzubilden bedarf allerdings einiger Fingerfertigkeit. Hier macht Übung den Meister! Die Mühe lohnt sich aber in jedem Fall, denn das Ergebnis ist eine Pracht.

**1** Ausgangsform für die Hibiskusblüte ist das Fünfeck aus einem Papierquadrat von 25 x 25 cm. Die farbige Seite liegt hinten. Zum Üben unbedingt ein größeres Papierformat verwenden. Weiches Knitterpapier ist ideal. Alle fünf Kanten der Figur talfalten. An allen fünf Ecken entstehen kleine Dreiecke.

**2** Diese Dreiecke entgegen dem Uhrzeigersinn zur Seite falten.

**3** Die kleinen Dreiecke durch Berg- und Talfalten zu Tüten formen, öffnen und flach drücken.

**4** Die Figur im angegebenen Bereich berg- und talfalten. Den Mittelpunkt nach oben drücken, und die Figur dann zusammenschieben.

4

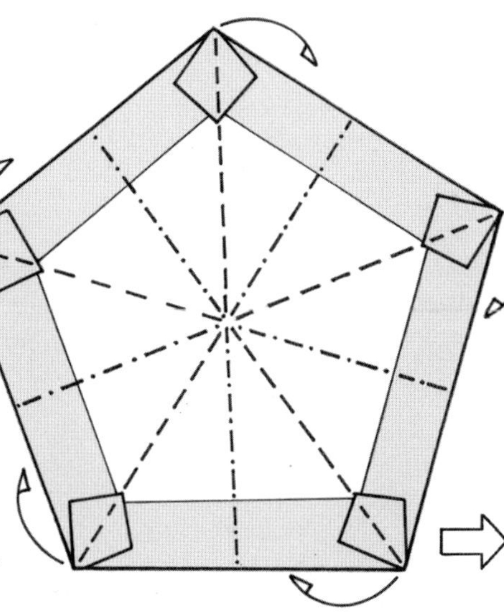

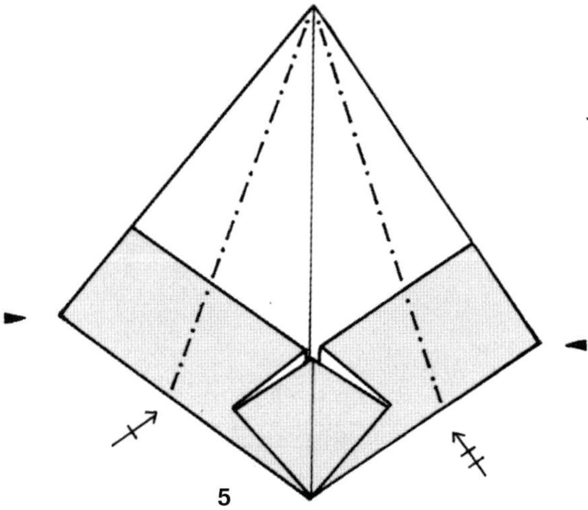

5

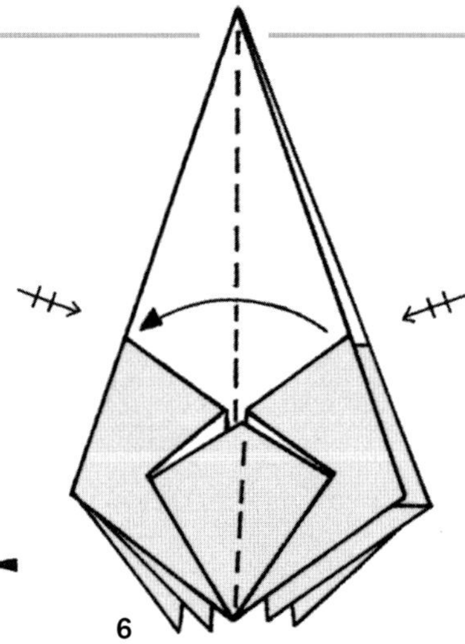

6

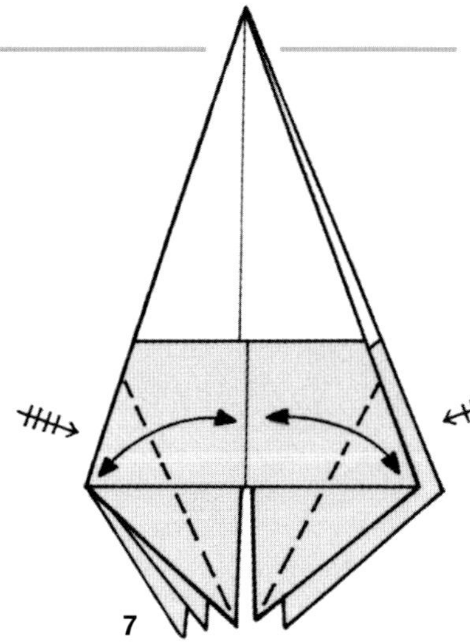

7

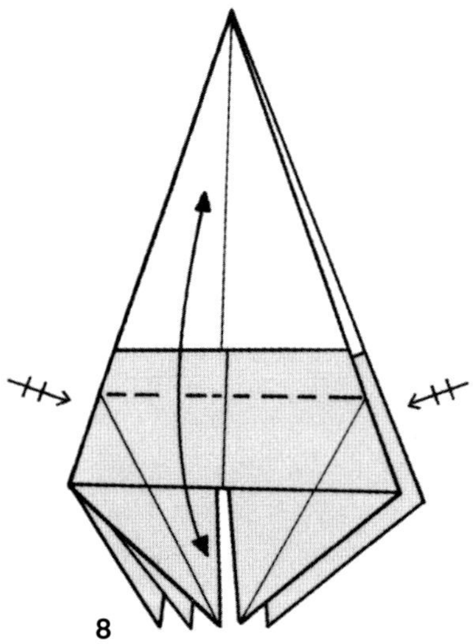

8

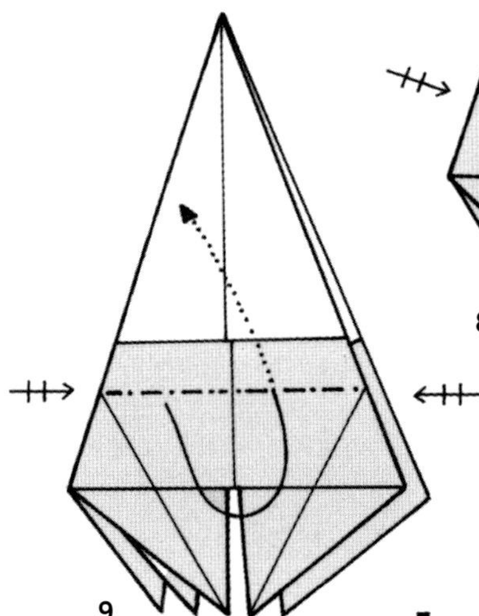

9

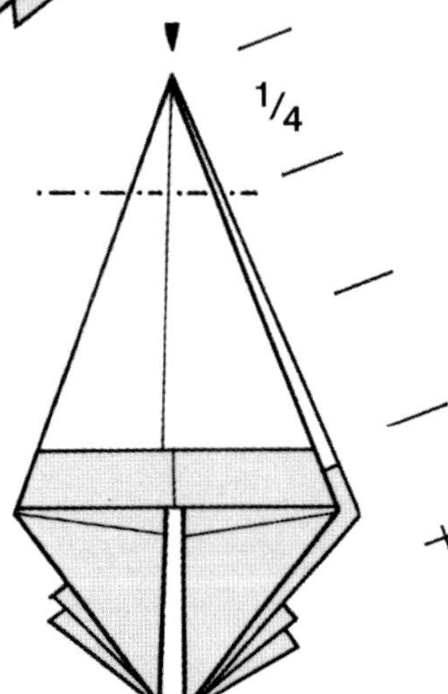


10

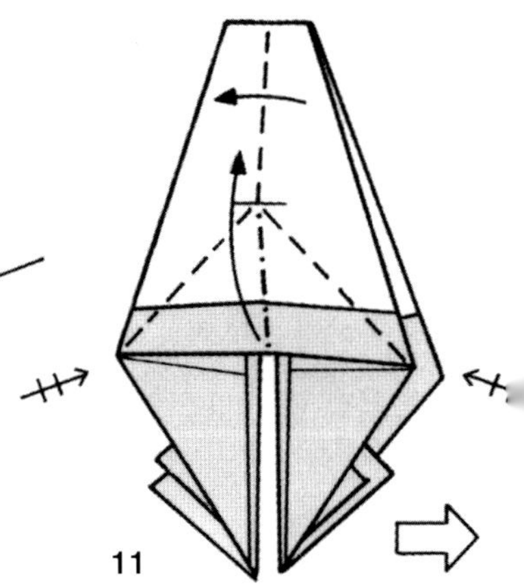

11

**5** Die Figur sieht jetzt so aus. Den vorderen Teil der Figur rechts und links bergfalten und wieder entfalten. Beide Faltungen leicht öffnen, und die seitlichen Spitzen versenken. Diesen Faltvorgang noch dreimal hinten wiederholen.

**6** Die rechte seitliche Kante auf die linke Kante talfalten, das heißt die Figur schließen. Auch hinten falten.

**7** Die beiden äußeren Spitzen zum senkrechten Mittelbruch talfalten und wieder entfalten. Auch hinten falten.

**8** Die vordere Lage im angegebenen Bereich talfalten und entfalten. Auch hinten falten.

**9** Die waagerechte Talfalte bergfalten, und dabei die untere Kante nach innen falten. Die seitlichen Spitzen ziehen sich dadurch ebenfalls nach innen. Auch hinten falten.

**10** Die obere Spitze der Blüte im angegebenen Bereich bergfalten, und die Figur leicht öffnen, um die Spitze zu versenken. Danach die Figur wieder schließen.

**11** Im angegebenen Bereich berg- und talfalten. Die Mitte der Kante nach oben falten. Danach die rechte seitliche Kante auf die linke Kante falten. Auch hinten falten.

**12** Das vordere Blütenblatt nach oben talfalten.

**13** Den oberen Bereich der Figur sowohl rechts als auch links nach außen ziehen.

**14** Die beiden oben sichtbaren Vorfalten nach hinten bergfalten. Dann die obere Spitze der Figur an die untere Spitze talfalten.

**15** Bei den übrigen vier Blütenblättern die Faltungen der Faltschritte 12 bis 14 wiederholen.

**16** Das schmale Ende der Figur in die Hand nehmen, und die Blüte so drehen, dass die farbigen Seiten der Blütenblätter vorne sind. In der Mitte ist die Blütennarbe zu erkennen. Zum Schluss die Blütenblätter modellieren, und die Hibiskusblüte ist fertig.

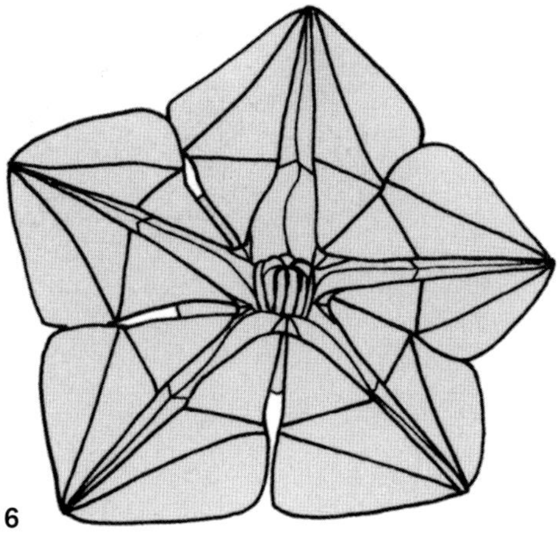

16

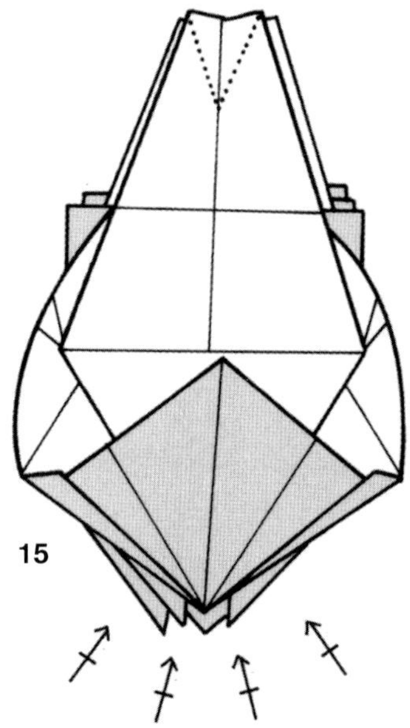

15

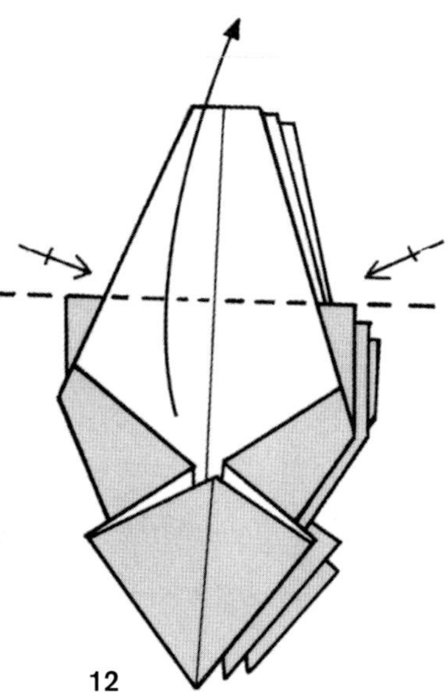

12

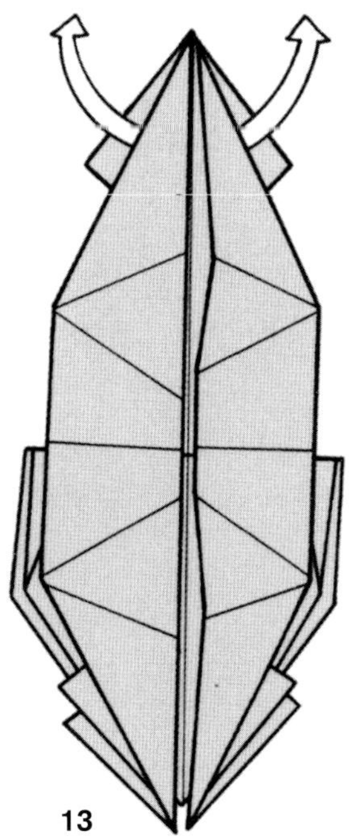

13

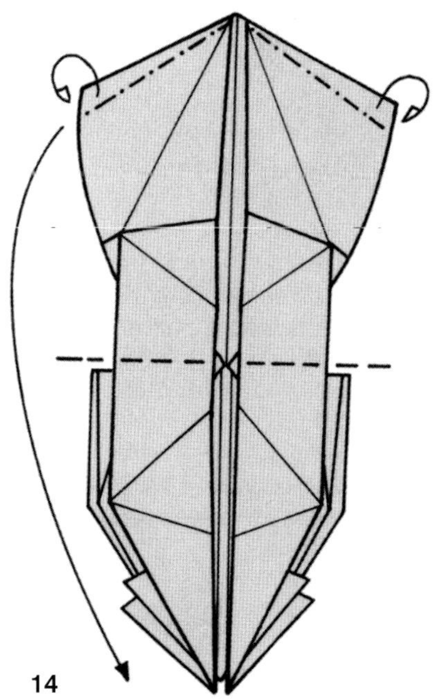

14

# Blumenblatt

Gemeinsam mit vielen grünen Blättern werden aus den Hibiskusblüten oder aus den Blüten der Trompetenblume im Handumdrehen die schönsten Blumenarrangements. Viele einzelne Blumenblätter lassen sich ganz einfach an einem Blumendraht befestigen, indem man ihn mit Papierband umwickelt und die Blattstiele dann feststeckt.

**1** Ausgangsform für das Hibiskusblatt ist die Drachenform aus einem Papierquadrat von 10 x 10 cm. Die offene Seite liegt vorne, die farbige Seite ist außen. Die beiden seitlichen Spitzen entlang der Hilfslinien talfalten.

**2** Erneut die äußeren seitlichen Spitzen der Figur talfalten, und die Figur wenden.

**3** Im unteren angegebenen Bereich talfalten und wieder entfalten.

**4** Die Talfalten zu Bergfalten umfalten und seitlich versenken. Die Figur wenden.

**A** Ausgangsform für ein Trompetenblumenblatt ist ein Papierquadrat (15 x 15 cm). Die farbige Seite liegt hinten. Das Quadrat steht auf der Spitze. Zweimal zur senkrechten Mittelachse talfalten.

**B** Jetzt genauso weiterfalten, wie in Faltschritt 3 beschrieben.

**C** Nun der Faltanleitung von Faltschritt 4 folgen. Die Figur wenden.

**D** Das Trompetenblumenblatt, wie in Faltschritt 8 und 9 beschrieben, mit Blattadern versehen – fertig!

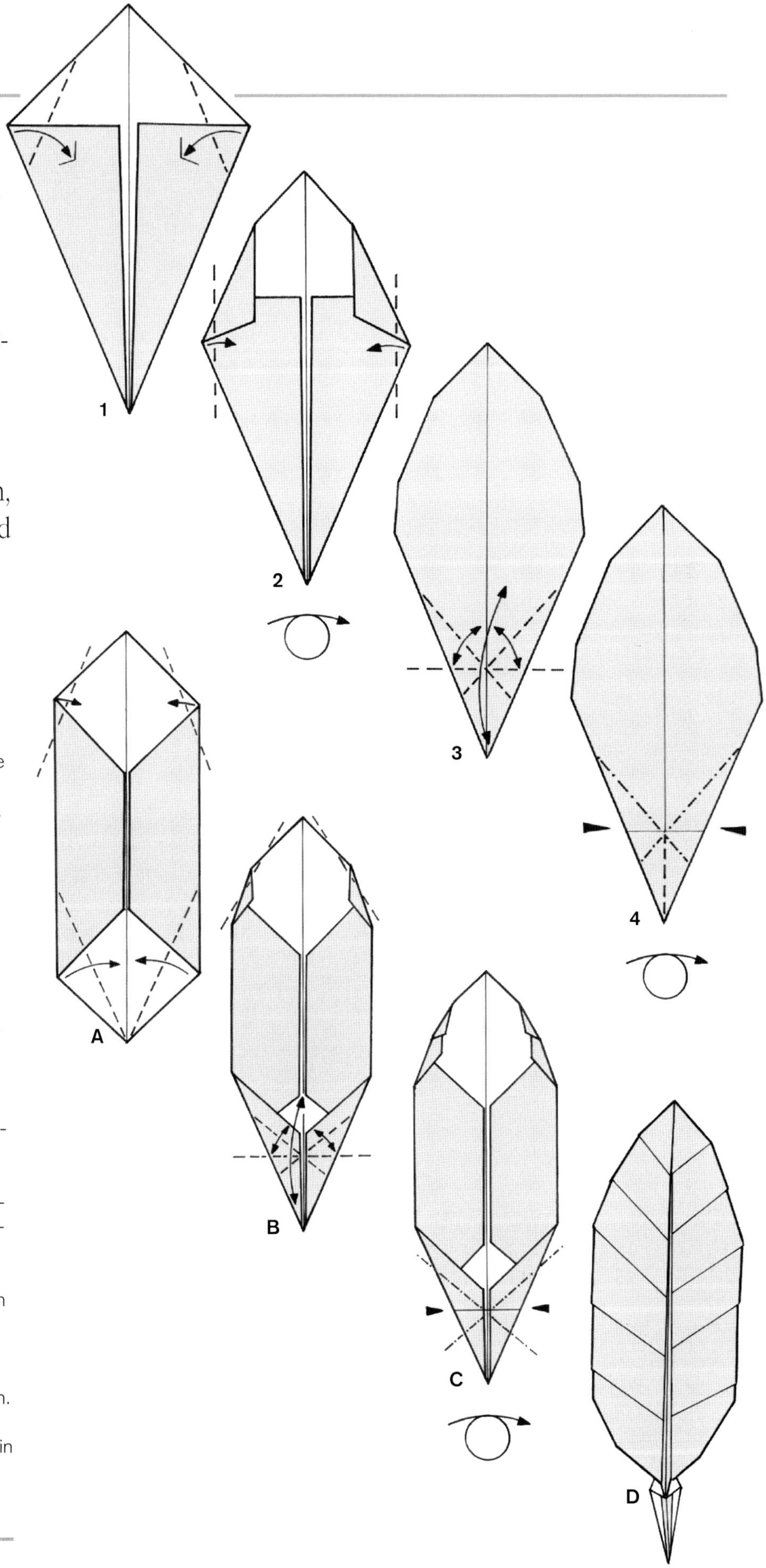

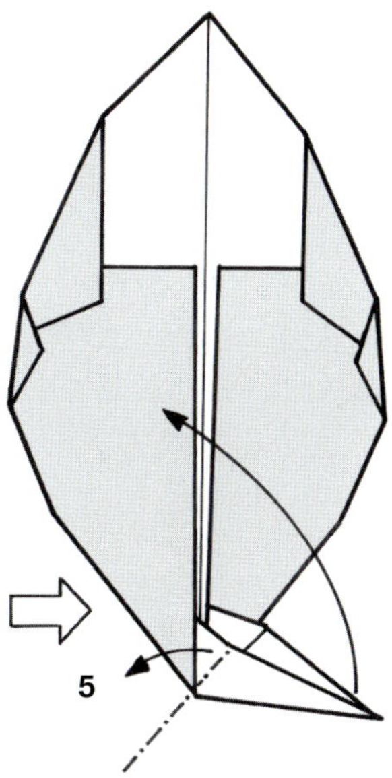

5

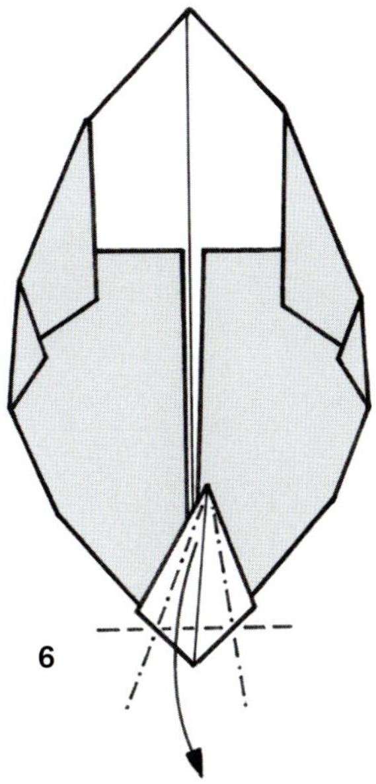

6

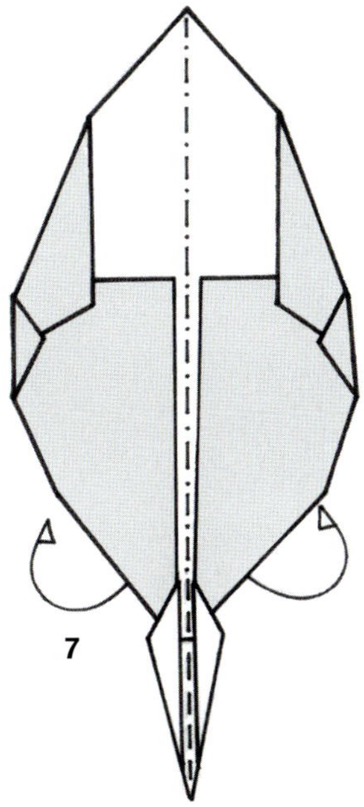

7

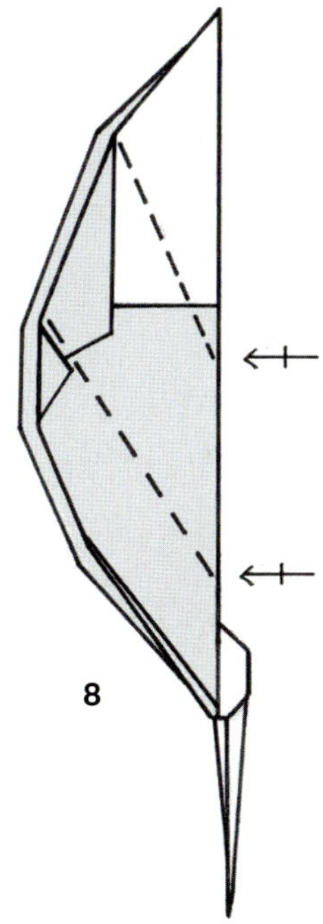

8

**5** Die kleine drachenförmige Faltung im unteren Bereich der Figur nach oben falten und flach drücken.

**6** Im angegebenen Bereich berg- und talfalten, und die Spitze dieser Faltung nach unten ziehen. Das wird der Stiel des Blattes.

**7** Das Blatt entlang der Mittelachse bergfalten, und den Stiel gleichzeitig talfalten.

**8** Das Blatt vorne und hinten zweimal talfalten. Dies werden die Blattadern.

**9** Das Blatt im angegebenen Bereich talfalten. Die Figur öffnen.

**10** Durch Talfalten, knapp unterhalb der schräg zulaufenden Bergfalten, werden die Blattadern modelliert. Das Blumenblatt ist fertig.

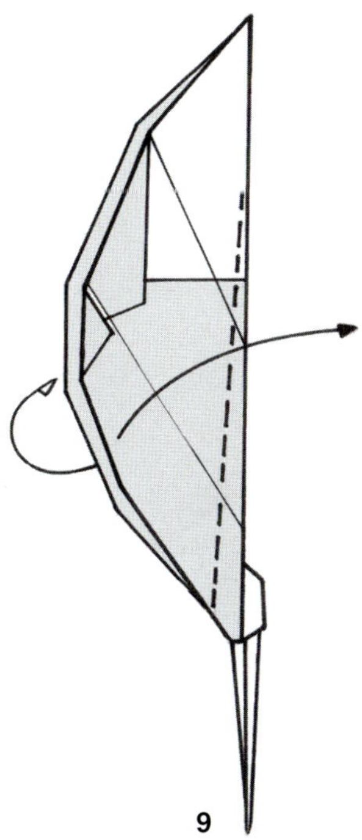

9

10

# Bläuling

Von den 150 000 Schmetterlingsarten, die auf der ganzen Welt existieren, haben wir für Sie den Bläuling und den Zitronenfalter ausgewählt, um sie aus Papier nachzufalten. Natürlich sind Ihren eigenen Schmetterlingskreationen in Farbe und Form einfach keine Grenzen gesetzt – genau wie in der Natur. Bei den beiden Schmetterlingsfaltungen wird deutlich, dass zwei ganz unterschiedliche Ansätze zu einem sehr ähnlichen Ziel führen können.

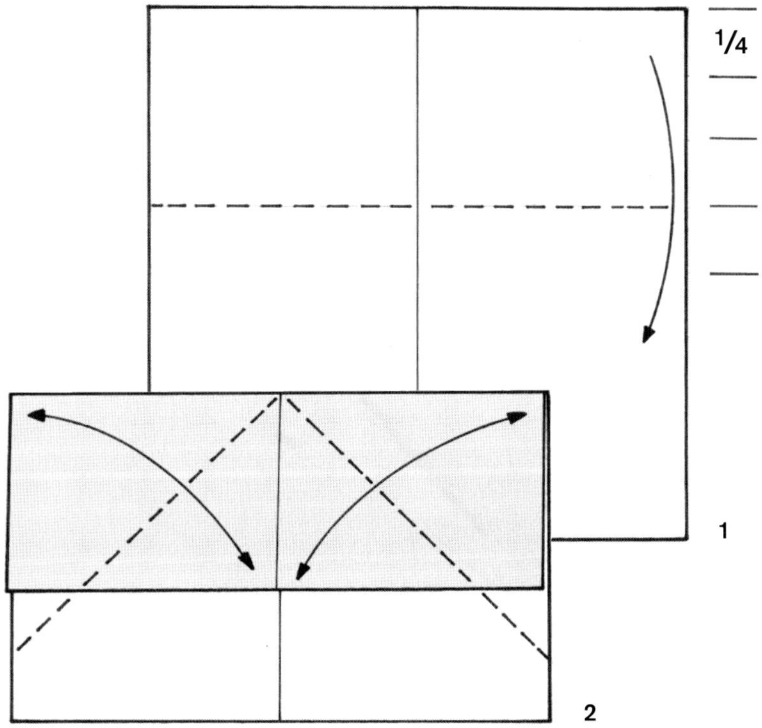


1

2

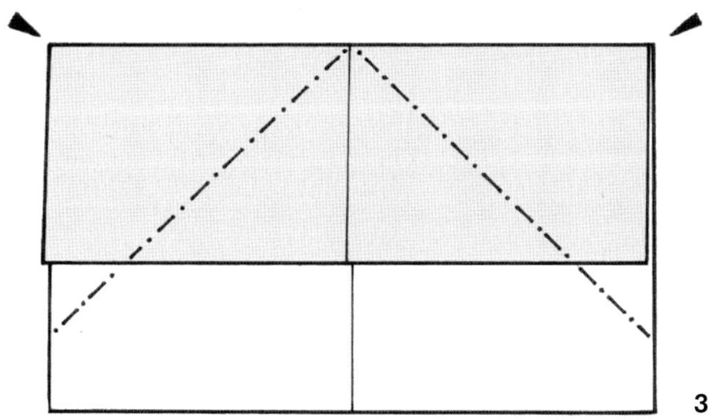

3

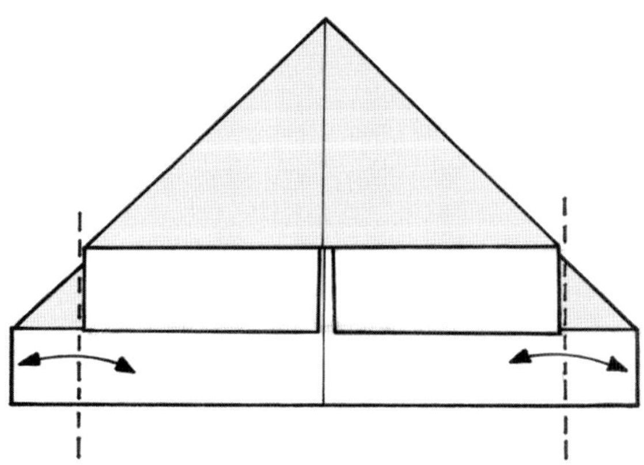

4

**1** Ausgangsform für den Bläuling ist ein Papierquadrat (15 x 15 cm). Die farbige Seite liegt hinten. Zunächst die senkrechte Mittelachse finden, dann das Quadrat im angegebenen Bereich talfalten.

**2** Die beiden oberen Spitzen der Figur an den senkrechten Mittelbruch talfalten und wieder entfalten.

**3** Die obere rechte und die obere linke Spitze der Figur durch Gegenbruchfalten versenken.

**4** Die rechte und die linke Seite der Figur talfalten und wieder entfalten.

**5** Den vorne liegenden Teil der Figur im angegebenen Bereich talfalten. Die Spitzen treffen dabei die senkrechte Mittelachse nicht (siehe Zeichnung).

**6** Die rechte und linke Seite der Figur durch Talfalten unter die Bergfalten schieben.

**7** Die beiden unteren Spitzen der Figur nach oben talfalten und wieder entfalten.

**8** Diese beiden Spitzen unter den vorderen Teil der Figur schieben.

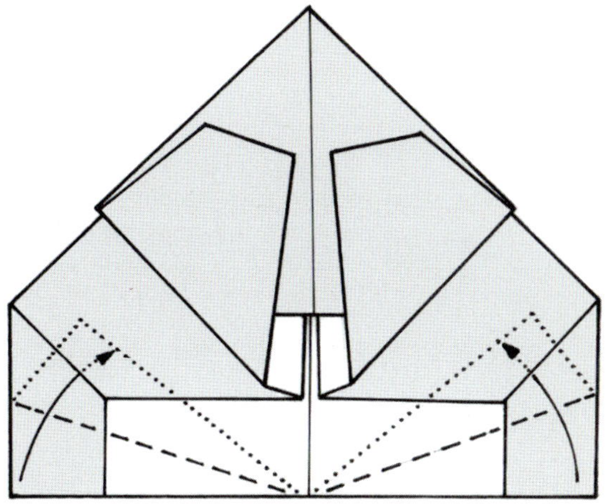

8

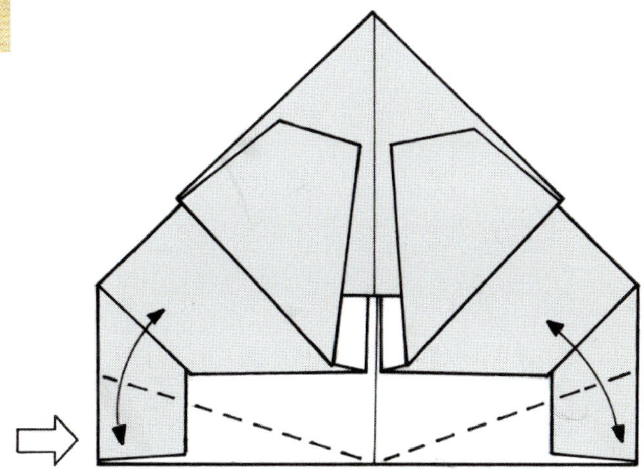

7

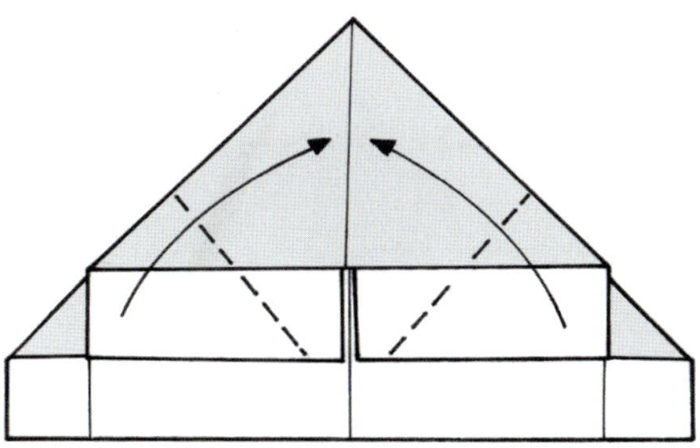

5

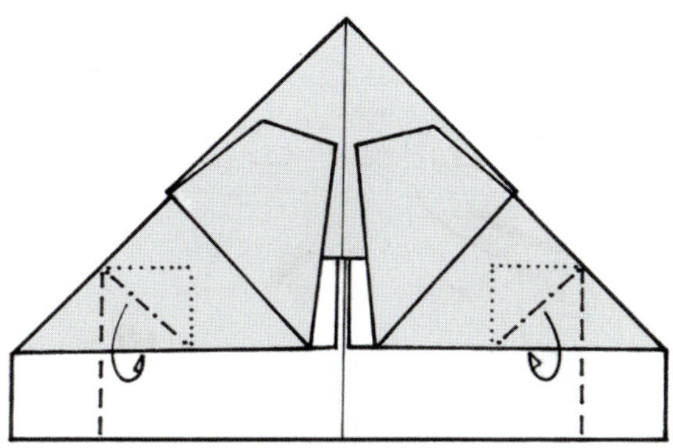

6

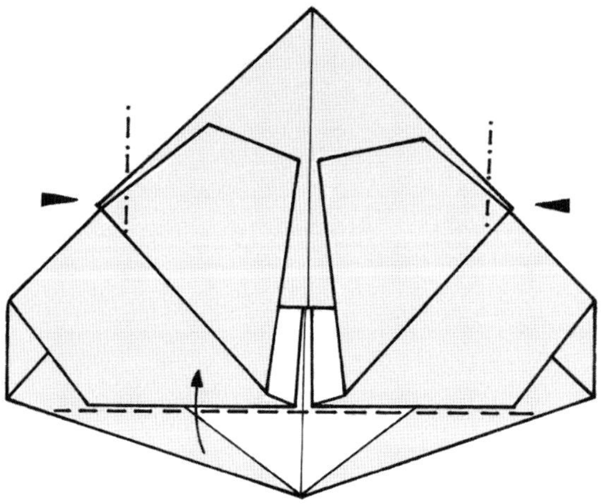

9

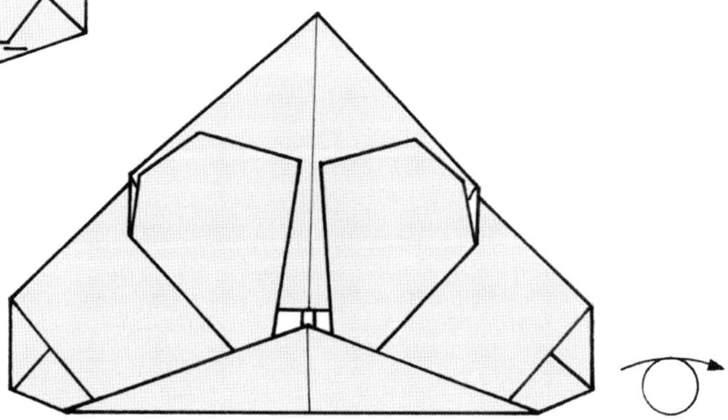

10

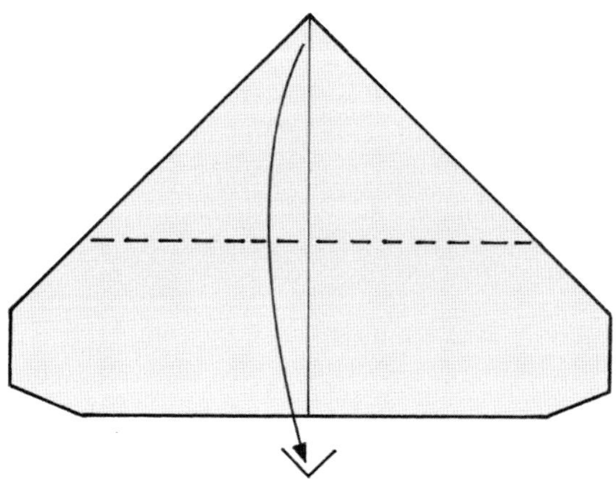

11

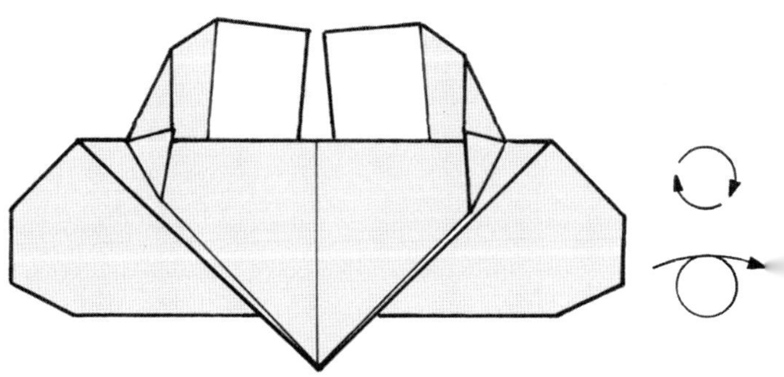

12

**9** Die beiden seitlichen Spitzen des vorderen Teils der Figur bergfalten und durch Gegenbruchfalten versenken. Die untere Spitze der Figur nach oben talfalten.

**10** Die Figur sieht jetzt so aus und kann gewendet werden.

**11** Die Figur im gekennzeichneten Bereich talfalten.

**12** Dabei entstehen seitlich zwei kleine Dreiecke, die sich zur Mitte ziehen. Beide Dreiecke flach drücken. Die Figur wenden und zusätzlich um 180° drehen.

**13** Das Dreieck nach oben talfalten. In der Mitte entsteht ein kleines nach vorne stehendes Dreieck. Nicht flach drücken!

**14** Nun an derselben Stelle nach unten talfalten. Jetzt das entstandene kleine Dreieck flach drücken. Die Flügelenden bergfalten.

**15** Durch Zickzackfaltung, also durch Berg- und Talfalten, muss nur noch der Körper herausgearbeitet werden, dann ist der Bläuling fertig.

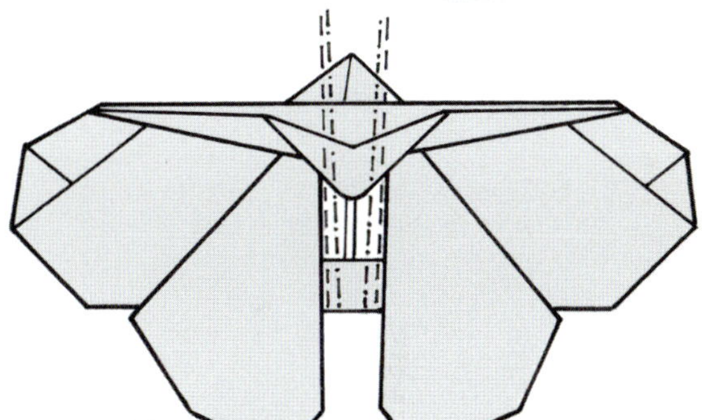

15

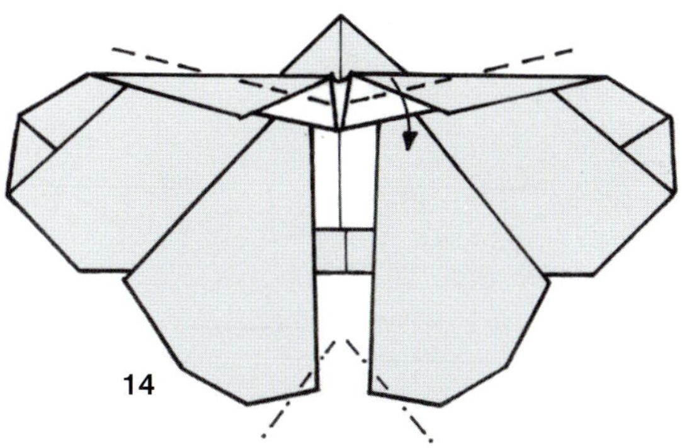

14

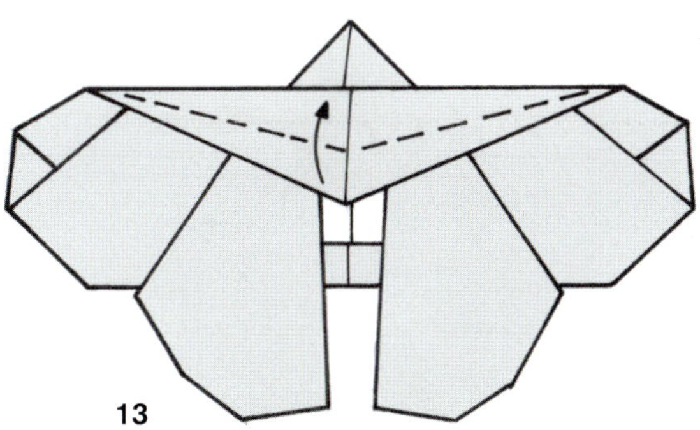

13

# Zitronenfalter

Die Origami-Schmetterlinge sind vielseitig verwendbar. Mit einer Anstecknadel werden sie zur Brosche und können auf einer Bluse oder einem Pullover Platz nehmen. An einem langen Blumendraht befestigt sind sie ein schöner Schmuck für einen Blumenstrauß. Für die Schmetterlinge eignet sich Seidenpapier, aber auch Drachenpapier besonders gut oder eine Kombination aus metallisiertem Papier mit einem Seidenpapier nach dem Sandwich-Verfahren.

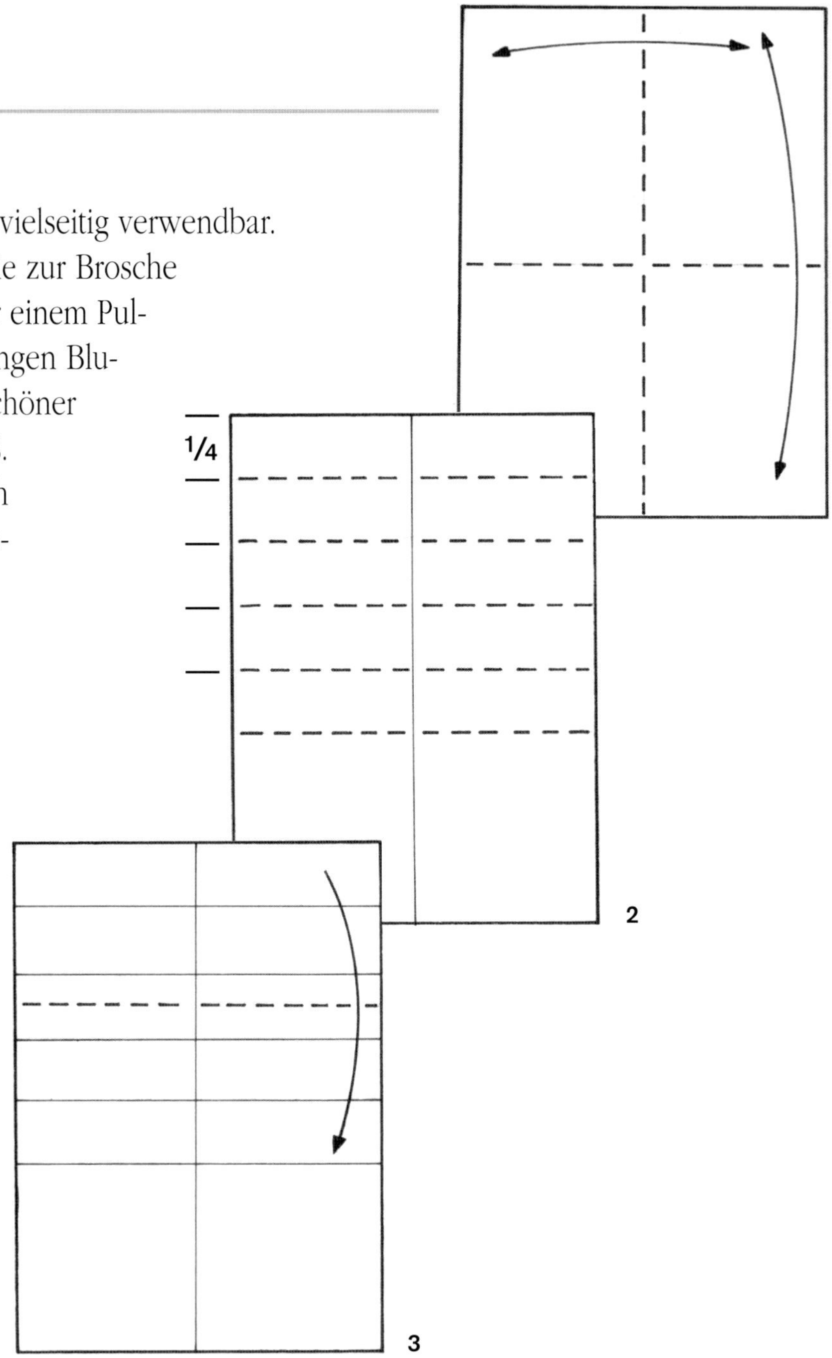


1

2

3

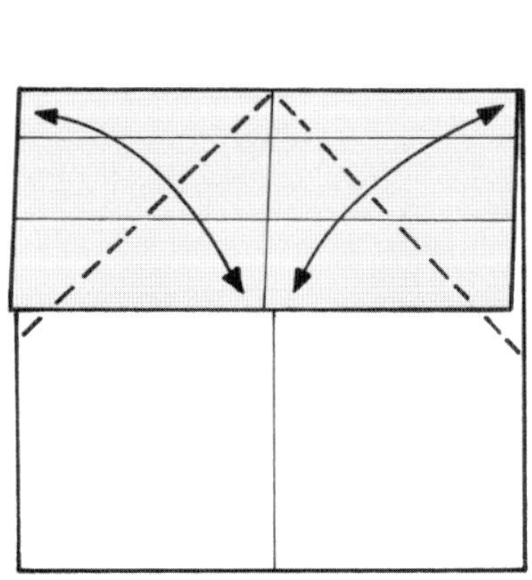

4

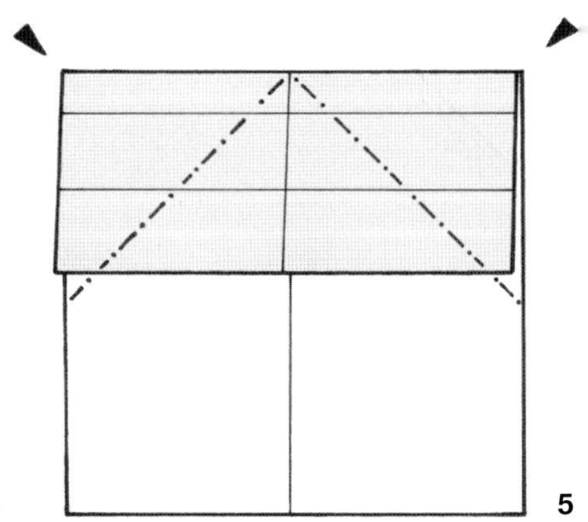

5

**1** Ausgangsform für den Zitronenfalter ist ein Blatt Papier in DIN-A4-Format. Die farbige Seite liegt hinten. Jeweils entlang der waagerechten und der senkrechten Mittelachse talfalten und wieder entfalten.

**2** Die obere Hälfte des Blattes durch Talfalten vierteln und dann noch unterhalb der waagerechten Mittelachse ein Viertel durch eine Talfalte markieren. Wenn die Viertel nur an der Seite leicht markiert werden, hat der Falter später keine Knicke auf seinen Flügeln. Das Papier wieder entfalten.

**3** Die obere Kante des Blattes an die untere Waagerechte talfalten.

**4** Die obere rechte und die obere linke Ecke der Figur an den senkrechten Mittelbruch talfalten und wieder entfalten.

**5** Die obere rechte und die obere linke Ecke der Figur durch Gegenbruchfalten versenken, so dass eine Spitze entsteht.

**6** Die rechte und die linke Kante der Figur talfalten und wieder entfalten.

**7** Die beiden seitlichen Spitzen der oberen Lage der Figur an den senkrechten Mittelbruch talfalten. Nicht zu nah aneinander falten.

**8** Die beiden seitlichen Spitzen der oberen Lage talfalten und dann durch Gegenbruchfalten versenken.

**9** Die beiden unteren Spitzen der Figur exakt an den senkrechten Mittelbruch talfalten und dabei oben unter die obere Lage stecken. Die Figur wenden.

**10** Die Figur im angegebenen Bereich nun berg- und talfalten.

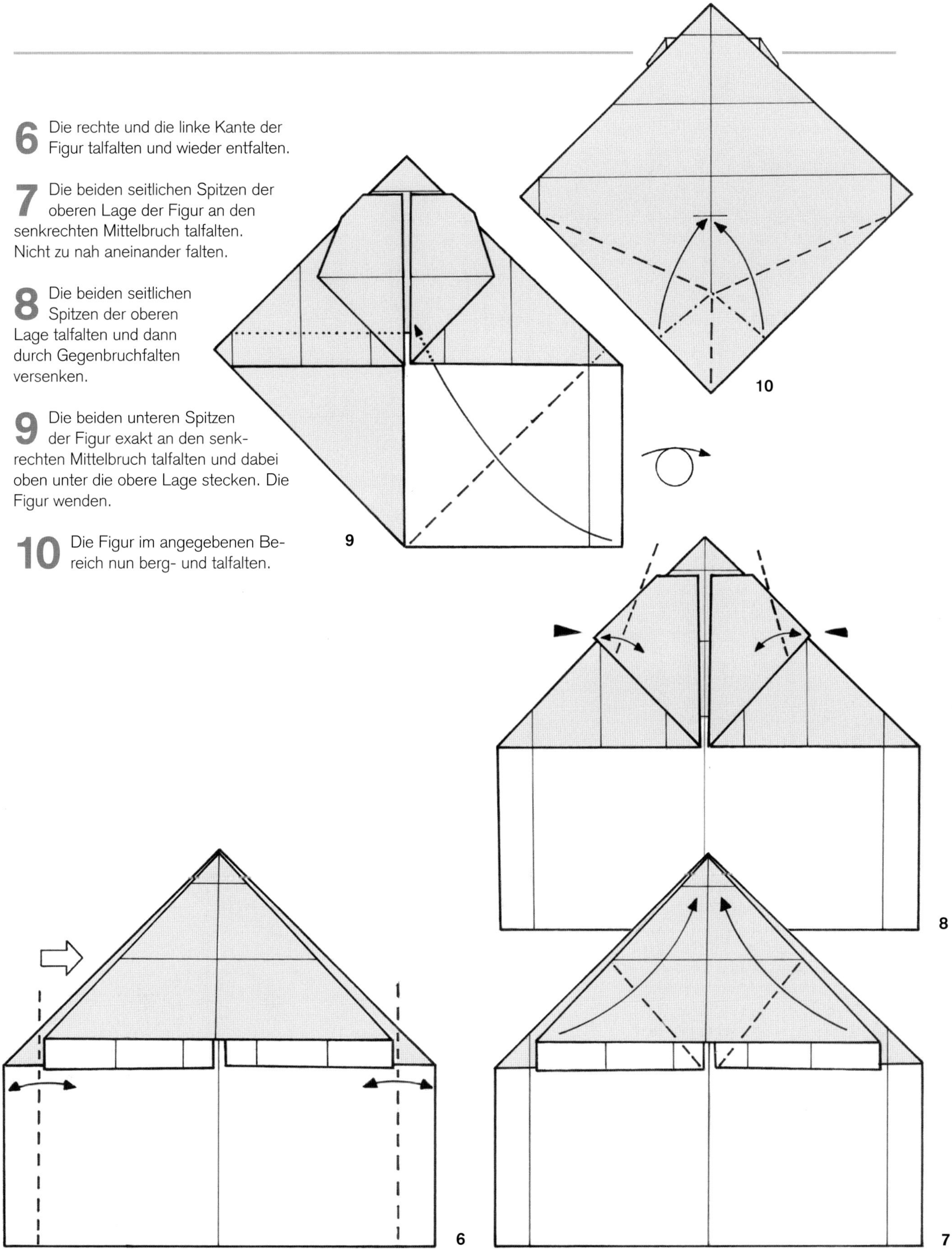

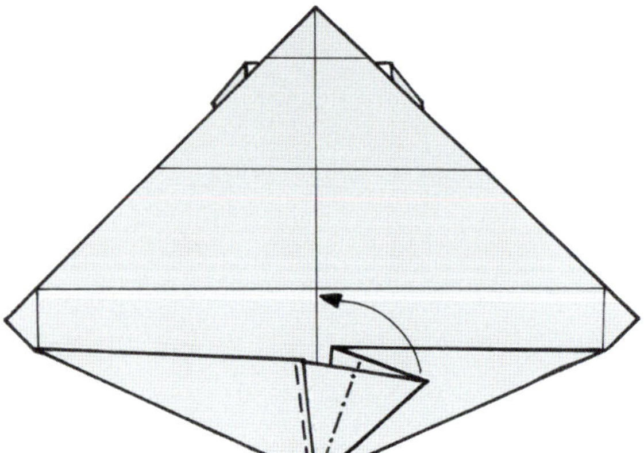

11

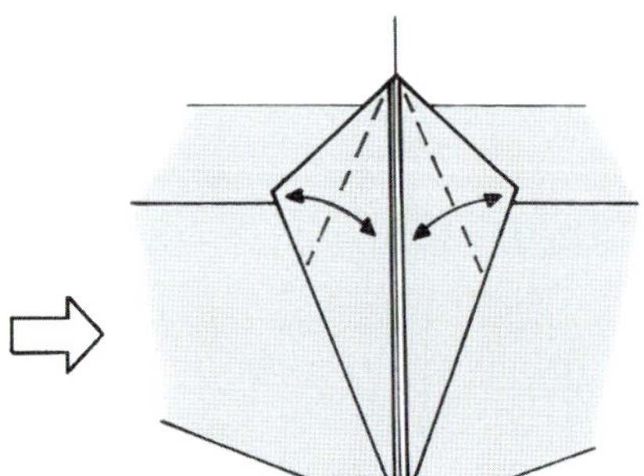

12

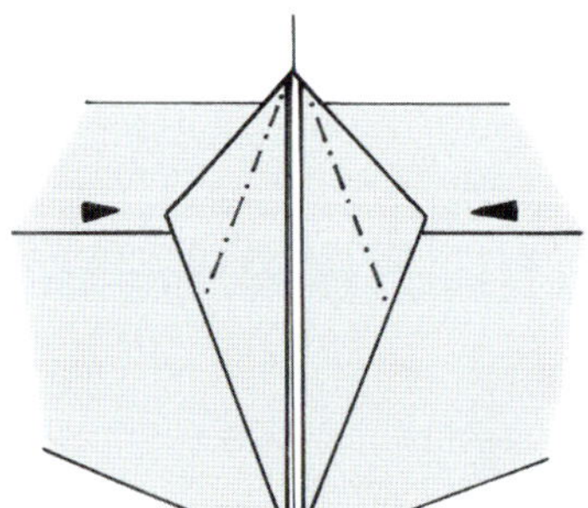

13

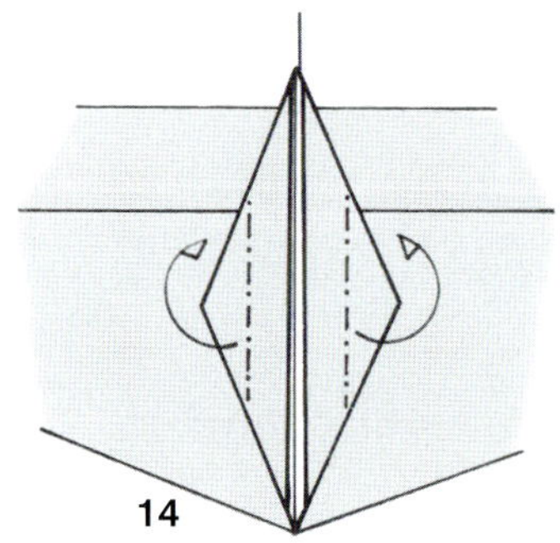

14

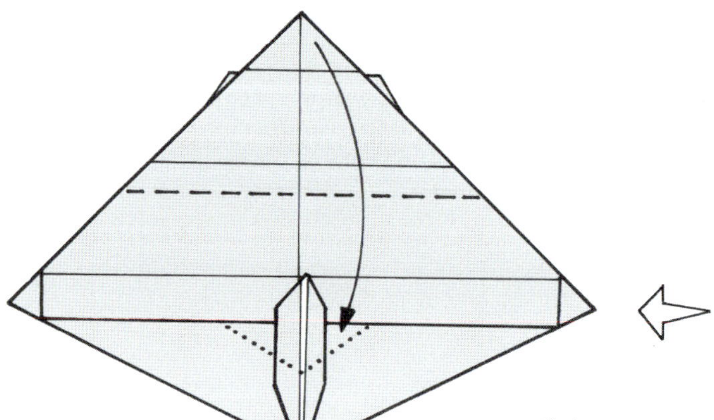

15

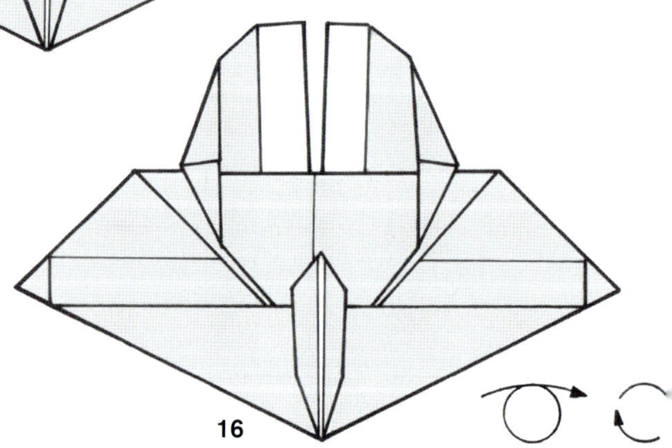

16

**11** Im unteren Bereich der Figur entsteht dadurch ein Dreieck. Das Dreieck über die Mitte ziehen und dann zu einer drachenförmigen Tüte flach drücken.

**12** Die seitlichen Spitzen der Tüten zur Mittelachse talfalten und wieder entfalten.

**13** Dieselben Spitzen nun durch Gegenbruchfalten versenken.

**14** Die seitlichen Spitzen parallel zur Mitte nach hinten bergfalten. Das wird der Kopf des Falters.

**15** Die obere Spitze durch Talfalten nach unten falten und hinter den Kopf stecken.

**16** Jetzt ist der spätere Zitronenfalter schon zu erkennen. Die Figur wenden und um 180° drehen.

**17** Die obere Spitze der Figur talfalten und unter den unteren Teil der Figur schieben.

**18** Den Kopf aus dem Schlitz heben. Die seitlichen Flügelspitzen bergfalten und nach innen versenken. Die unteren Flügelspitzen bergfalten. Das Dreieck an der Unterseite im oberen Bereich des Zitronenfalters in die Tasche talfalten.

**19** Der Schmetterling ist jetzt schon beinahe fertig.

**20** Durch Gegenbruchfalten nach innen und nach außen kann das Köpfchen des Schmetterlings noch deutlicher herausgearbeitet werden. Nun ist der Zitronenfalter perfekt.

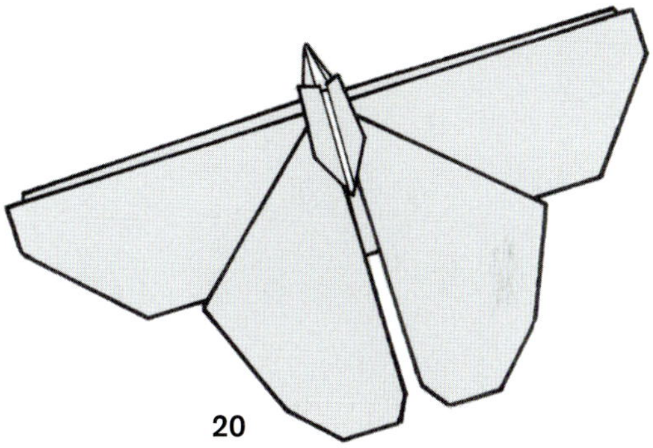

20

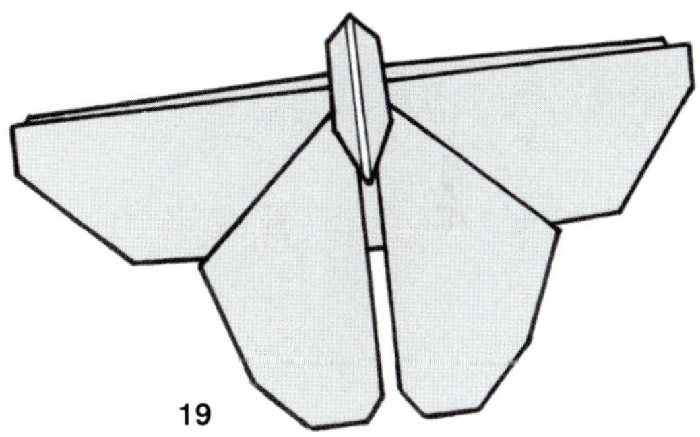

19

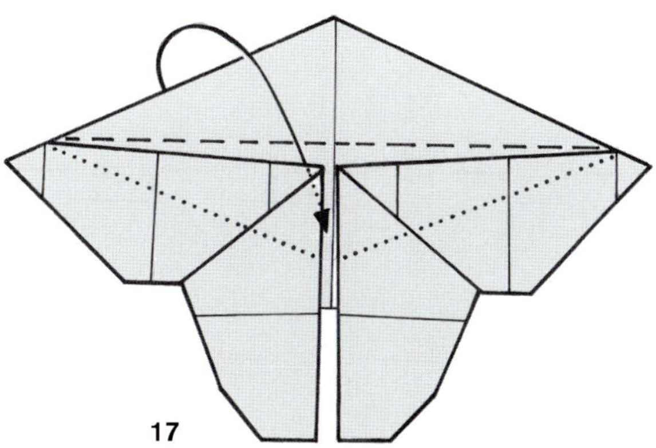

17

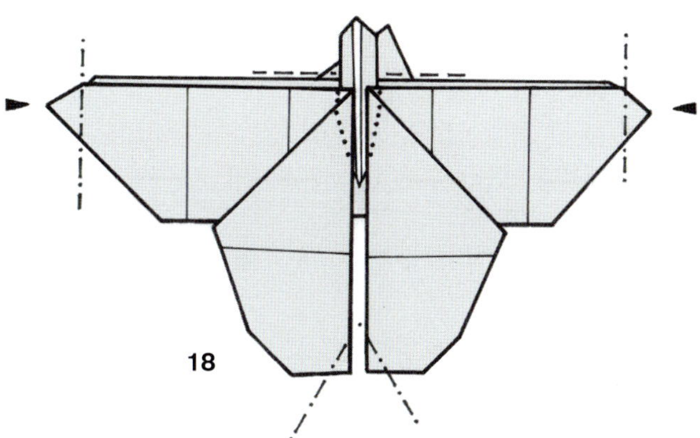

18

# Hochzeitsvogel

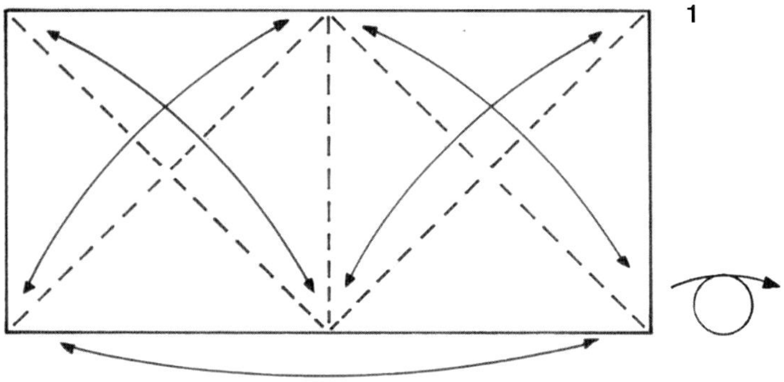

1

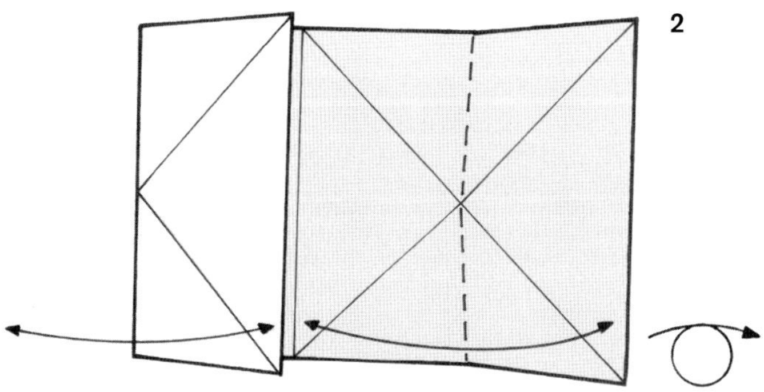

2

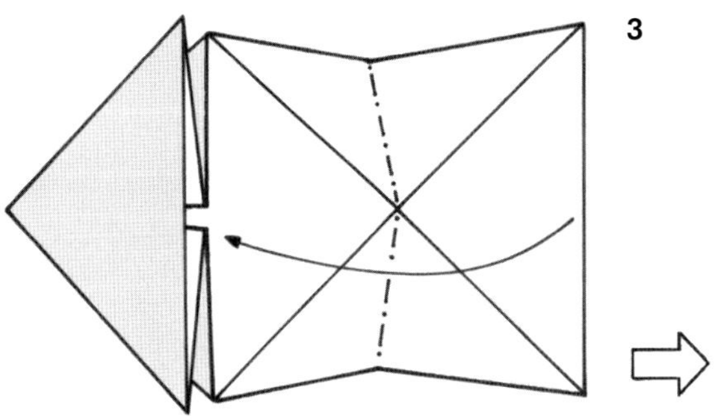

3

Der Hochzeitsvogel ist ein hübsches Geschenk für ein Brautpaar. Die ineinander verschlungenen Ringe sind ein Symbol für die Unendlichkeit der Liebe.

**1** Ausgangsform für den Vogel ist ein Rechteck (15 x 30 cm). Die farbige Seite liegt hinten. Das Rechteck zu einem Quadrat talfalten und entfalten. Beide Quadrate zweimal diagonal talfalten und entfalten. Die Figur jetzt wenden.

**2** Die beiden äußeren Kanten zum Mittelbruch talfalten und entfalten. Die Figur nun wieder wenden.

**3** Die Figur so falten, dass zwei zusammengeschobene Dreiecke entstehen.

**4** Die obere und die untere Spitze des linken vorderen Dreiecks über die Mitte talfalten.

**5** Das rechte vordere Dreieck auf dieselbe Art und Weise talfalten.

**6** Die Spitzen des rechten Dreiecks in die Taschen der gegenüberliegenden Spitzen stecken. Die Figur wenden.

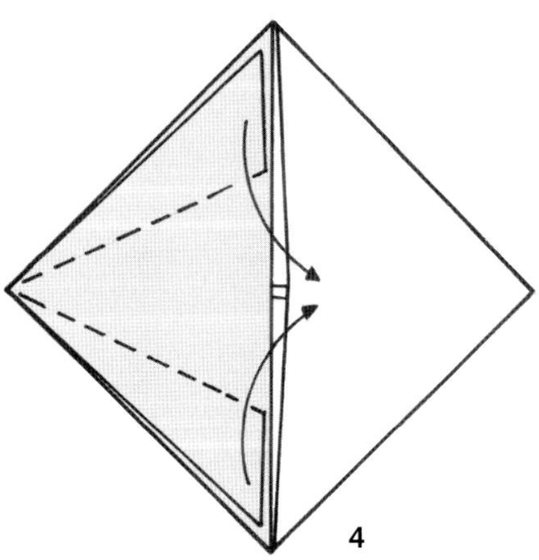

4

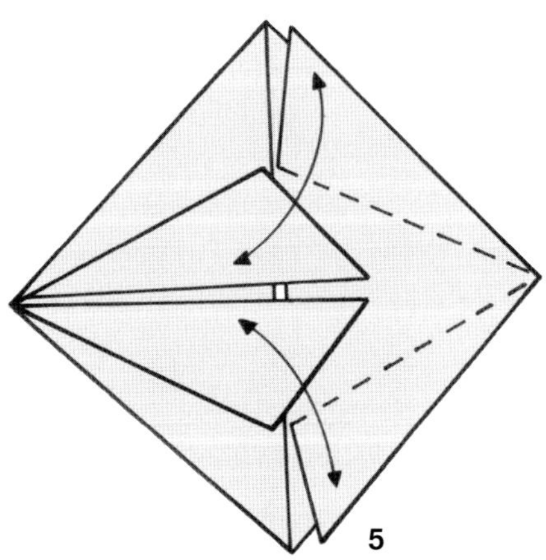

5

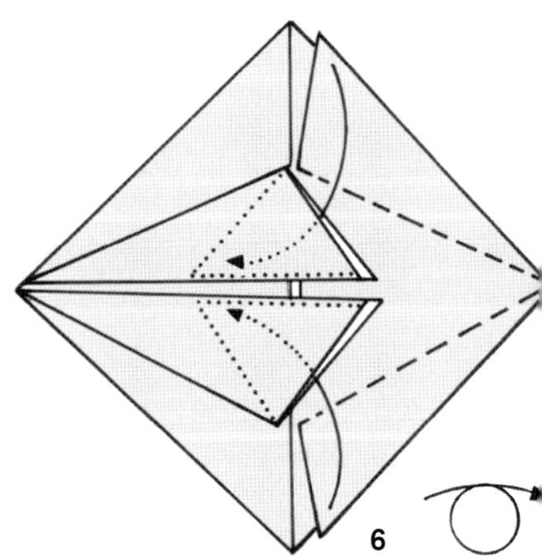

6

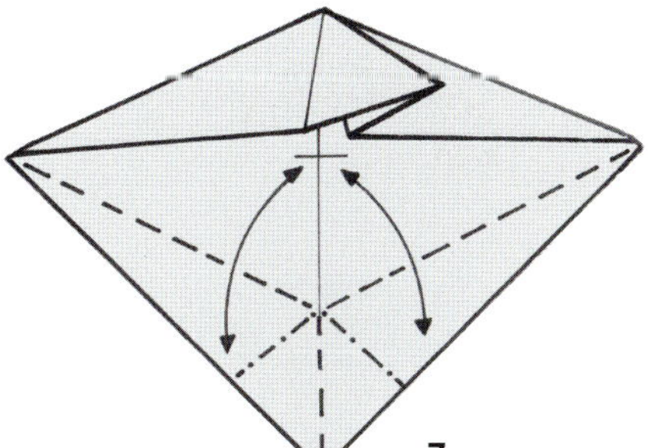

7

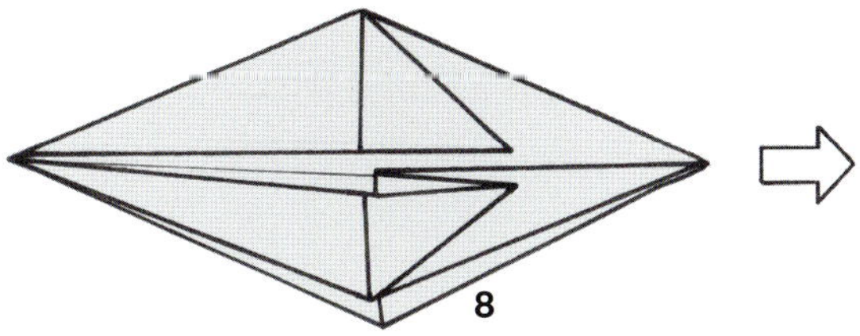

8

**7** Die obere rechte und linke Kante des Quadrats zur horizontalen Mittelachse talfalten, und die Spitze, die in der Mitte entsteht, nach rechts legen. Den unteren Bereich der Figur auf dieselbe Weise falten.

**8** Die Figur hat, durch die Faltungen in Faltschritt 7, inzwischen die Form einer Raute.

**9** Die untere Spitze der oberen Papierlage nach oben talfalten.

**10** Im angegebenen Bereich, rechts und links von der senkrechten Mittelachse, berg- und talfalten. Dabei gleichzeitig die obere vordere Spitze an die untere Spitze talfalten. Den Faltvorgang auf der Rückseite wiederholen. In der Mitte ist eine Öffnung entstanden.

**11** Durch die Figur kann nun die Figur F – der Ring – geschoben werden. Die linke Seite der Raute berg- und talfalten. Das wird der Vogelkopf. Die Raute dann entlang der horizontalen Mittelachse bergfalten.

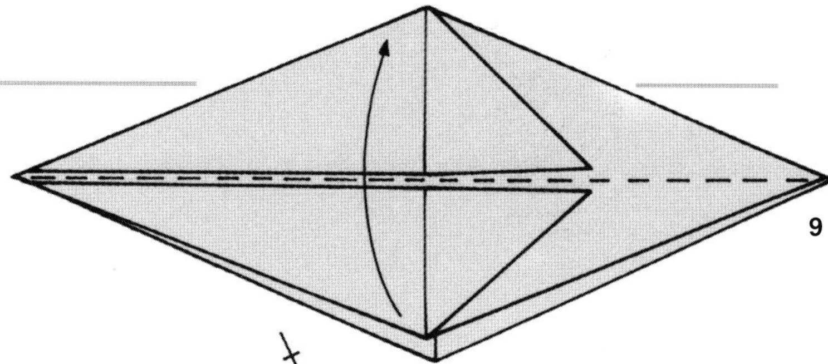

9

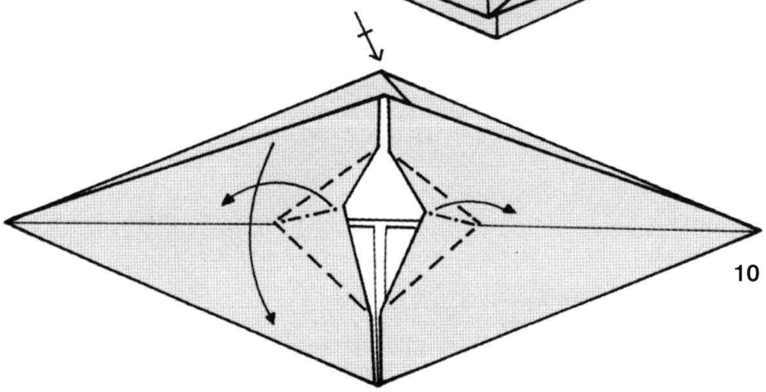

10

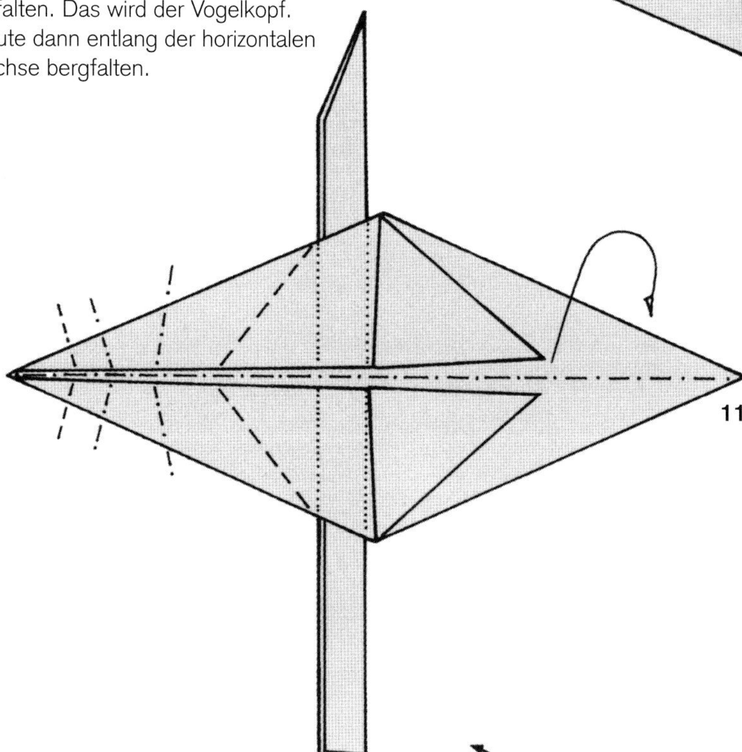

11

**12** Berg- und Talfalten für die Flügel und den Vogelschwanz anbringen. Durch Gegenbruchfalten den Kopf, die Flügel und den Schwanz ausformen. Nun den Ring schließen.

**13** Einen zweiten Ring durch den ersten Ring ziehen und schließen. Jetzt ist der Hochzeitsvogel fertig.

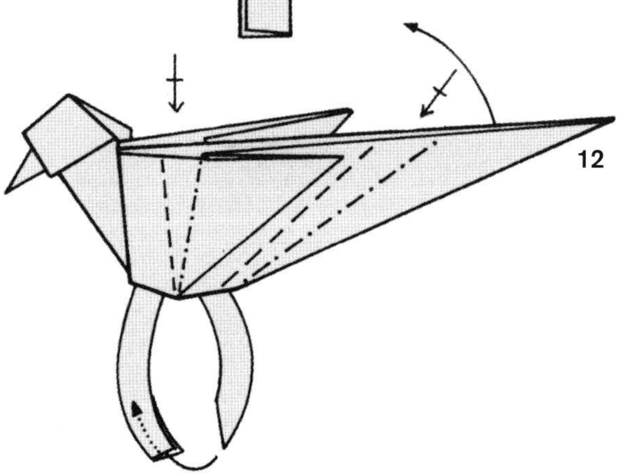

12

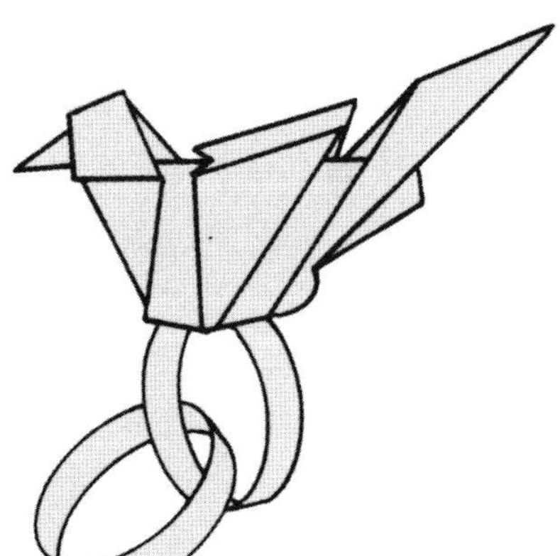

13

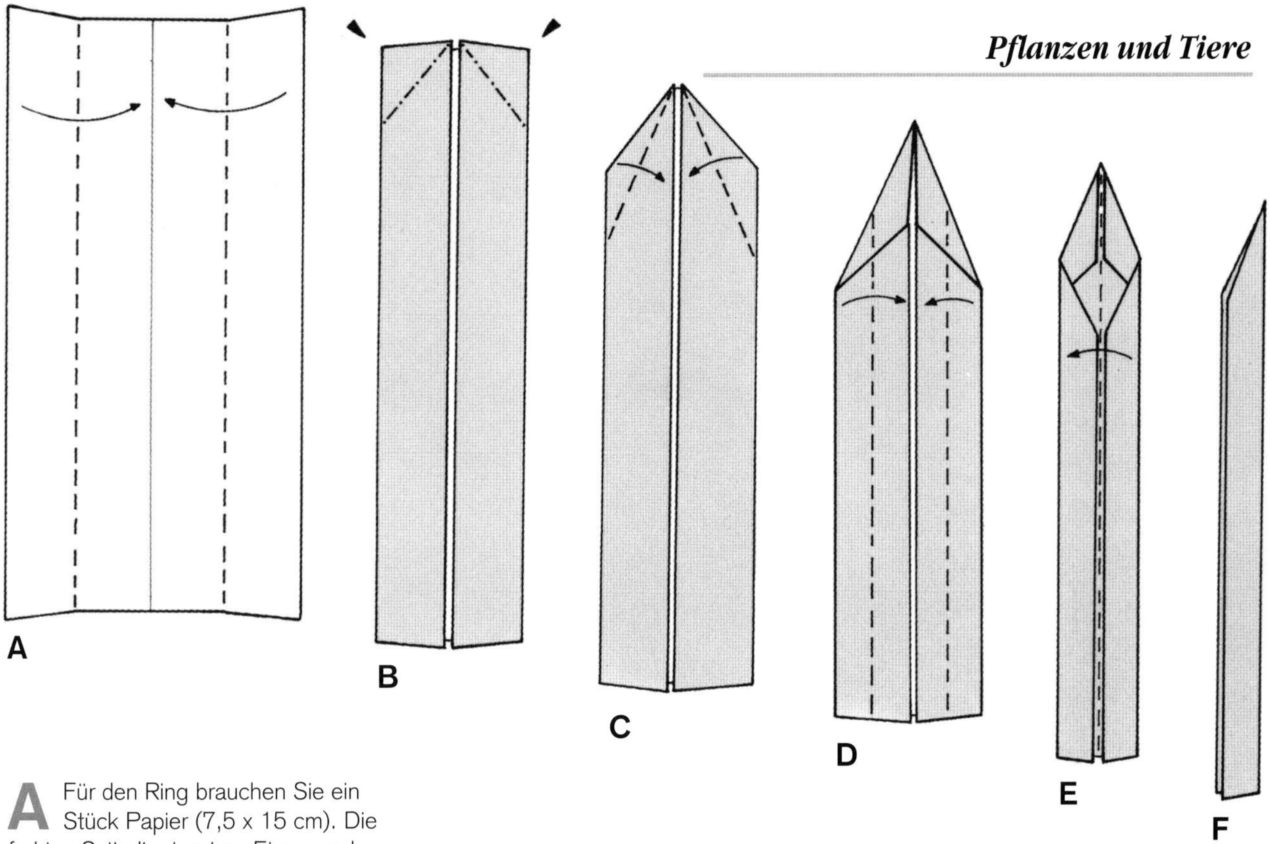


**A** Für den Ring brauchen Sie ein Stück Papier (7,5 x 15 cm). Die farbige Seite liegt unten. Einen senkrechten Mittelbruch falten und wieder entfalten. Die rechte und linke Kante der Figur an diesen Mittelbruch talfalten.

**B** Die rechte und die linke obere Ecke der Figur nach hinten bergfalten, so dass eine Spitze entsteht. Wieder öffnen und als Gegenbruchfalten rechts und links versenken.

**C** Im oberen Bereich der Figur die beiden Talfalten anbringen.

**D** Die beiden seitlichen Kanten der Figur jeweils an den senkrechten Mittelbruch talfalten.

**E** Die Figur entlang des senkrechten Mittelbruchs zusammenfalten.

**F** So sieht der Ring aus, bevor er geschlossen wird.

**G** Die Spitze der Figur in das Ende schieben, und der Ring ist fertig.

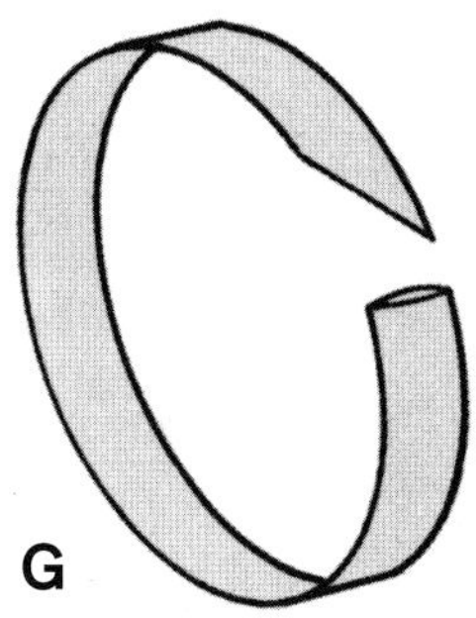

G

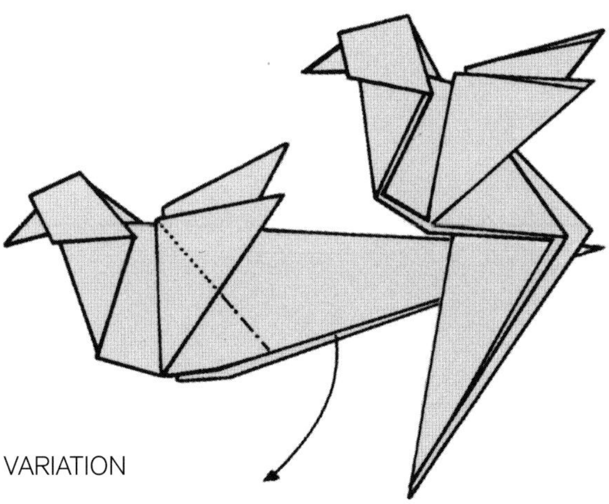

VARIATION

VARIATION
Aus dem Hochzeitsvogel wird im Handumdrehen ein Lesezeichen, wenn Sie am Schwanz entlang der Hilfslinie eine Gegenbruchfalte anbringen. Auch als Serviettenring macht sich der Vogel ausgesprochen gut.

# Schweinchen

Das Schweinchen steckt voller Überraschungen! Durch seine praktischen Innenfächer eignet es sich als witzige Abendtasche genauso gut wie als Kuvert für ein großzügiges Geldgeschenk oder einen Gutschein. Doch auch als ausgefallenes Brillenetui ist es bestimmt ein gelungener Gag.

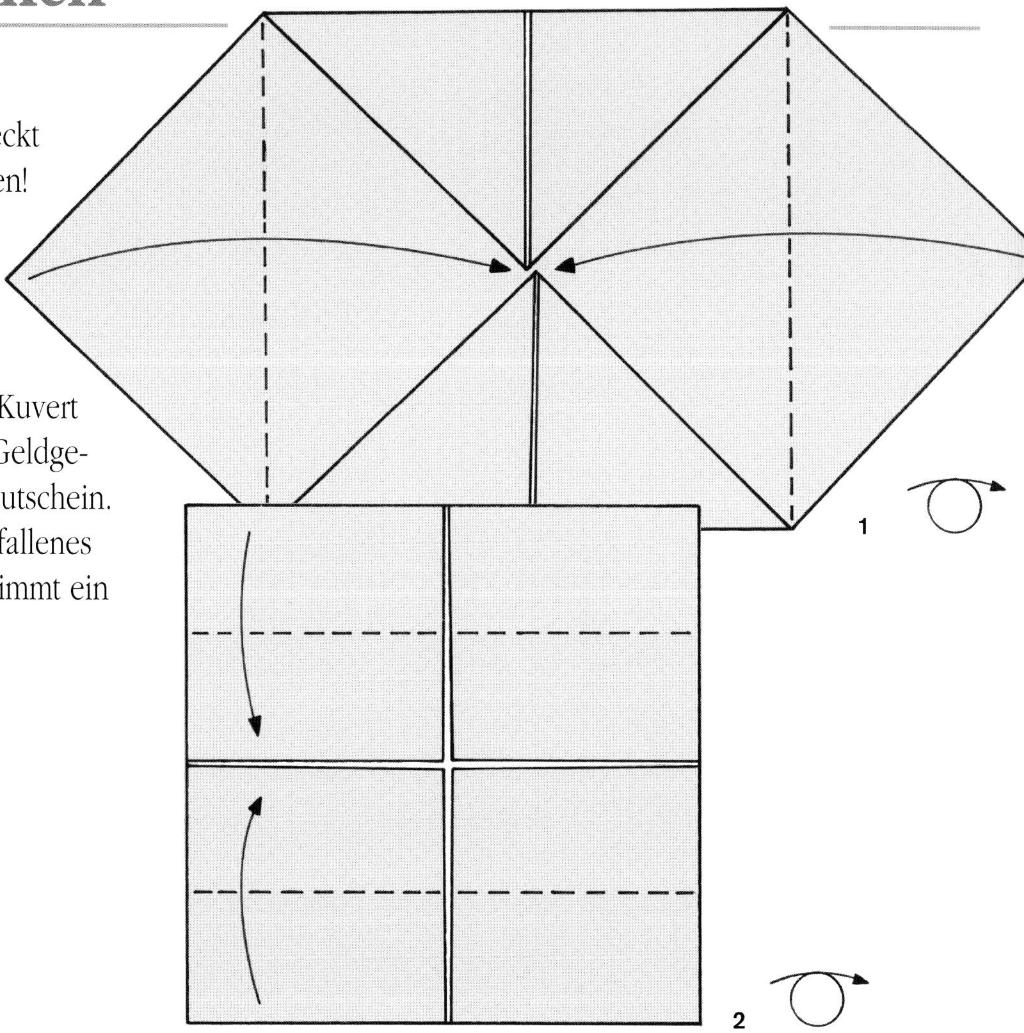


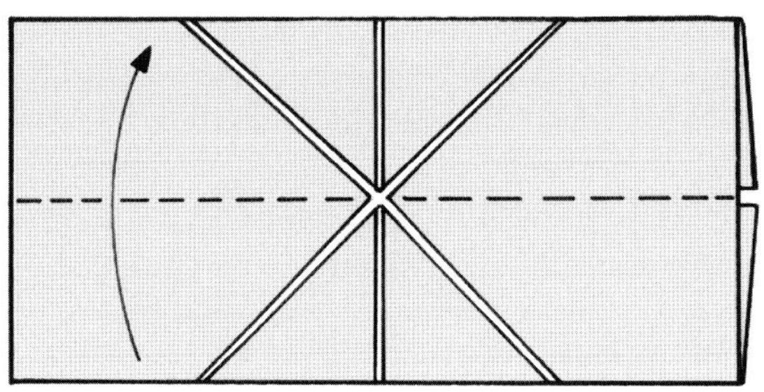

3

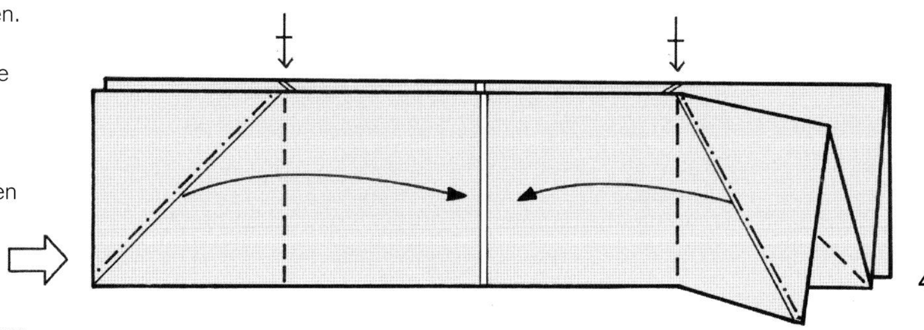

**1** Ausgangsform für das Schwein mit Innenfächern ist die Blintzform aus einem Papierquadrat (50 x 50 cm). Die farbige Seite ist außen. Die offene Seite der Blintzfom liegt unten. Alle vier Spitzen zum Mittelpunkt talfalten. Die Figur jetzt wenden.

**2** Die obere und die untere Kante der Figur an die waagerechte Mittelachse talfalten. Die Figur wenden.

**3** Die untere Kante der Figur an die obere Kante talfalten.

**4** Im angegebenen Bereich berg- und talfalten. Dabei beide äußeren unteren Spitzen der vorderen Lage zur senkrechten Mittelachse falten. Auch hinten falten.

**5** Die zur Mitte zeigende Seite eines Dreiecks bergfalten, wieder entfalten und über die Mittelachse ziehen, zur Tüte öffnen und flach drücken. Die Faltung an allen vier Dreiecken vornehmen.

**6** Jeweils die linke Seite einer Tüte in die Tasche auf der rechten Seite stecken. Das werden die vier Beine. Auch hinten falten.

**7** Auf der linken Seite der Figur gegenbruchfalten. Das wird der Schweinerüssel. Auf der rechten Seite der Figur im angegebenen Bereich gegenbruchfalten. Das wird der Schweineschwanz.

**8** Das linke innenliegende Dreieck nach oben bringen und durch Gegenbruchfalten zu Ohren modellieren. Das Hinterteil des Schweinchens durch zwei Bergfalten herausarbeiten. Den Rücken des Schweinchens öffnen, und die beiden Dreiecke herausklappen. Jetzt werden zwei Innenfächer sichtbar, die nach Lust und Laune gefüllt werden können. Das vordere Dreieck in das hintere Innenfach stecken, und das Schweinetäschchen ist verschlossen.

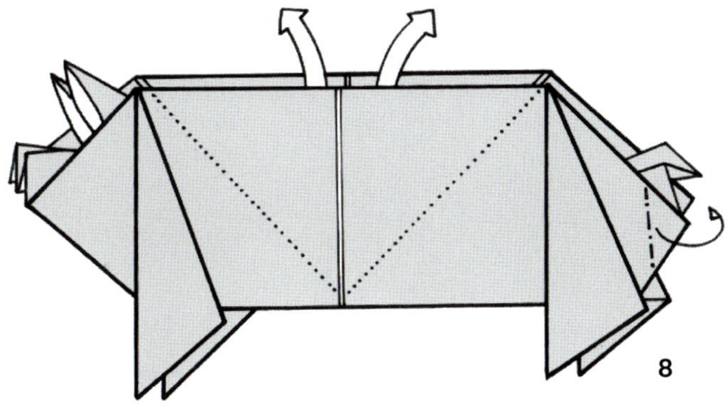

8

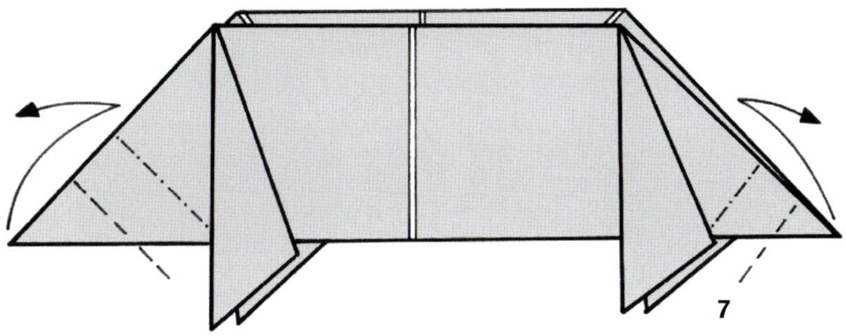

7

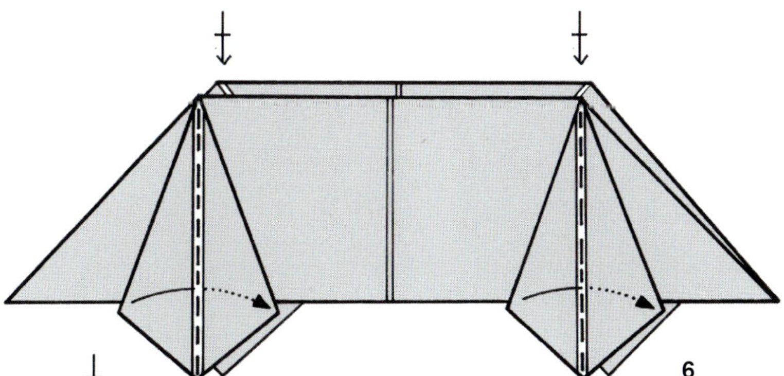

6

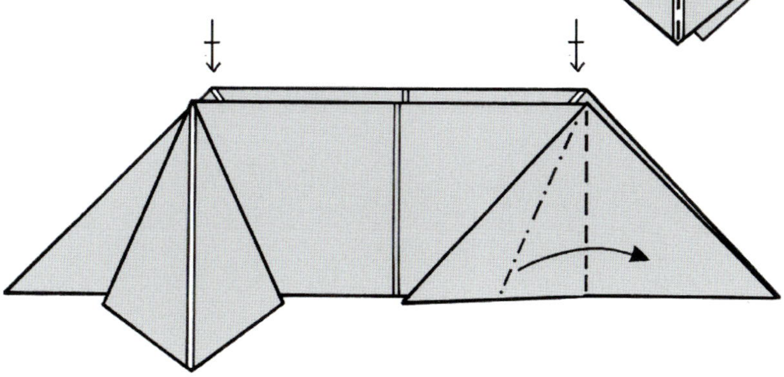

5

# Origami für Feste

# Reliefstern

Sterne sind nicht nur in der Adventszeit und am Weihnachtsbaum eine schöne Dekoration. Als Geschenkanhänger haben sie das ganze Jahr über Saison. Oder wie wäre es mit einer Sternendekoration fürs Fenster? Alle Sterne werden aus einem Papierquadrat (15 x 15 cm) entwickelt. Der erste Stern, den wir Ihnen vorstellen, wirkt auch flach ausgesprochen schön. Auf einem postkartengroßen Tonkarton eignet er sich sehr gut als Weihnachtskarte.

**1** Ausgangsform ist die zusammengeschobene Windmühlenform. Die farbige Seite des Papiers ist außen.

**2** Die vier kleinen Quadrate im angegebenen Bereich jeweils bergfalten. Zweimal diagonal talfalten und dann entfalten.

1

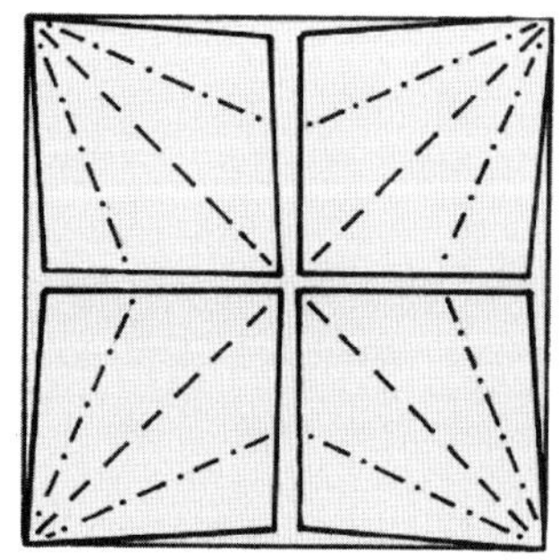
2

**3** Wenn die Figur so aussieht, kann sie gewendet werden.

**4** Die diagonalen Falten, die vertikale und die horizontale Falte sind nun schon vorhanden. Jetzt nur noch die diagonalen Talfalten falten und entfalten. Die Mitte leicht nach oben drücken, und die Figur von vier Seiten vorsichtig zusammenschieben. Die Figur wenden.

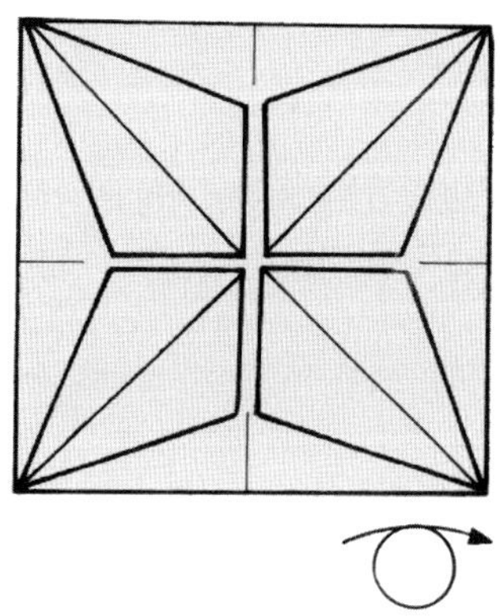
3

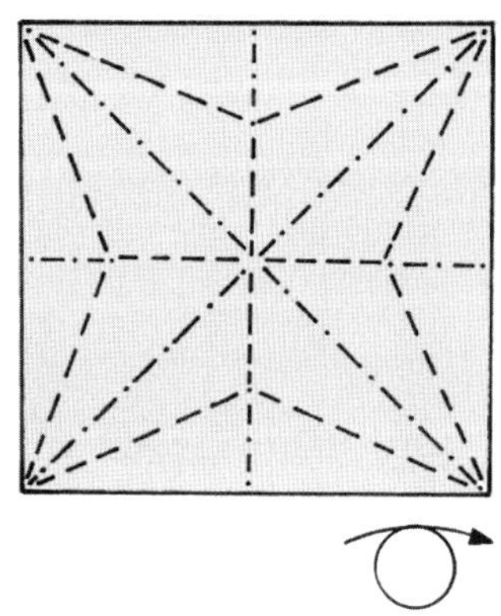
4

**5** Die Mittelachsen der Romben bergfalten und die Figur dann noch leicht ausformen.

**6** Schon ist der Reliefstern fertig. Sie können ihn jetzt zum Beispiel als Geschenkanhänger verwenden.

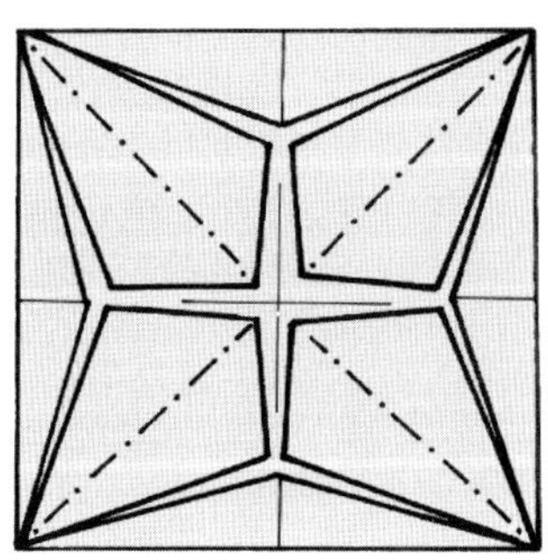
5

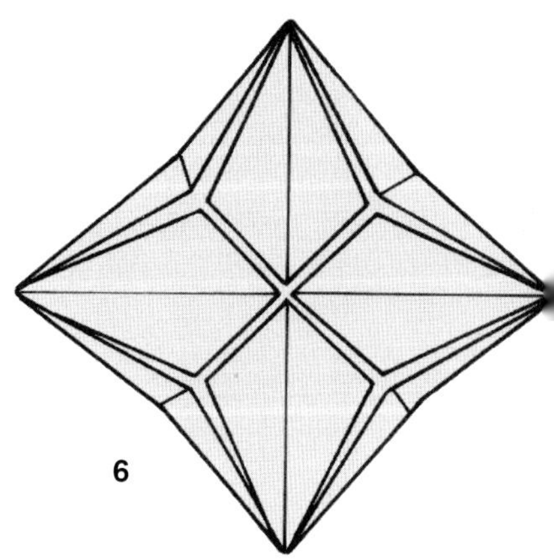
6

# Kristallstern

Ganz besonders festlich wirken die Sterne, ob nun Kristallstern, Weihnachtsstern, Reliefstern oder Stern aus zwei Modulen, wenn Sie unterschiedliche Gold- oder Silberpapiere verwenden. Es gibt metallisch wirkendes Papier mit matter oder sandgestrahlter Optik, aber auch Hammerschlag-Optik. Feine Silber- oder Goldfolien lassen sich ebenso gut zu Sternen falten. Sie können einen schlichten Papierstern aber auch mit Glitzerfarben und Glitter in gar weihnachtlichem Glanz erstrahlen lassen.

**1** Ausgangsform ist die zusammengeschobene Windmühlenform. Allerdings ist die farbige Seite des Origami-Papiers innen. Diese Figur nun wenden.

**2** Die vier Ecken zur Mitte talfalten. Dabei die untere Lage nicht mitfalten, sondern die unteren mittleren Spitzen nach außen bringen. Die Figur jetzt wenden.

**3** Die Figur ist jetzt farbig. Die zum Mittelpunkt zeigenden vier Spitzen nach außen talfalten und dann wieder entfalten.

**4** Bergfalten im angegebenen Bereich falten. Aus den vier Quadraten werden nun Rechtecke, wie rechts bereits zu sehen ist.

**5** Alle vier innen liegenden weißen Spitzen zur Mitte falten.

**6** Die vier so entstandenen mittleren, farbigen Spitzen wieder nach außen talfalten. Die Figur wenden.

**7** Es sind vier weiße Quadrate entstanden. Jedes Quadrat talfalten, so dass vier Spitzen aus je zwei Dreiecken entstehen.

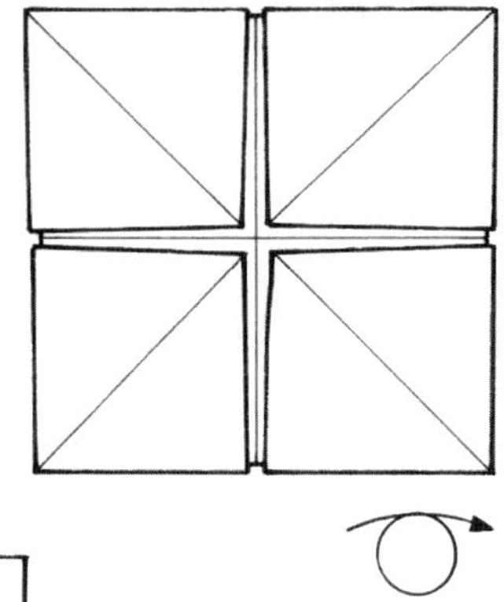

1

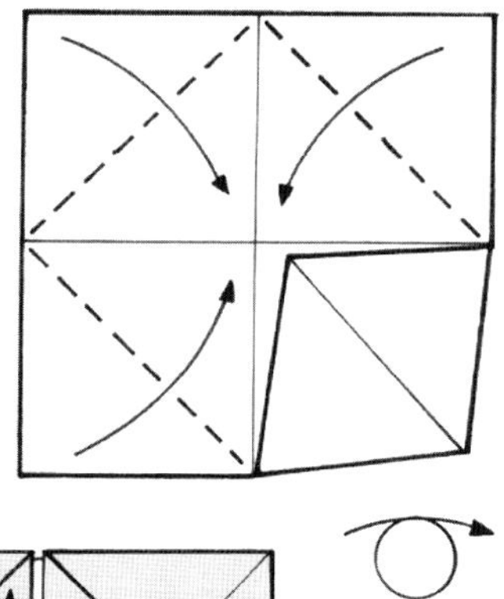

2

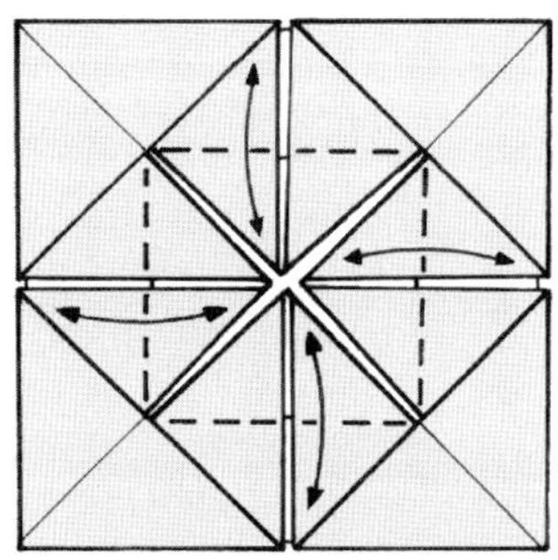

3

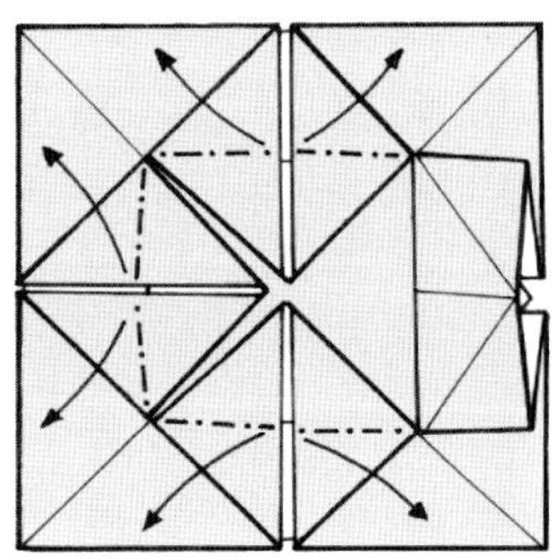

4

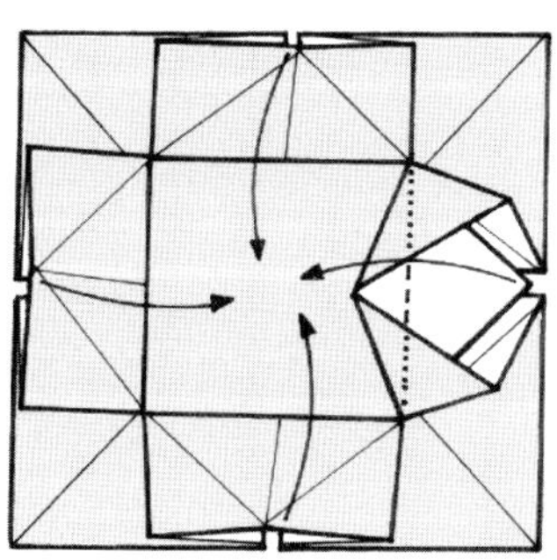

5

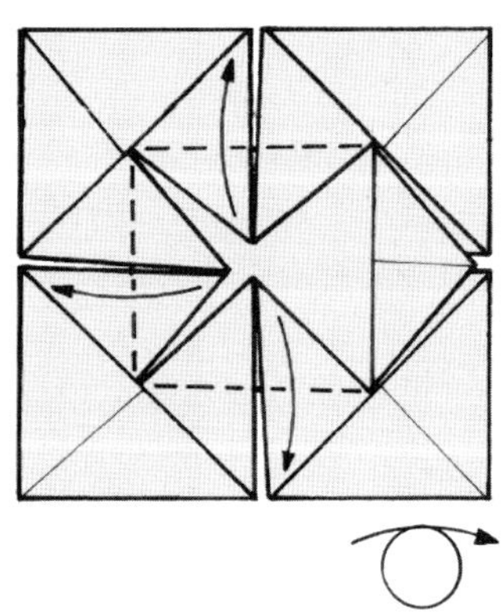

6

**8** Ein Dreieck einer Spitze durch Talfalten in die Ecke des jeweils gegenüberliegenden Dreiecks schieben.

**9** Hier ist Faltschritt 8 noch mal deutlich zu sehen. Die Spitze wird dreidimensional.

**10** Jetzt hat der Stern vier Strahlen. Die Figur wenden.

**11** Den Stern durch Berg- und Talfalten ausformen.

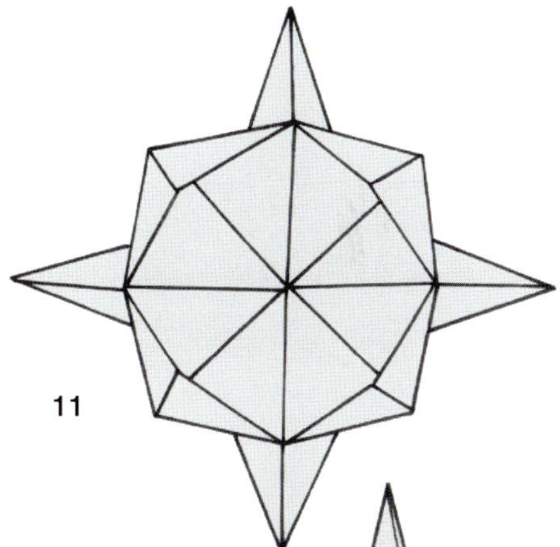

11

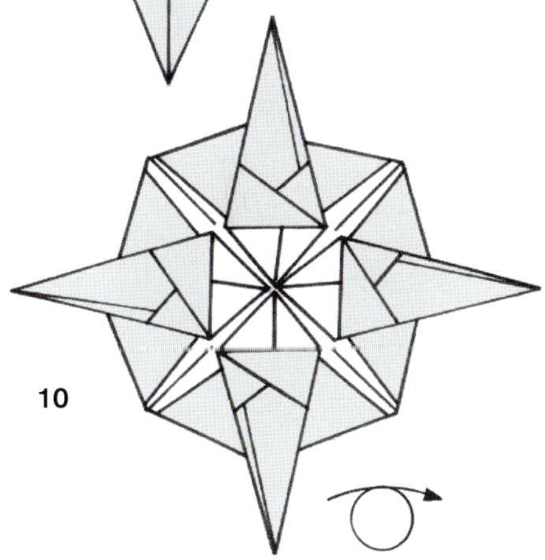

10

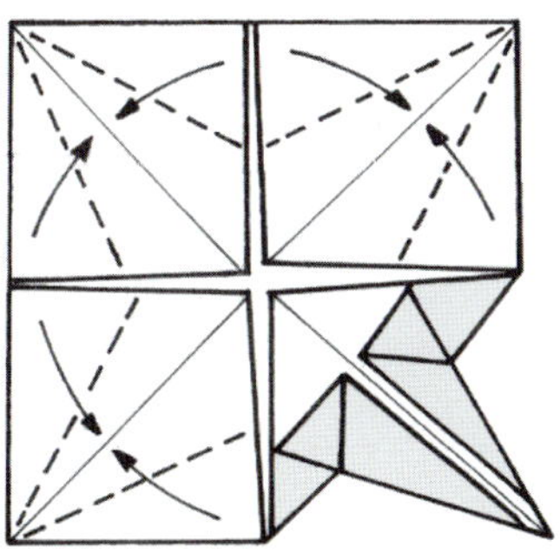

7

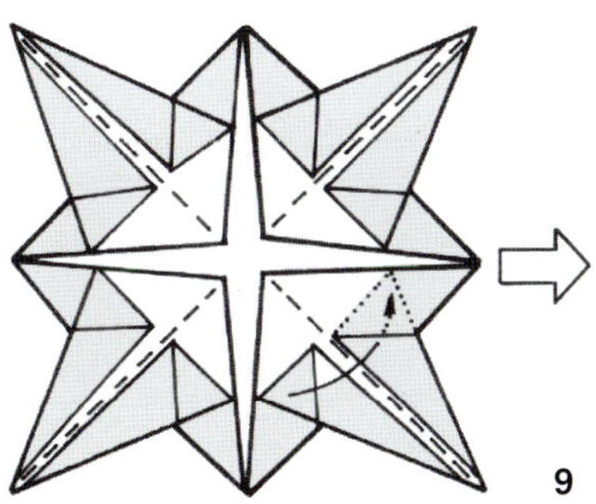

8

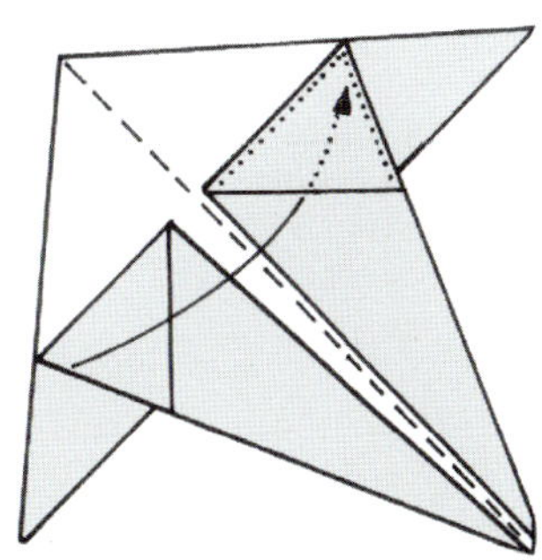

9

# Weihnachtsstern

Dieser klassische Weihnachtsstern hat eine überraschend schöne Rückseite und ist daher als Baumschmuck ebenso gut geeignet wie als festliche Fensterdekoration.

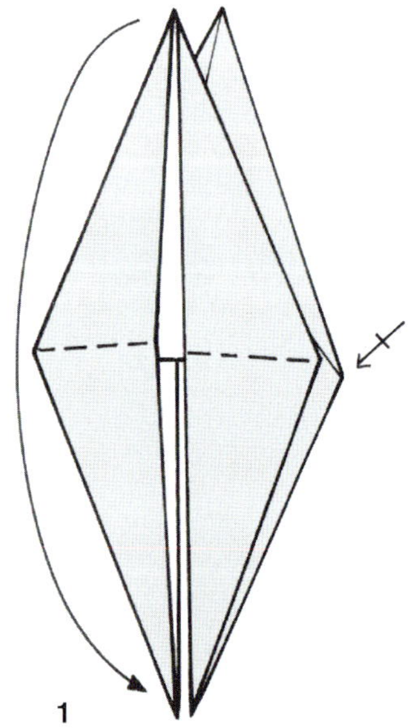

1

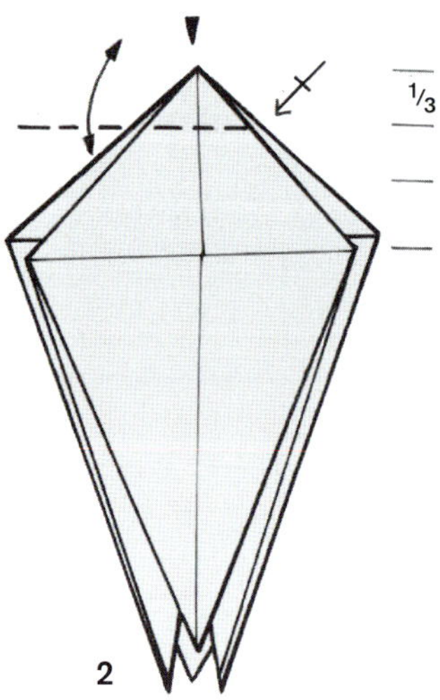


2

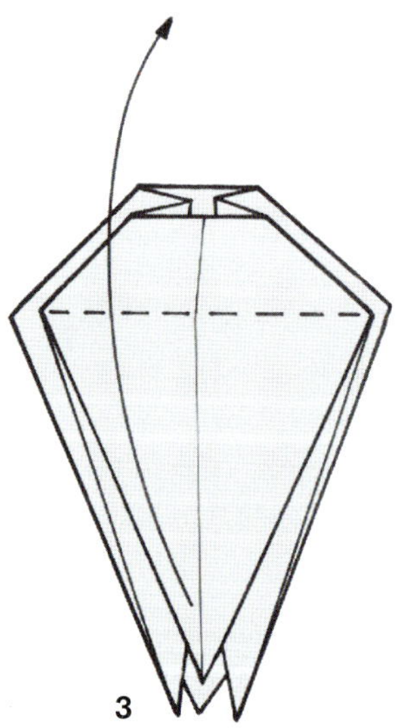

3

**1** Ausgangsform ist die Vogelform. Die farbige Seite ist außen. Die rückwärtige und die vordere obere Spitze an die untere Spitze der Vogelform talfalten.

**2** Das obere Drittel des oberen Dreiecks talfalten und wieder entfalten. Auch hinten falten. Nun die obere Spitze versenken. Dazu muss die Figur leicht geöffnet werden.

**3** Die vordere und die hintere Spitze nach oben talfalten.

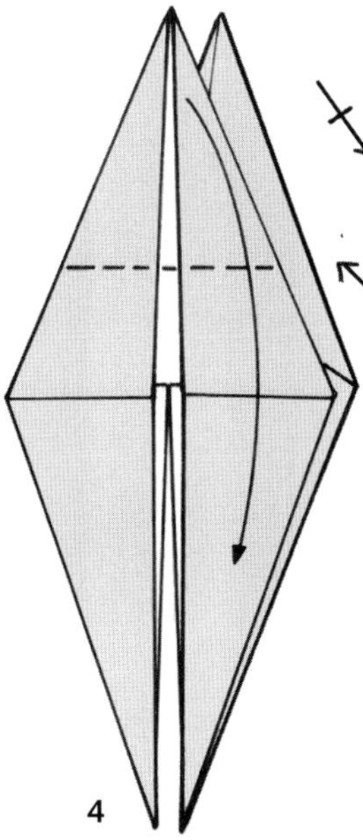
4

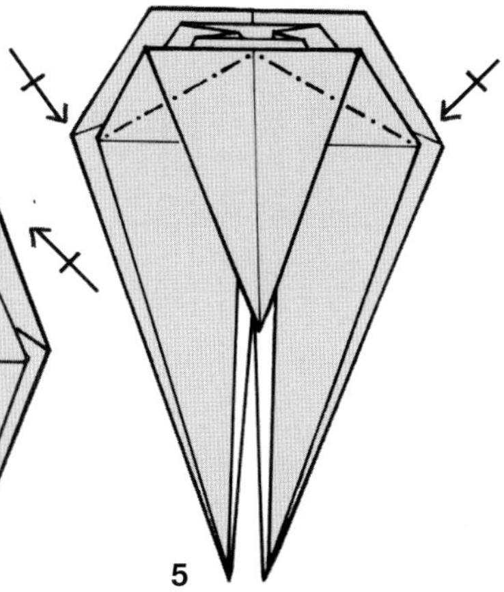
5

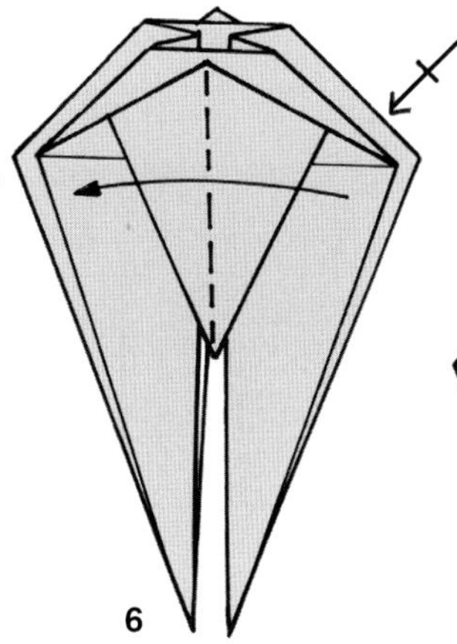
6

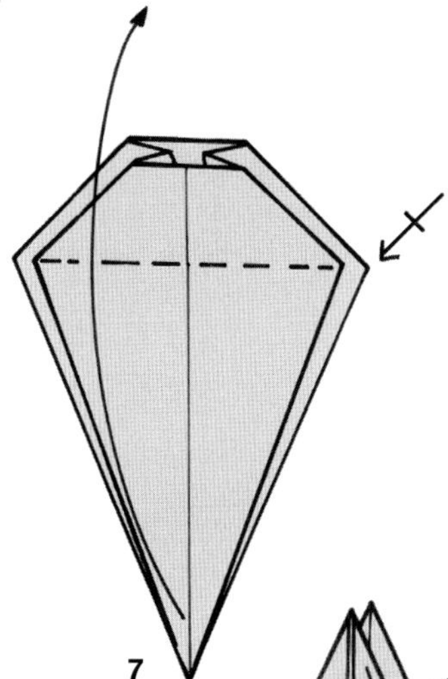
7

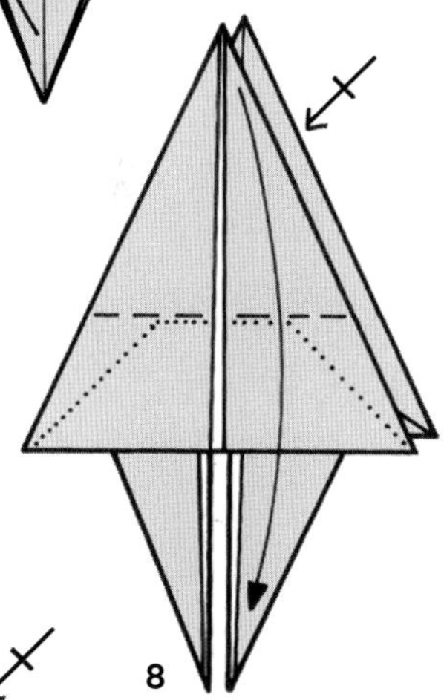
8

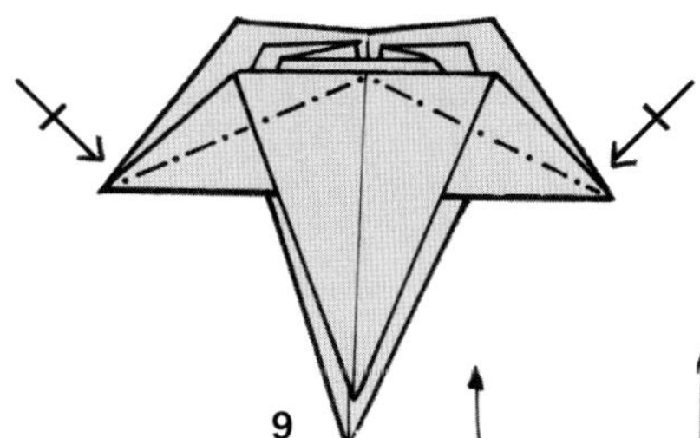
9

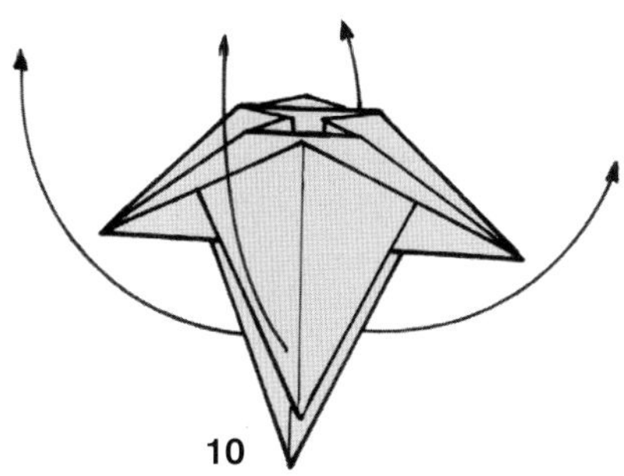
10

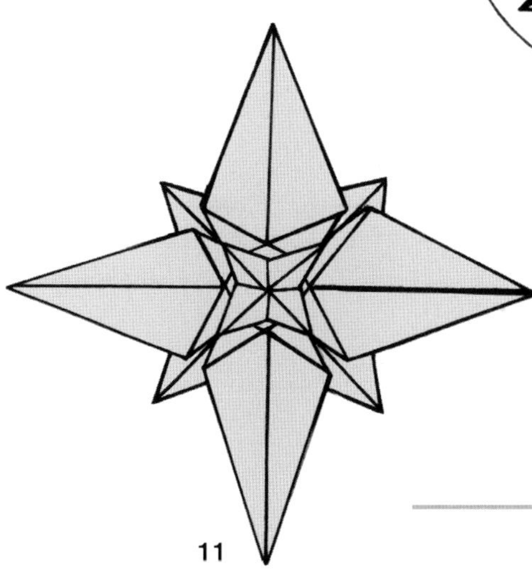
11

**4** Die oberen Spitzen, sowohl vorne als auch hinten, im angegebenen Bereich talfalten.

**5** Im angegebenen Bereich bergfalten. Die Faltung hinten wiederholen.

**6** Jetzt wird die Figur geschlossen. Dazu die rechte Hälfte auf die linke falten, und die rückwärtige linke Hälfte auf die rechte falten.

**7** Die untere Spitze und die rückwärtige Spitze nach oben talfalten.

**8** Dann beide oberen Spitzen nach unten talfalten.

**9** Im angegebenen Bereich, sowohl vorne als auch hinten, bergfalten.

**10** Die vier nach unten zeigenden langen Spitzen des Weihnachtssterns nach außen bringen. Dabei werden aus allen Talfalten Bergfalten.

**11** Die Figur nur noch ein wenig mit den Fingern ausformen, und der Weihnachtsstern ist fertig.

# Modulstern

Dieser Stern wird einfach aus zwei Modulen zusammengesteckt. Daraus ergeben sich vielerlei Möglichkeiten. Man kann beispielsweise verschiedenfarbige Module miteinander verbinden oder ganz einfach eine hübsche Überraschung im Stern verstecken. Zuerst wird eine Blintzform, eine Grundform, gefaltet und mit der offenen Seite nach unten auf den Tisch gelegt. Auf dieser Form aufbauend, wird dann die zusammengeschobene Windmühlenform, ebenfalls eine Grundform, gefaltet.

1

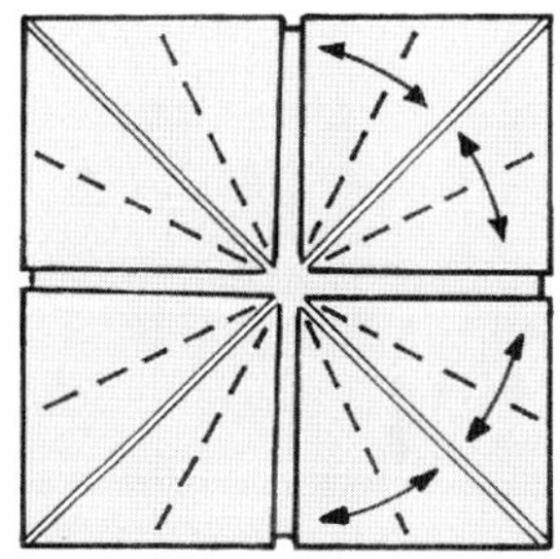

2

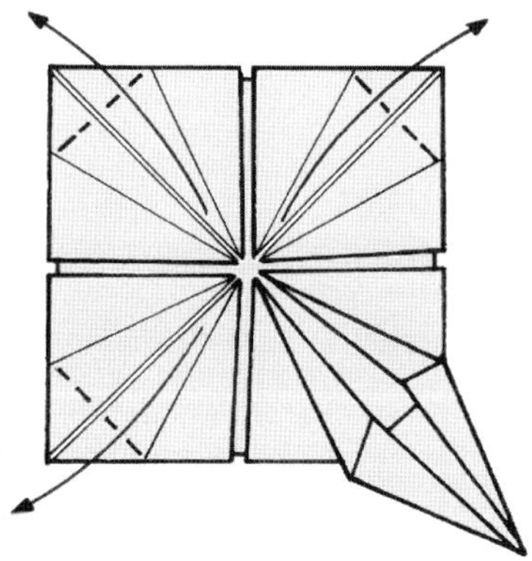

3

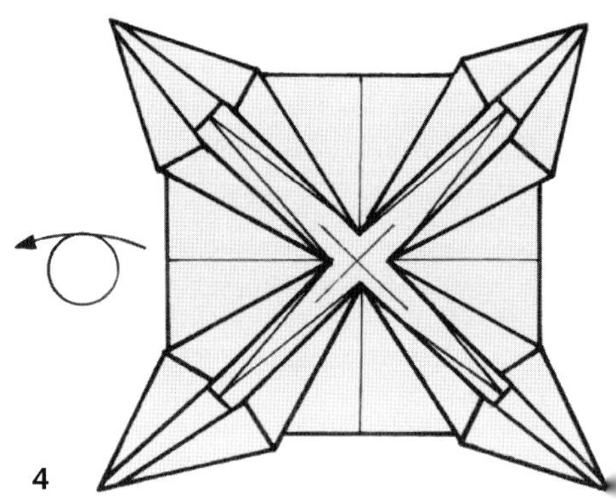

4

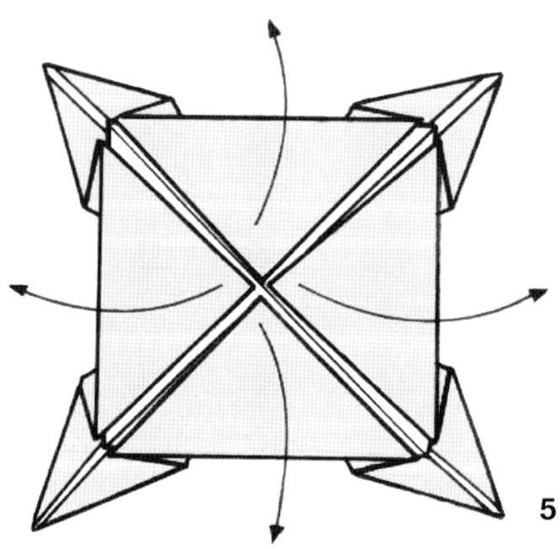

5

**1** So sieht die geblintzte, zusammengeschobene Windmühlenform aus. Die farbige Seite ist außen.

**2** Bei jedem der vier geblintzten Quadrate die angezeichneten Talfalten falten und wieder entfalten.

**3** Die vier äußeren Ecken des Quadrats mit der oberen Lage talfalten, und dann die vier am Mittelpunkt liegenden Spitzen nach außen bringen. Dabei ziehen sich die seitlichen Kanten zur Mittelachse, und es entstehen vier Rauten.

**4** Die Figur sieht jetzt so aus und kann gewendet werden.

**5** Die vier gleichschenkligen Dreiecke nach außen falten.

8

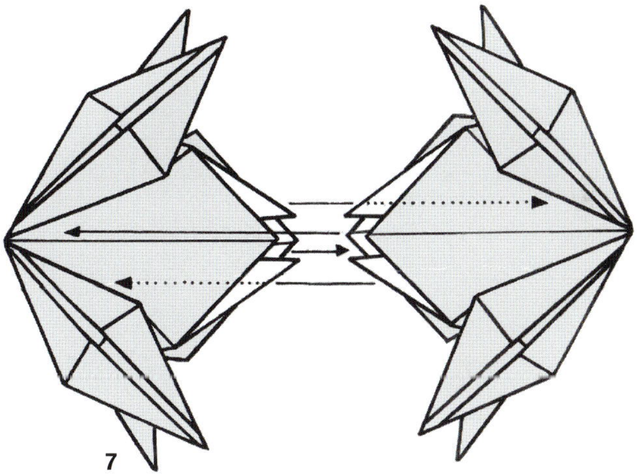

7

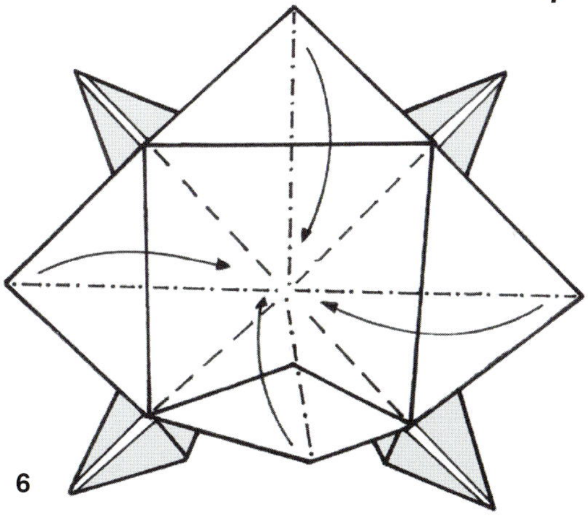

6

**6** Zuerst die Talfalten, dann die Bergfalten ausführen. Nun die vier äußeren Spitzen nach innen auf den Mittelpunkt bringen. Jetzt kann mit der Faltung des zweiten Moduls begonnen werden.

**7** Beide Module werden nun immer im Wechsel – obere Lage, untere Lage – ineinander gesteckt.

**8** So sieht dieser sehr plastische Stern aus, wenn er fertig gefaltet und zusammengesteckt worden ist.

# Nikolaus

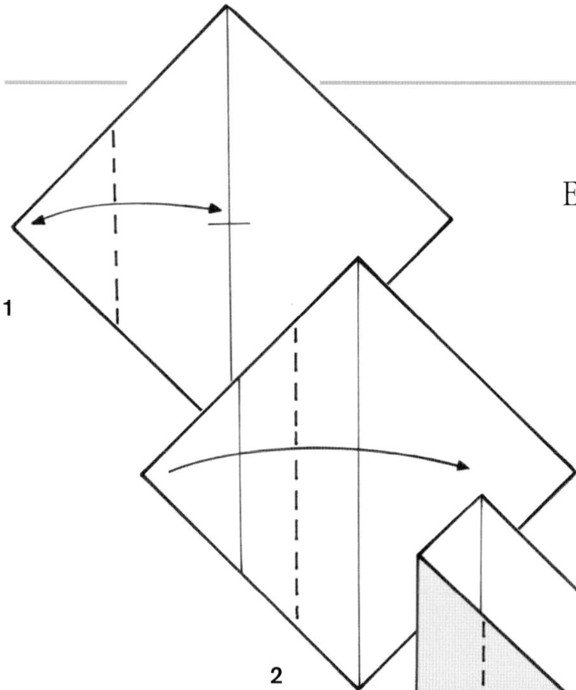

1

Es muss nicht immer ein Schokoladennikolaus sein! Ein Nikolaus aus Papier hat null Kalorien, dafür aber 100-prozentig eine überraschende Wirkung. Er wird aus vier Origami-Elementen zusammengefügt. Übrigens ist er auch als Aufsatz für eine Weinflasche ausgezeichnet geeignet. Sie brauchen für das Gesicht und die Mütze je ein Papierquadrat (25 x 25 cm), für die Haare ein Rechteck (12,5 x 25 cm) und für den Hals eine Papprolle mit dem Durchmesser 3,5 cm.

2

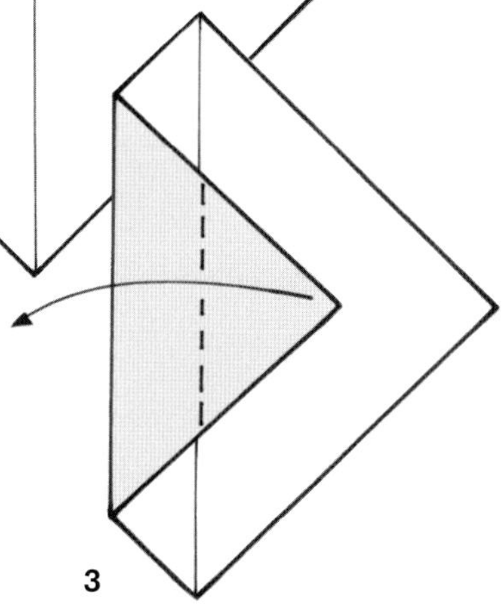

3

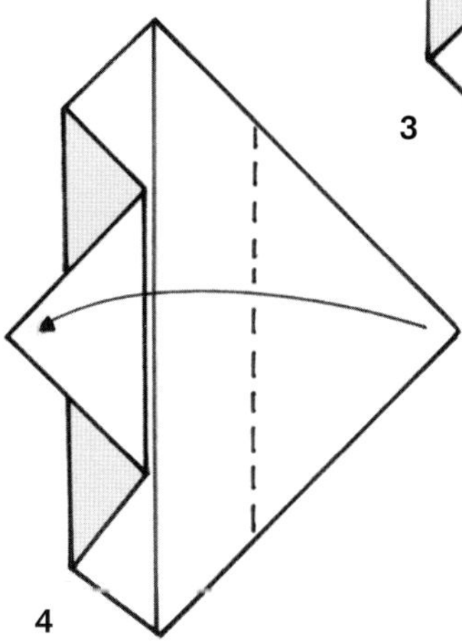

4

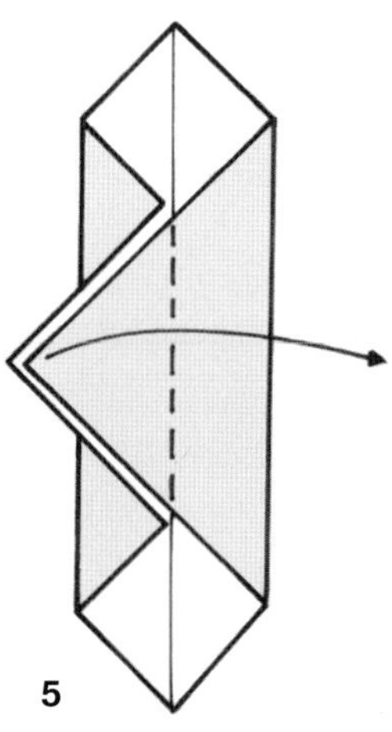

5

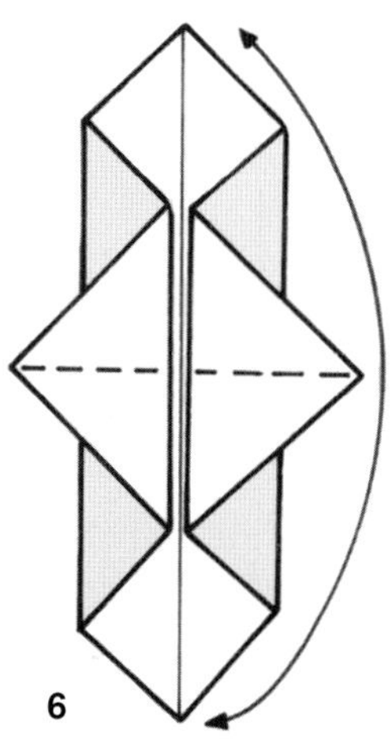

6

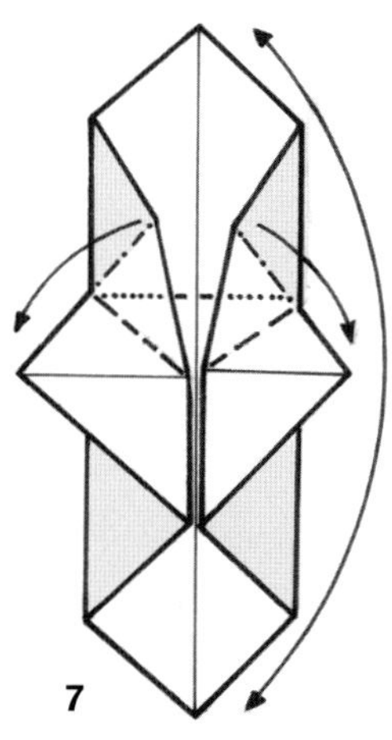

7

**1** Für das Gesicht in das Papierquadrat (25 x 25 cm), das auf der Spitze steht, einen senkrechten Mittelbruch falten. Die farbige Seite ist hinten. Den Mittelpunkt markieren, und die linke Spitze des Quadrats zum Mittelpunkt talfalten und wieder entfalten.

**2** Die linke Spitze des Quadrats nun so weit nach rechts talfalten, dass die soeben gefundene linke Falte auf dem Mittelbruch zu liegen kommt.

**3** Dieselbe Spitze nun wieder zurückfalten.

**4** Die rechte Spitze der Figur exakt an die linke Spitze talfalten.

**5** Diese Spitze entlang des senkrechten Mittelbruchs nun wieder nach rechts talfalten.

**6** Die obere Spitze der Figur an die untere Spitze talfalten und wieder entfalten.

**7** Im angegebenen Bereich berg- und talfalten. Dann den oberen Bereich der Figur auseinander ziehen. In Höhe der gepunkteten Linie talfalten.

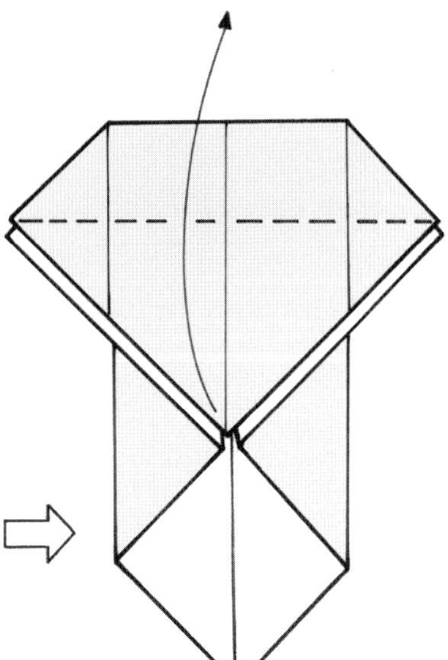

8

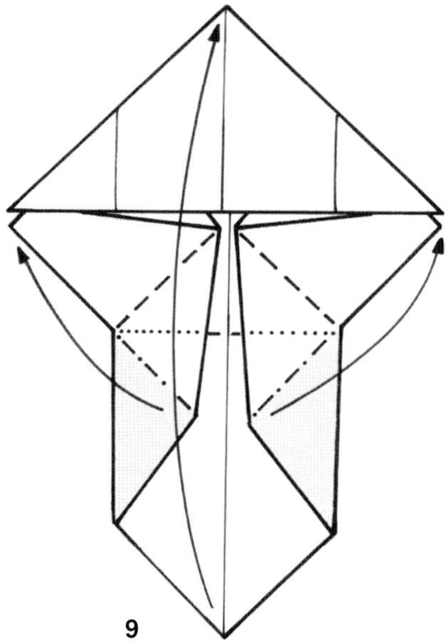

9

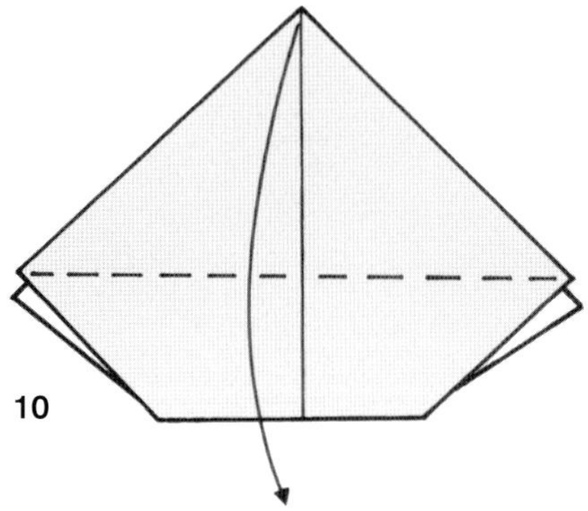

10

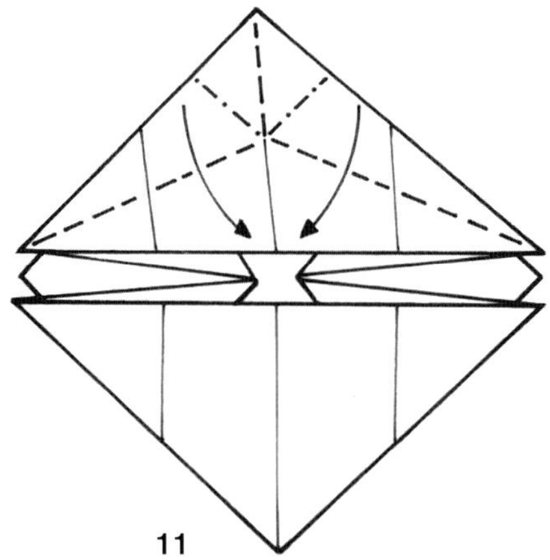

11

**8** Die große vordere Spitze der Figur nach oben talfalten.

**9** Im angegebenen Bereich berg- und talfalten. Den unteren Bereich der Figur auseinander ziehen. In Höhe der gepunkteten Linie talfalten. Die untere Spitze an die obere falten.

**10** Die vordere Spitze der Figur talfalten. Die Figur ist jetzt symmetrisch.

**11** Das obere Dreieck im angegebenen Bereich berg- und talfalten. Das dadurch entstandene kleine Dreieck bergfalten.

**12** Aus dem Dreieck wird die Nase des Nikolauses. Das Dreieck bergfalten, zu einer Tüte öffnen und flach drücken.

**13** Die beiden seitlichen oberen Spitzen der Figur entlang der „Nasenwurzel" nach oben talfalten.

**14** Die beiden oberen Spitzen der Figur im angegebenen Bereich talfalten. Die Augen sind fertig.

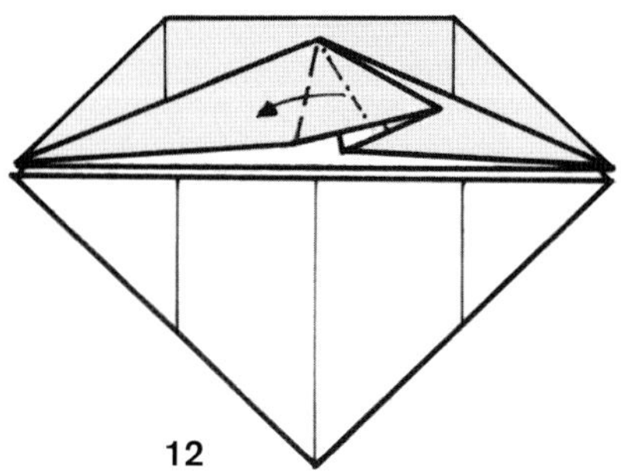

12

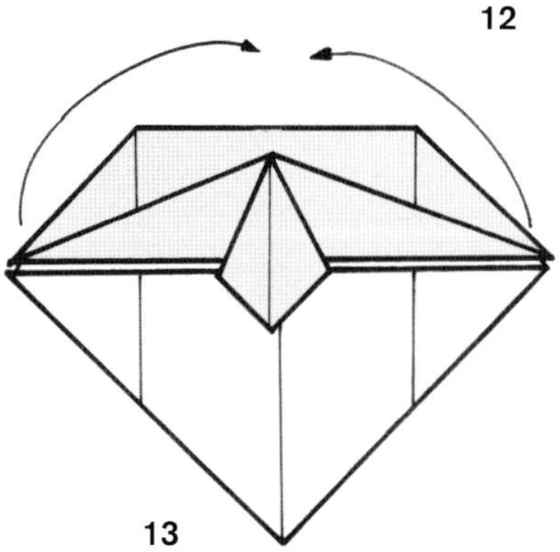

13

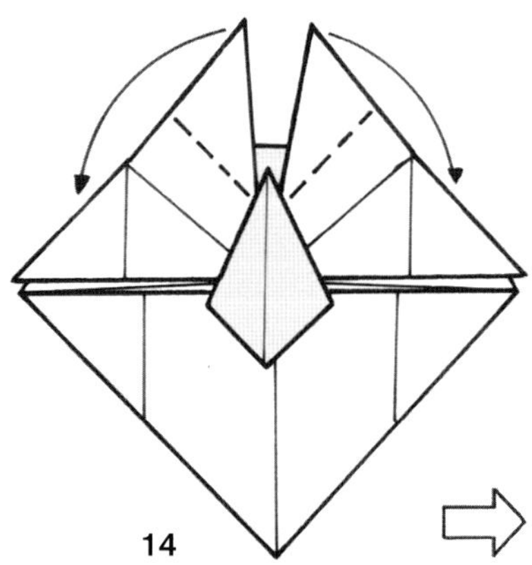

14

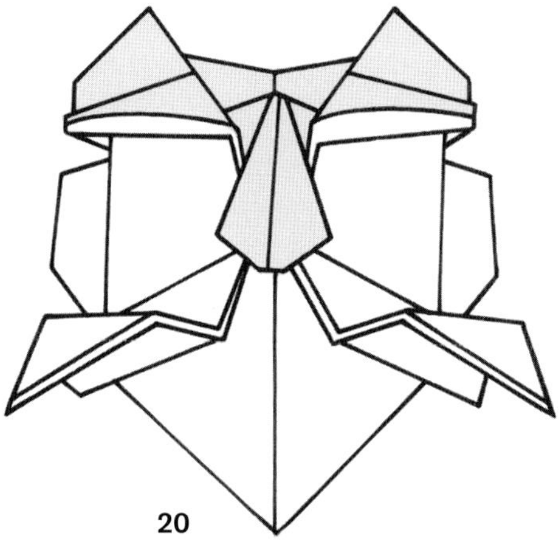

20

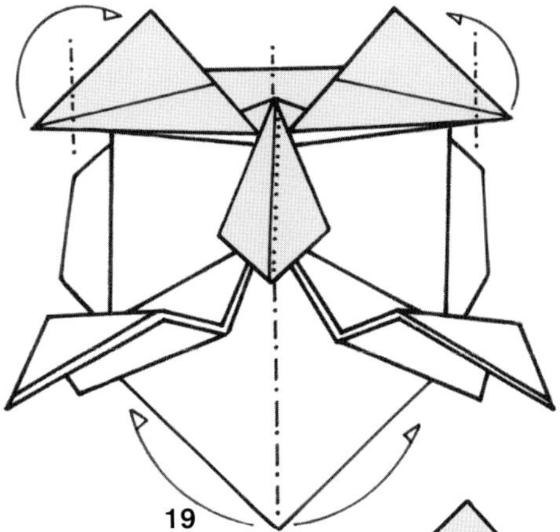

19

**15** Die seitlichen unteren Spitzen der Figur talfalten.

**16** Beide Spitzen wieder nach oben talfalten.

**17** Die Spitzen ein weiteres Mal nach unten talfalten, und der Bart ist fertig.

**18** Die rechte und die linke Seite der Figur im angegebenen Bereich berg- und talfalten, d. h. im Zickzack falten.

**19** Am rechten und linken Auge Bergfalten anbringen. Die Figur entlang der Mittelachse bergfalten.

**20** Die unteren Augenränder nach oben in Form bringen, und das Nikolausgesicht ist fertig.

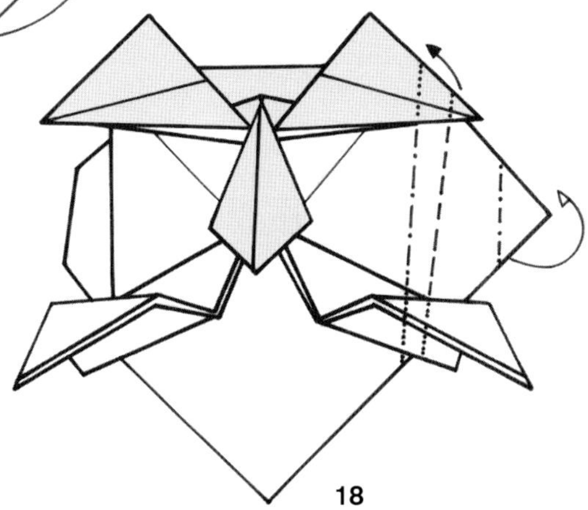

18

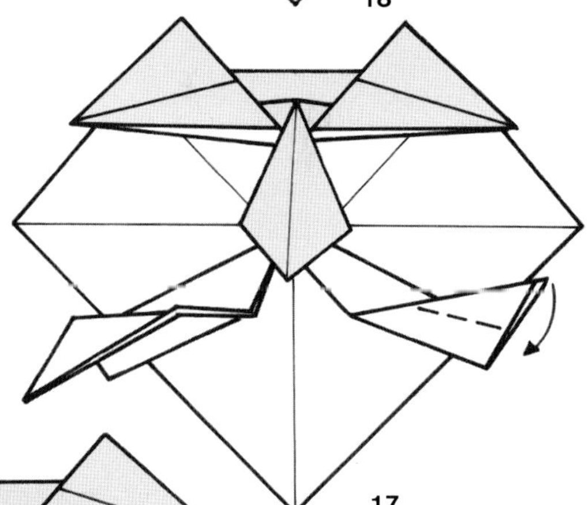

17

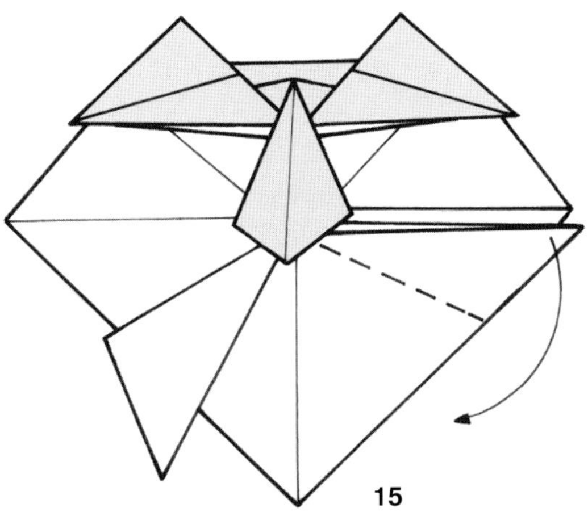

15

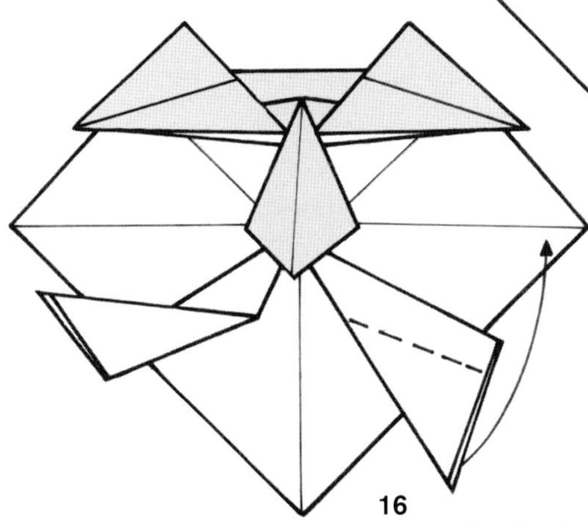

16

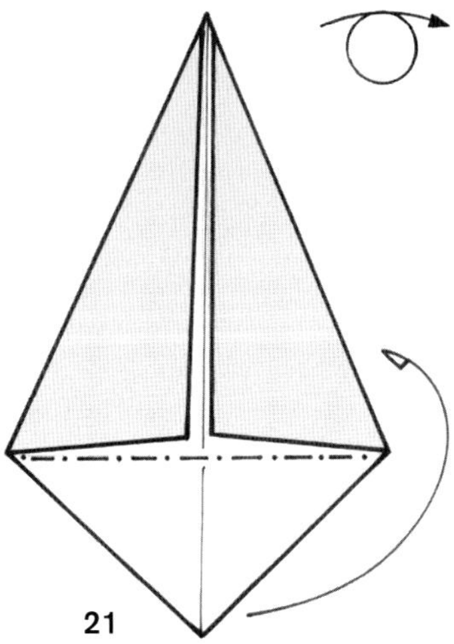
21

**21** Ausgangsform für die Mütze ist die Drachenform. Die farbige Seite ist außen. Die offene Seite liegt vorne. Die breite Spitze nach hinten bergfalten. Die Figur nun wenden.

**22** Das vordere Dreieck der Figur dreimal, von oben nach unten, talfalten.

**23** Die Figur entlang der senkrechten Mittelachse bergfalten.

**24** Den innen liegenden, rechten Teil der Figur jetzt einfach herausfalten.

**25** Das rechte Dreieck der Figur über den linken Teil talfalten, und dabei den ausgeklappten Teil unter den Rand stecken.

**26** Die Figur im angegebenen Bereich bergfalten und so öffnen und flach drücken, dass die lange Spitze vorne liegt.

**27** Die untere Spitze nach oben talfalten.

**28** Die rechte und linke Seite des Randes ganz herausziehen und flach drücken.

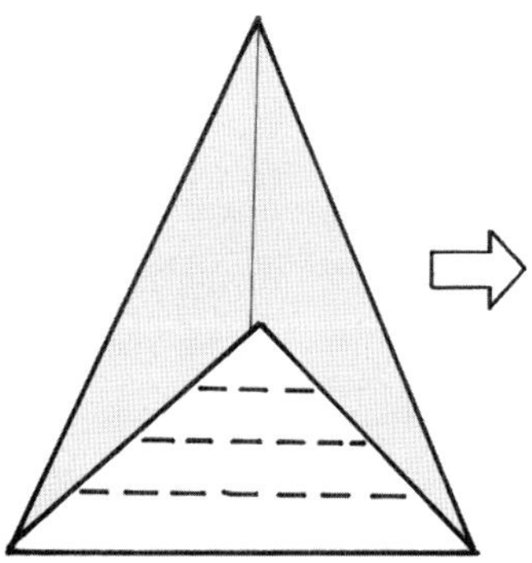
22

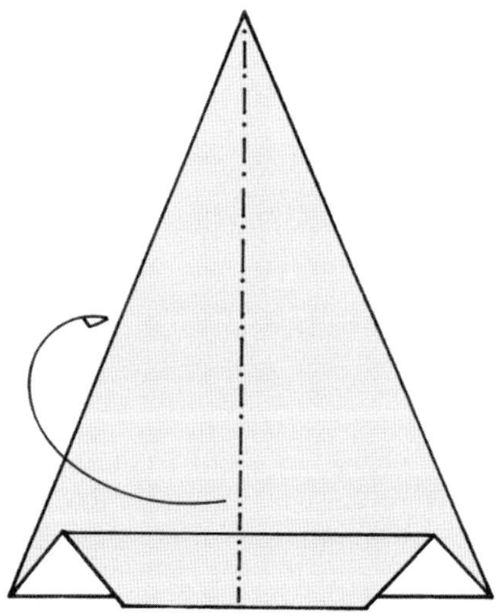
23

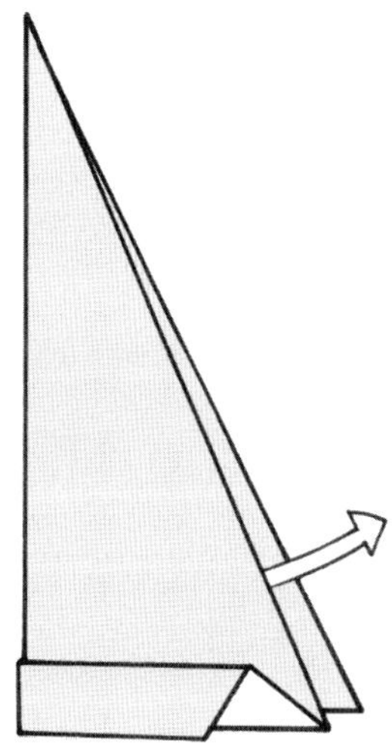
24

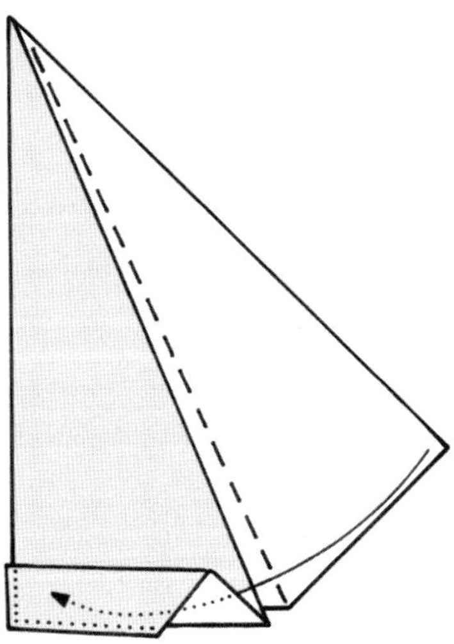
25

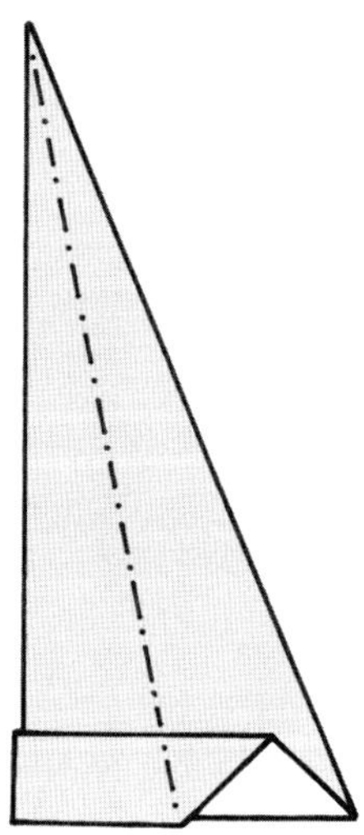
26

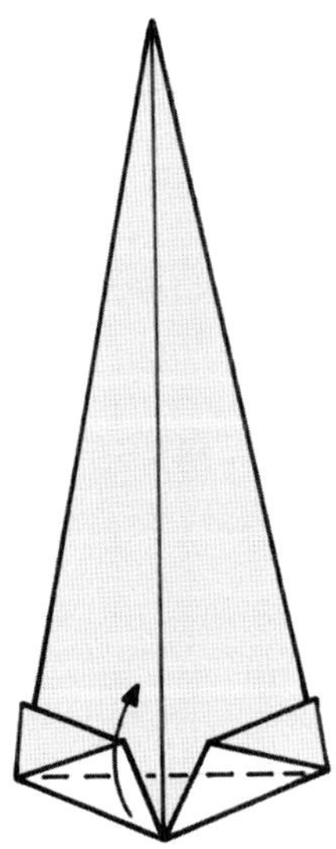
27

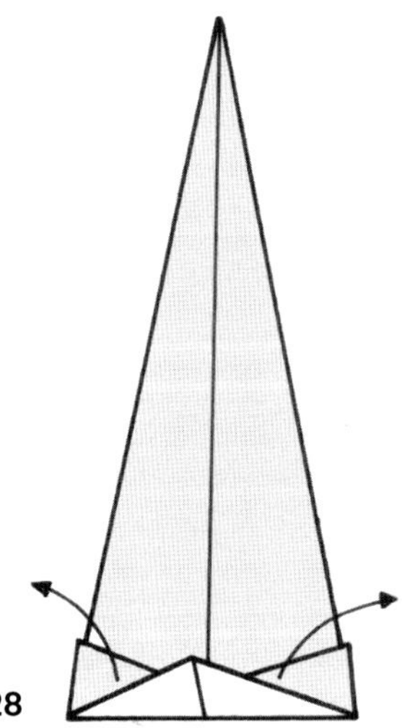
28

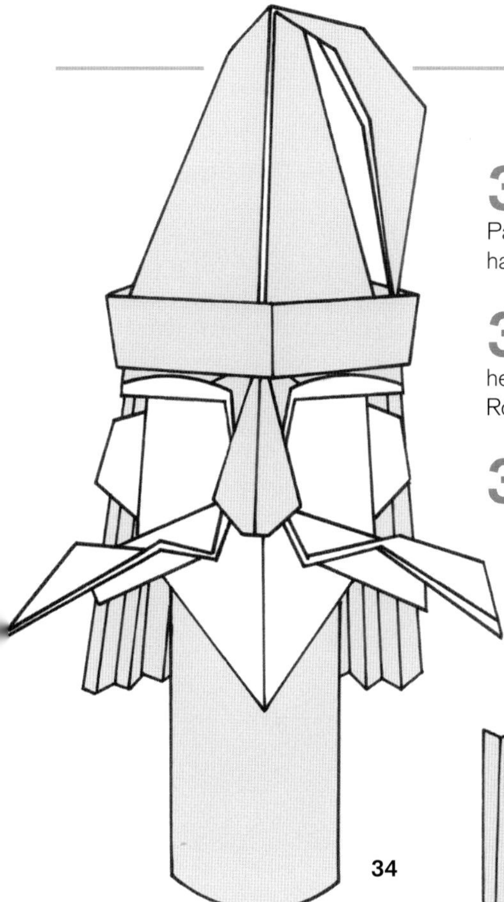

34

**32** Für die Haare ein 12,5 x 25 cm großes Rechteck aus Papier, der Breite nach, wie eine Zieh-harmonika berg- und talfalten.

**33** Eine Küchenpapierrolle mit dem Nikolaus-Papier überziehen. Gesicht, Haare und Mütze an der Rolle befestigen.

**34** Jetzt ist der Nikolaus in seiner ganzen Pracht zu erkennen.

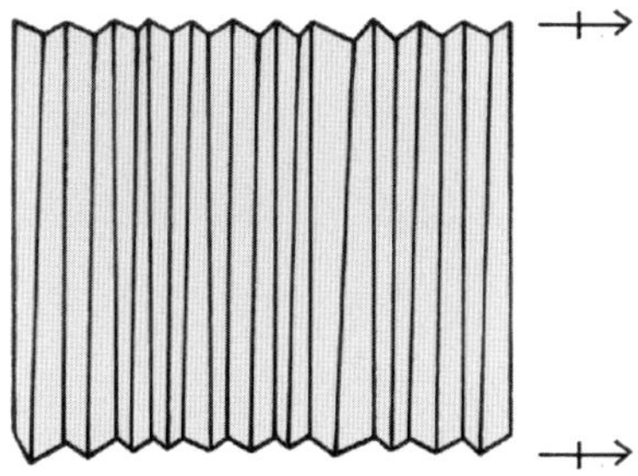

32

**29** Die Mütze sieht jetzt so aus. Die Figur wenden.

**30** Die Mütze ungefähr in der Mitte leicht eindrücken, den Zipfel herunterfalten, und die Spitze in den Rand stecken.

**31** Schon ist die Nikolausmütze fertig gefaltet.

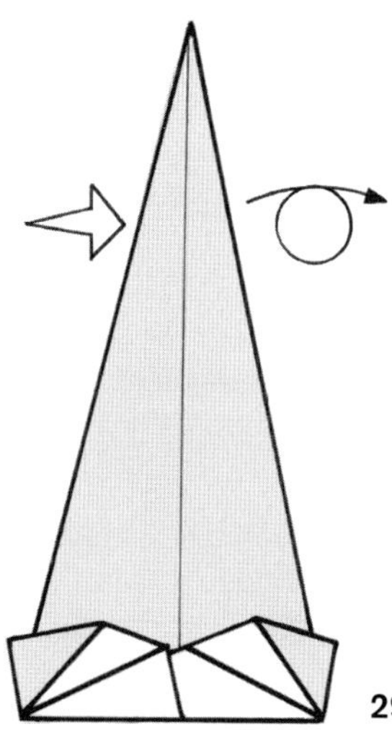

29

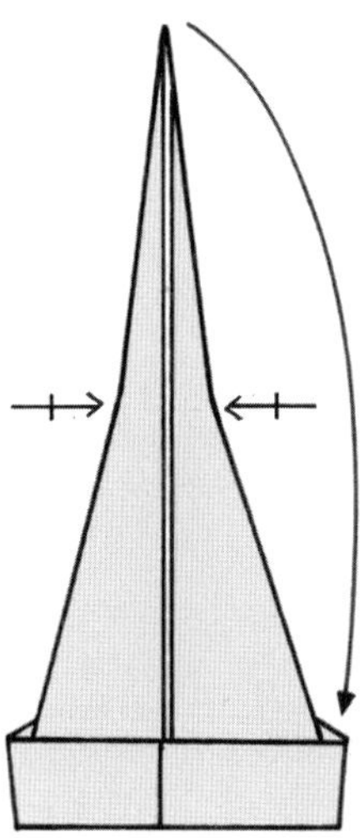

30

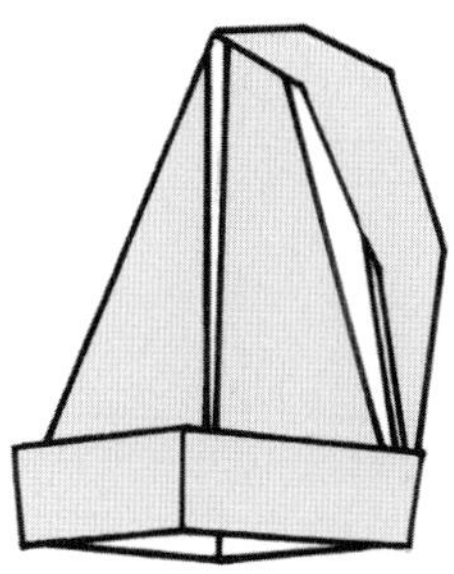

31

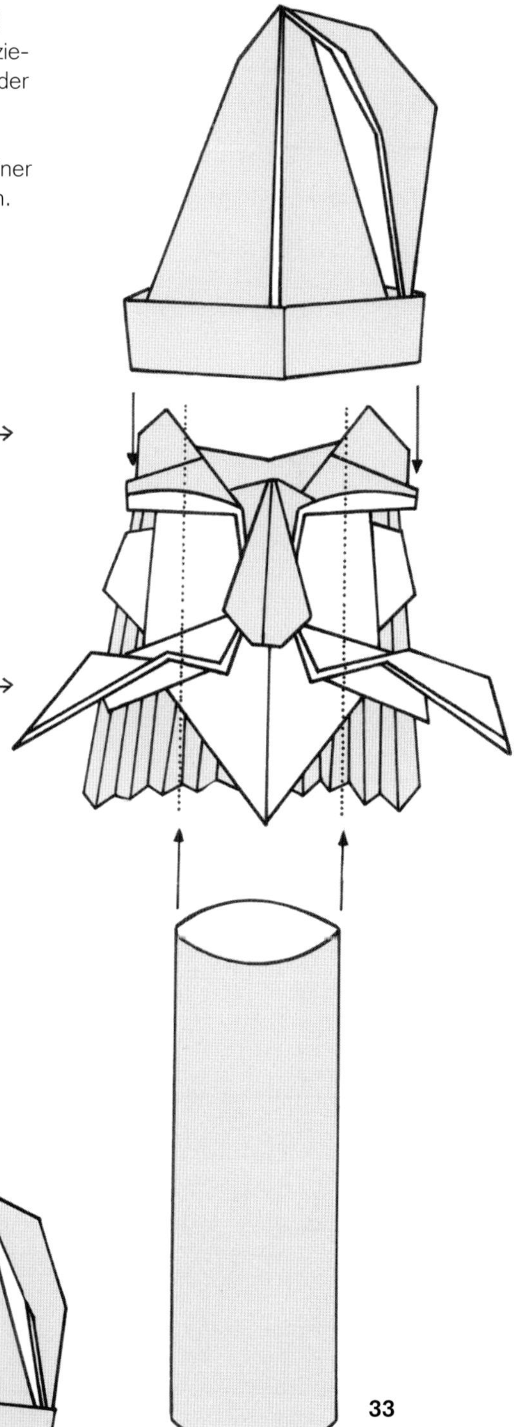

33

# Eierbecher

Nicht nur beim Osterfest gehören Eierbecher zu einer vollendeten und stimmungsvollen Tischdekoration. Viel zu häufig führen sie ein Mauerblümchendasein. Damit ist jetzt Schluß! Passend zur Farbe Ihres Frühstückservices können Sie aus Papier ganz einfach und schnell diesen ausgefallenen Origami-Eierbecher nachfalten.

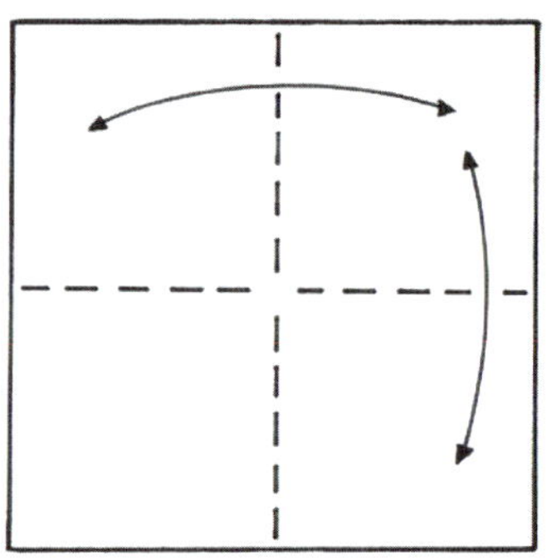

1

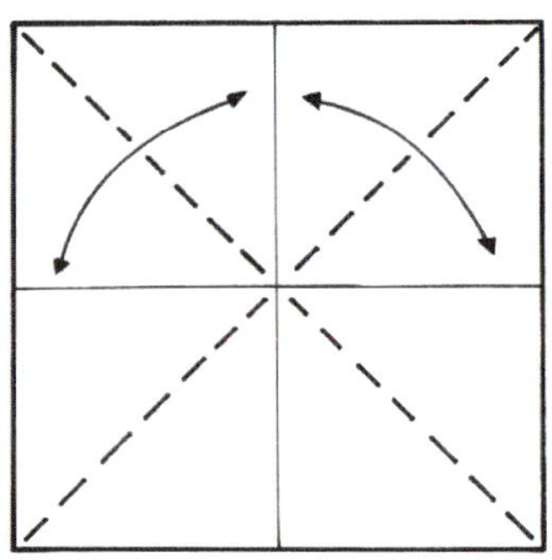

2

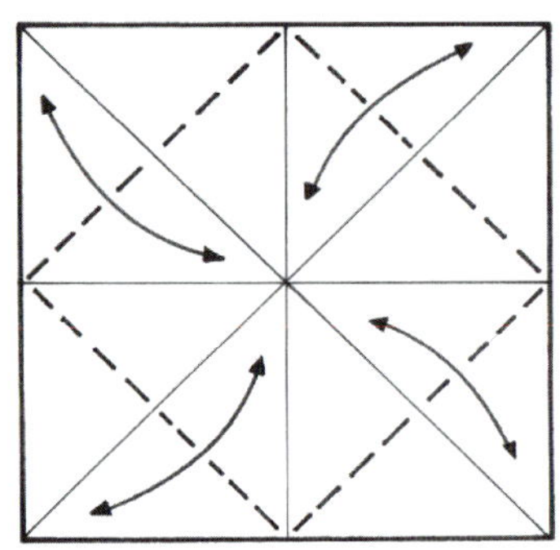

3

**1** Ausgangsform ist ein Papierquadrat (30 x 30 cm). Die farbige Seite liegt hinten. Durch den Mittelpunkt einmal senkrecht und einmal waagerecht talfalten und wieder entfalten.

**2** Nun, ebenfalls durch den Mittelpunkt des Quadrats, jeweils zwei diagonale Talfalten anbringen. Diese diagonalen Talfalten dann aber wieder entfalten.

**3** Jede der vier Ecken des Papierquadrats schließlich zum Mittelpunkt des Quadrats talfalten und dann wieder entfalten. Die Form hat immer noch die Außenmaße 30 x 30 cm.

**4** Alle vier Spitzen des Quadrats nun zu den in Faltschritt 3 gefundenen Falten talfalten.

**5** Die vier durch Faltschritt 4 entstandenen Kanten der Figur ebenfalls an die in Faltschritt 3 gefundenen Falten talfalten.

**6** Nun die vier durch Faltschritt 5 entstandenen Kanten der Figur nochmals an die in Faltschritt 3 gefundenen Falten talfalten.

**7** Schließlich alle vier Kanten der Figur entlang der in Faltschritt 3 gefundenen Falte talfalten. Die Figur sieht jetzt aus wie ein quadratischer Bilderrahmen.

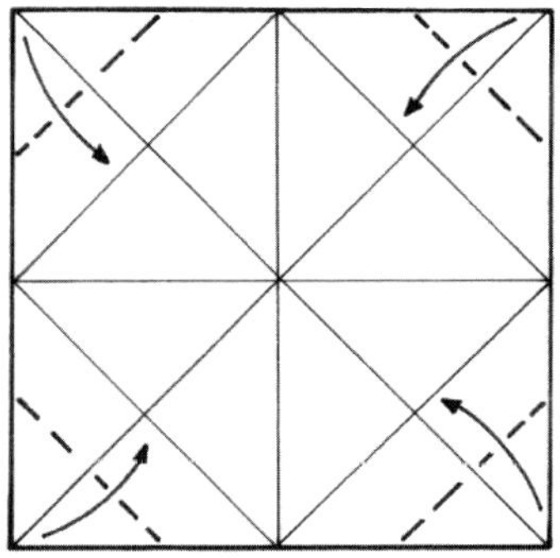

4

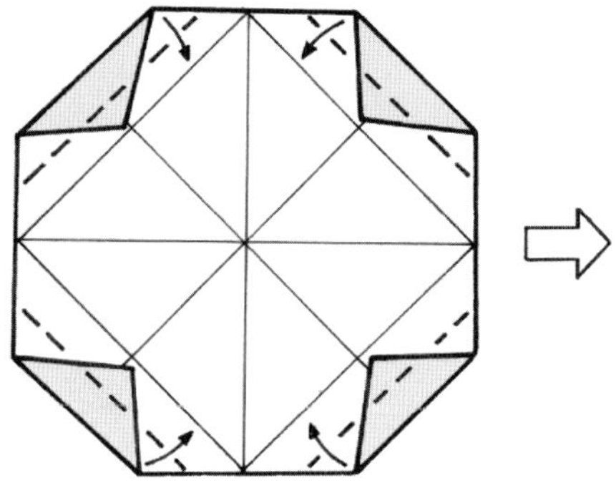

5

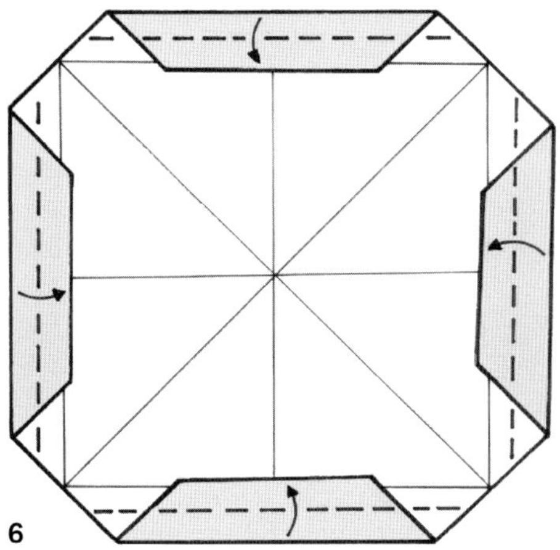

6

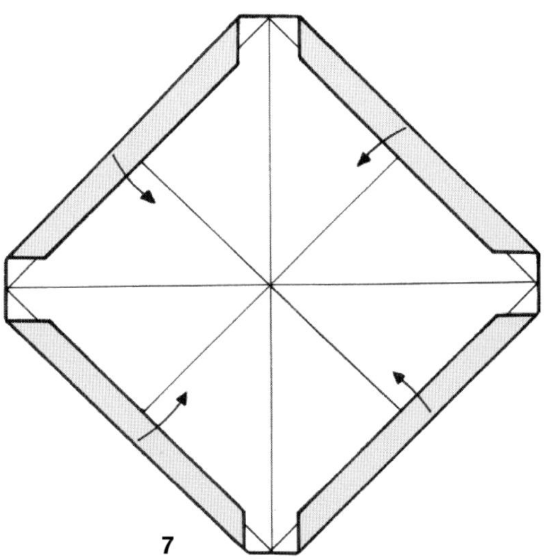

7

PAPIER
Verwenden Sie kein zu festes Papier, maximal Packpapierstärke, denn im Laufe der Faltung treffen neun Papierlagen aufeinander, die später weiter gefaltet werden müssen.

TIPS UND TRICKS
Sie können den Eierbecher auf seiner Unterseite auf einem Sockel aus quadratischer Pappe befestigen. So wird er deutlich stabiler und haltbarer.

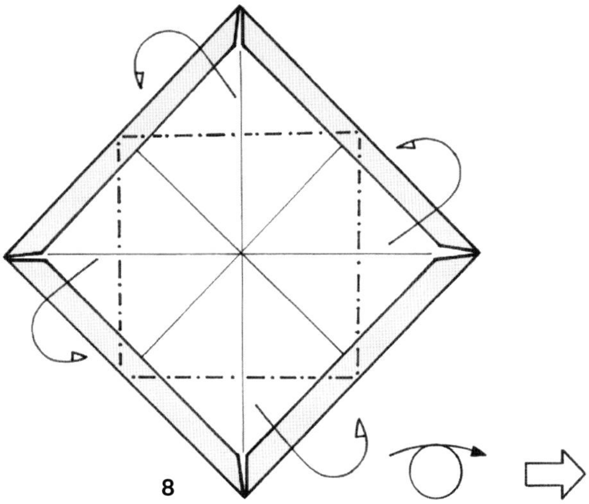

8

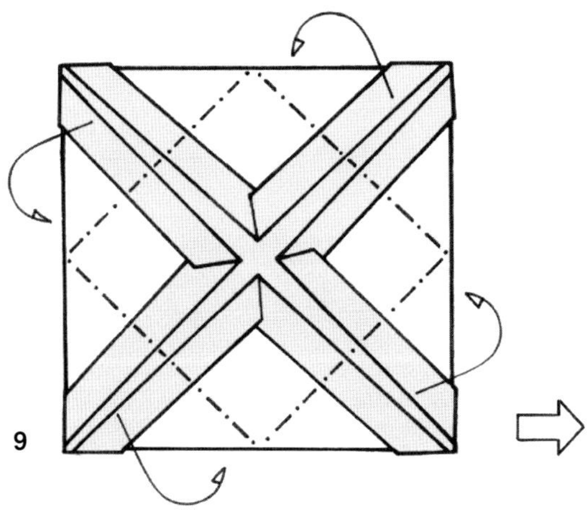

9

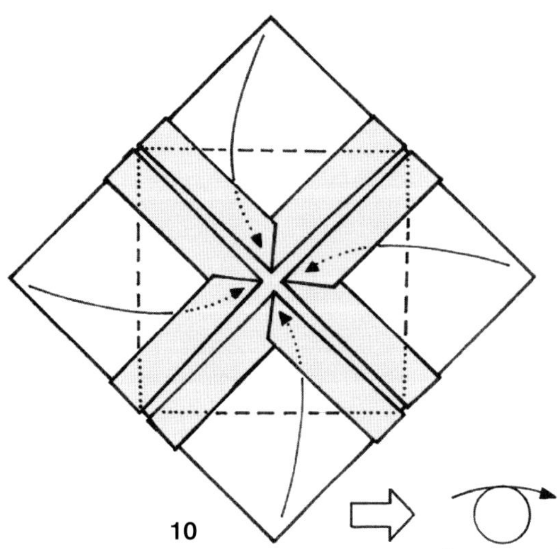

10

**8** Alle vier Ecken dieser Figur nun nach hinten, zum Mittelpunkt, bergfalten. Die Figur wenden.

**9** Nun nochmals alle vier Ecken der Figur nach hinten, zum Mittelpunkt, bergfalten.

**10** Es ist wieder eine quadratische Form entstanden. Alle vier Ecken dieser Figur diesmal zum Mittelpunkt talfalten. Die Ecken jetzt allerdings unter die Taschen schieben. Die Figur jetzt wenden.

14

**11** Die vier zum Mittelpunkt zeigenden Spitzen der Figur nach außen talfalten.

**12** An den durch die Pfeilspitzen markierten Stellen die Figur zur Mitte versenken. Dadurch wird sie schön plastisch.

**13** Wenn die Figur so aussieht, kann sie gewendet werden.

**14** Schließlich noch die vier Spitzen der Öffnung ausformen und nach oben bringen. Fertig ist der Eierbecher.

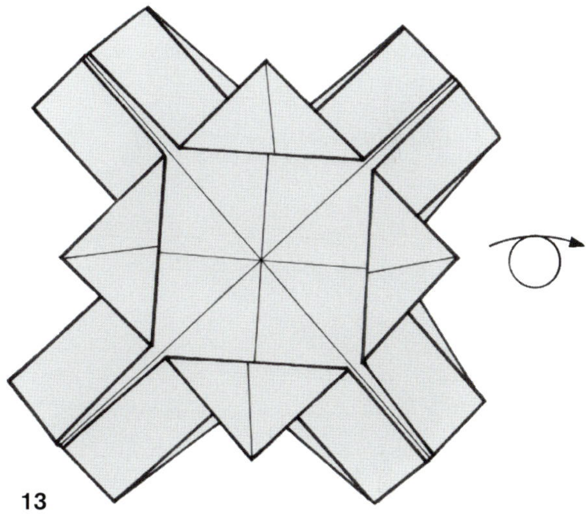

13

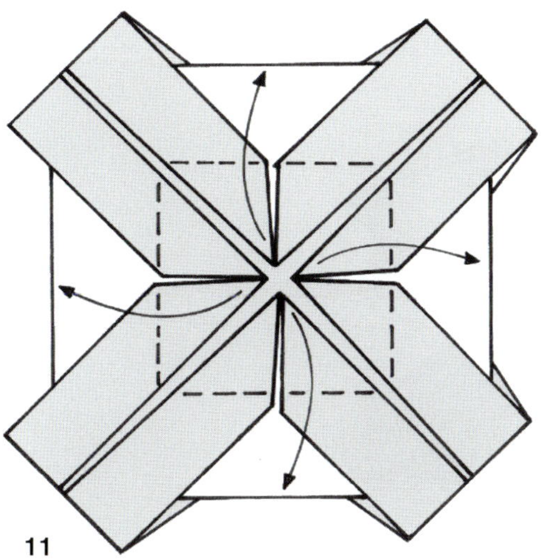

11

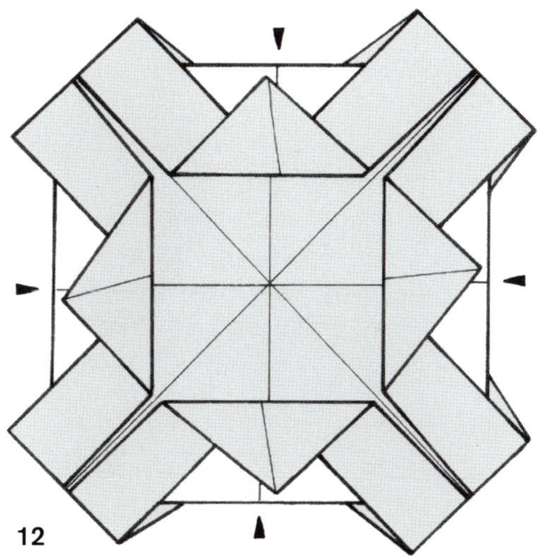

12

# Spaß und Spiel

# Böser Wolf

Vor diesem Wolf braucht sich wirklich niemand zu fürchten. Er kann sein Maul zwar gefährlich weit aufreißen, doch allein es nützt ihm nicht viel, denn er ist ja nur aus Papier. Genau wie das „Lippengeflüster“ eignet sich diese Papierfigur besonders gut als Handpuppe für das Puppentheater.

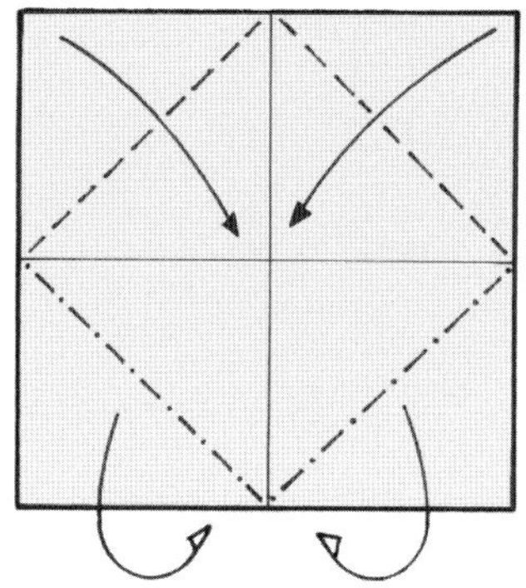

1

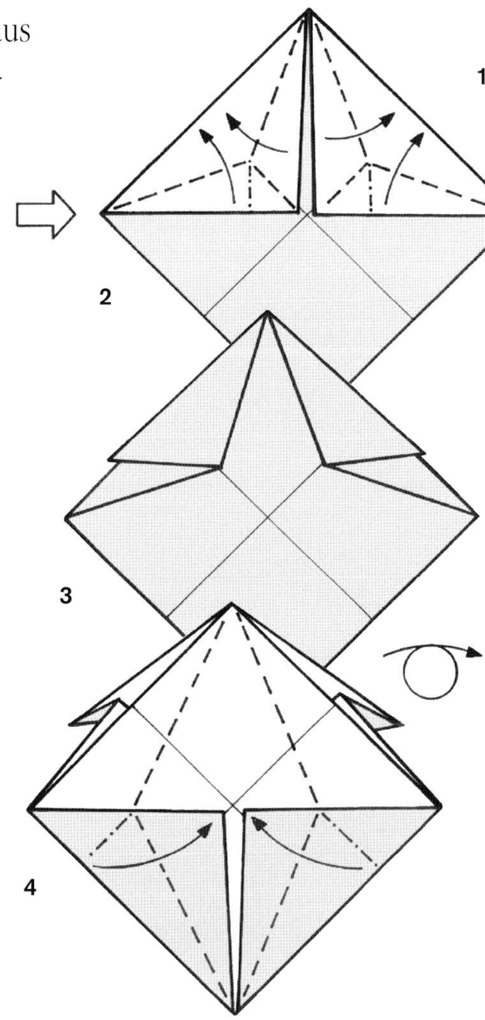

2

3

4

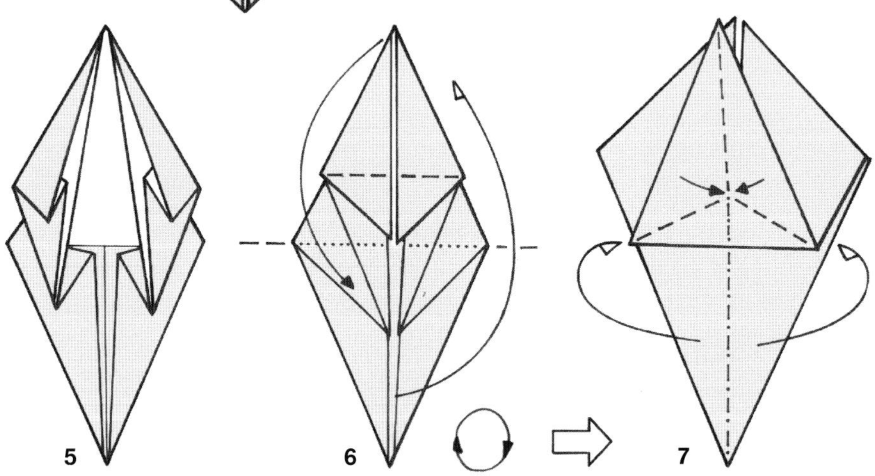

5

6

7

**1** Ausgangsform ist ein Quadrat (25 x 25 cm) aus doppelseitig gefärbtem Papier. Die oberen Spitzen nach vorne und die hinteren Spitzen nach hinten zum Mittelpunkt falten.

**2** Bei den beiden oberen Dreiecken im angegebenen Bereich Talfalten falten. Durch die Faltung an die äußere Kante entsteht in der Mitte ein kleines Dreieck. Dieses nach unten falten.

**3** Die Figur sieht jetzt so aus und kann gewendet werden.

**4** Im angegebenen Bereich berg- und talfalten. Die seitlichen Kanten zur Mitte bringen, dabei die entstandenen Dreiecke nach unten falten.

**5** Die Figur lässt sich jetzt ganz leicht zusammenklappen und sieht nun aus, wie hier abgebildet.

**6** Die obere Spitze nach unten falten. Die untere Spitze nach hinten falten, so dass sie nach oben zeigt. Die Figur um 180° drehen.

**7** Zunächst die drei angegebenen Talfalten falten, dann die ganze Figur entlang der Mittelachse nach hinten bergfalten.

**8** Die Figur talfalten und nach außen gegenbruchfalten. Das wird der Unterkiefer des Wolfs.

**9** Oberhalb der Schnauze zwei Talfalten anbringen. Das werden die Augen. Dann die Berg- und Talfalten falten. Auch hinten falten. Das werden die Ohren.

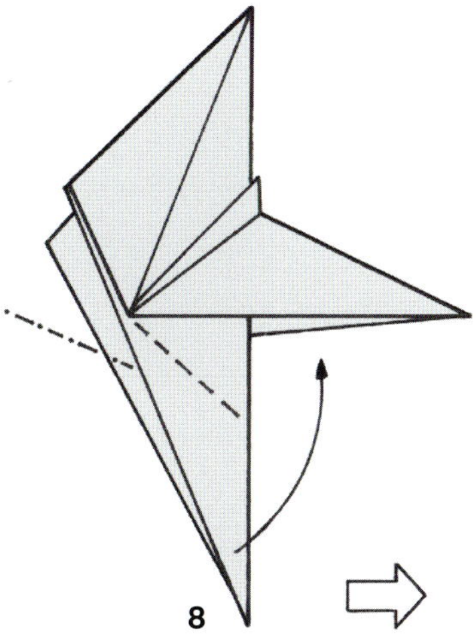

8

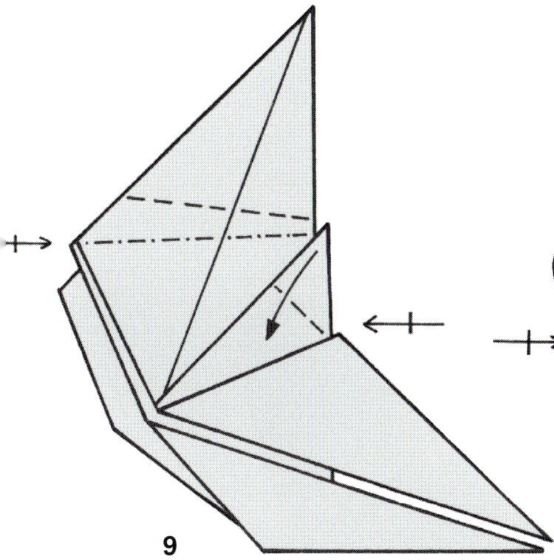

9

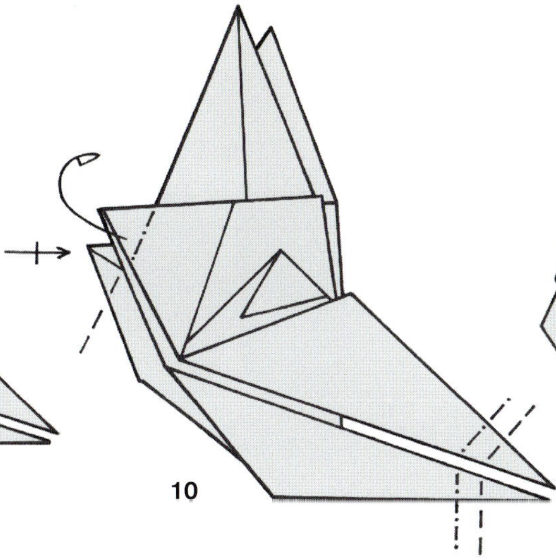

10

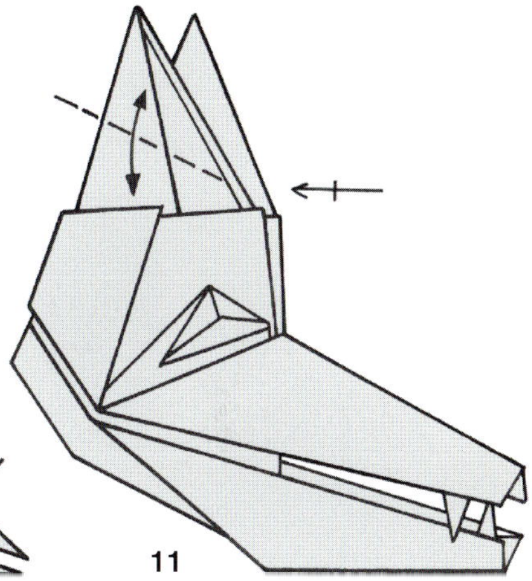

11

**10** Die Spitzen hinter den Ohren nach innen bergfalten. Durch Berg- und Talfalten im angegebenen Bereich gegenbruchfalten, und die Schnauze mit den Zähnen ist fertig.

**11** Die Ohren talfalten, wieder entfalten und von oben leicht gegendrücken. Durch Gegenbruchfalten auch die Augen des Wolfs ausformen.

**12** Jetzt ist der Wolf fertig. Halten Sie den Wolf mit Daumen und Zeigefinger an den Dreiecken hinter dem Kopf fest. Durch leichtes Öffnen und Schließen bewegt sich die Figur, und die Schnauze geht auf und zu.

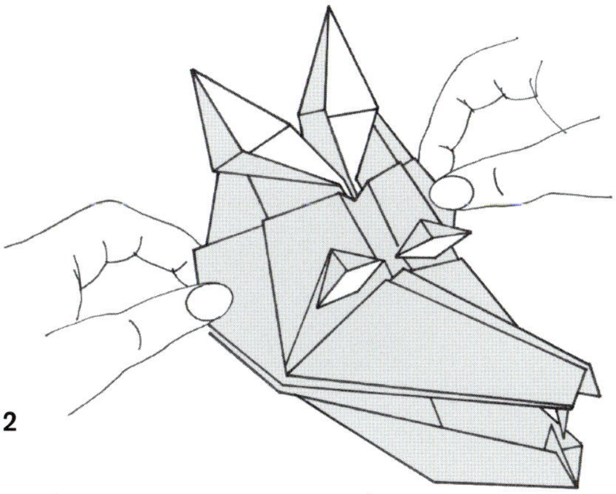

12

# Kaleidozyklus

Der Name dieses dreidimensionalen Rings entstammt dem Griechischen: *kalós* (schön), *eidos* (Figur) und *kyklos* (Ring). Unser Kaleidozyklus besteht aus mehreren identischen Tetraedern, die sich zu einem geschlossenen Kreis zusammenfügen lassen. Durch flexible Scharniere zwischen den Tetraedern kann der Papierring kontinuierlich durch die Mitte gedreht werden. Während dieser Umwandlung wirkt er wie eine aufblühende Blume oder ein wunderschöner Stern. Durch zusätzliche Faltungen kann außerdem die Oberfläche gestaltet werden.

**1** Ausgangsform ist das zusammengeschobene Dreieck. Die farbige Seite ist außen. Die beiden Kanten des Dreiecks zur senkrechten Mitte talfalten.

**2** Den Faltvorgang auf der Rückseite wiederholen.

**3** Die Figur drehen. Das erste Modul ist fertig. Nun noch sieben Module falten.

**4** Die Spitzen des rechten Moduls in die Taschen des linken Moduls stecken, aber nur in die vordere Lage. Fest gegeneinanderdrücken.

**5** Die rechte Spitze auf die linke Spitze talfalten. Jetzt sind zwei Module mit einem Scharnier verbunden.

**6** Die übrigen sechs Module, wie ab Faltschritt 4 beschrieben, miteinander verbinden.

PAPIER

Für einen Kaleidozyklus brauchen Sie acht Papierquadrate (10 x 10 cm). Der Farbwahl sind keine Grenzen gesetzt.

TIPS UND TRICKS

Eine sehr schöne Wirkung erzielen Sie mit beidseitig bedrucktem Papier. Wenn Sie ein festeres Papier wählen, bekommen die bunten Ringe zusätzlich mehr Stabilität und werden haltbarer.

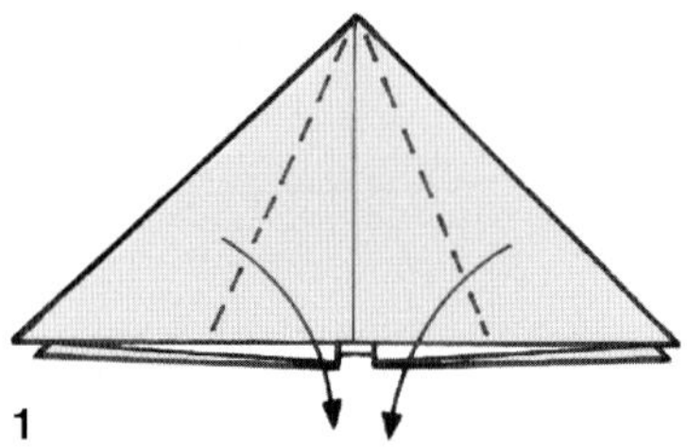
1

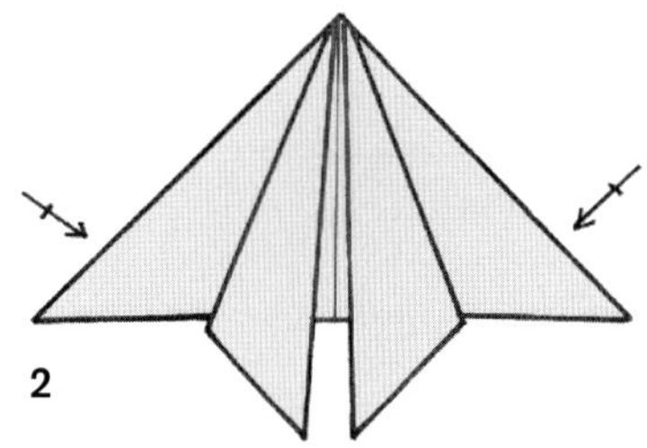
2

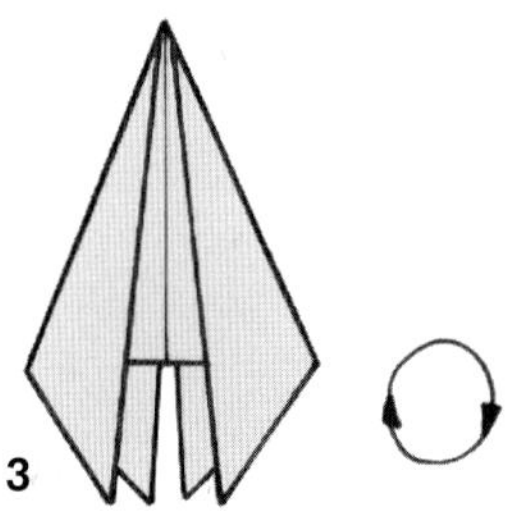
3

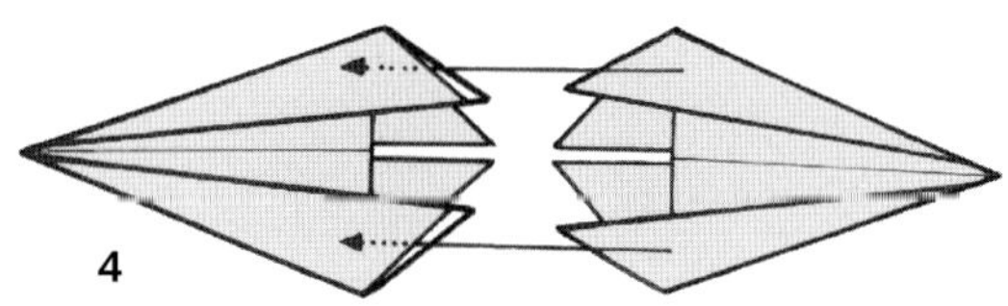
4

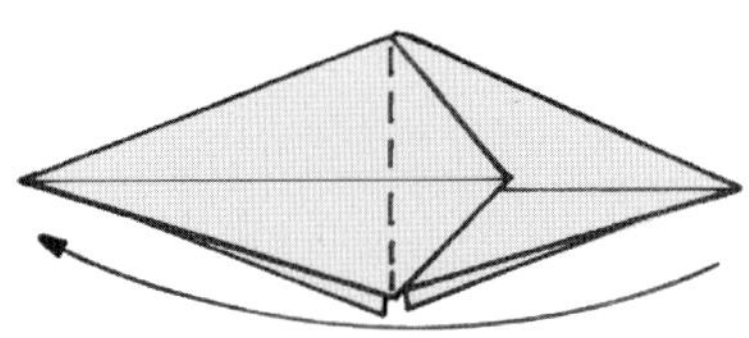
5

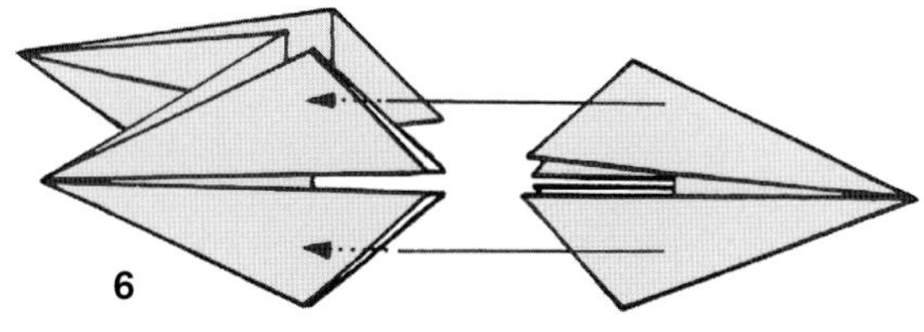
6

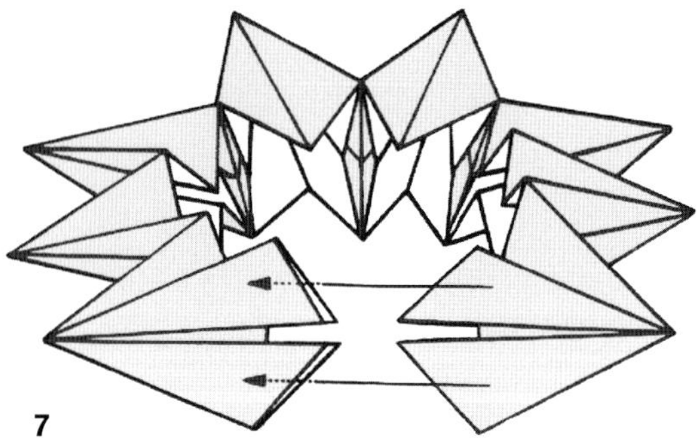

7

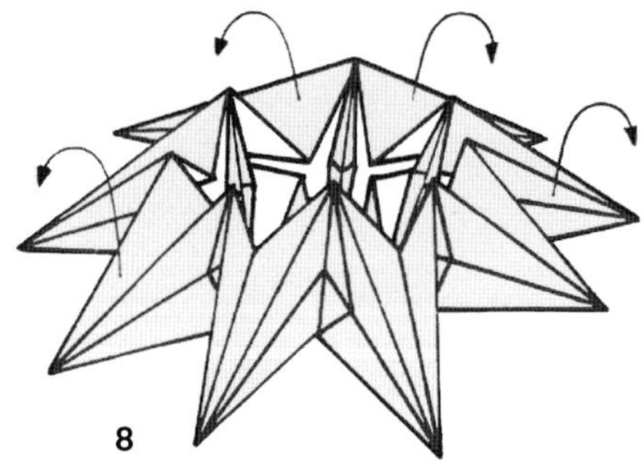

8

**7** Jetzt sind acht Module miteinander verbunden, und der Ring kann geschlossen werden.

**8** Der Kaleidozyklus ist fertig und sieht nun aus wie ein Stern oder ein Armreif aus bunten Stacheln.

**9** Das Spiel kann beginnen! Stülpen Sie die äußeren Spitzen in die Mitte des Kaleidozyklus.

**10** Der Stern verwandelt sich nun in ein Rad – oder in eine Blüte?

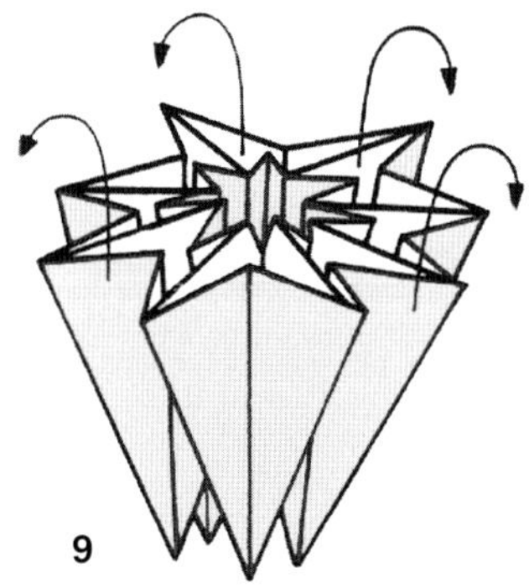

9

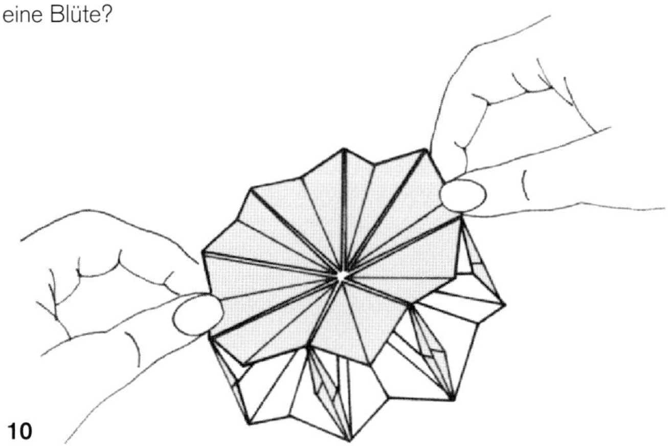

10

VARIATIONEN
Die Außenseiten der Module können durch unterschiedliche Faltungen noch abwechslungsreicher gestaltet werden. Dazu wird die Grundform für die Module folgendermaßen gefaltet:

**1** Bei einem Quadrat, farbige Seite unten, zwei gegenüberliegende Ecken zur Mitte falten. Die Figur wenden.

**2** Die beiden gegenüberliegenden Ecken zur Mitte falten.

**3** Das auf diese Weise entstandene Quadrat einmal längs und einmal quer talfalten.

**4** Ein zusammengeschobenes Dreieck ist entstanden. Die Grundform für ein Modul ist fertig. Nun können die Außenflächen der einzelnen Steckmodule gestaltet werden:

**(a)** Die vordere obere Spitze an die Mitte talfalten. Auch hinten falten, und die Figur schließen. Die rechte untere Spitze auf die linke Falte talfalten. Den Faltvorgang auf der Rückseite wiederholen. Beide seitlichen Spitzen nun an die senkrechte Mitte talfalten. Auch hinten falten. **(b)** Die vordere obere Spitze an die untere Kante talfalten. Auch hinten falten. **(c)** Die obere Spitze zweimal im angegebenen Bereich talfalten. Auch hinten falten.

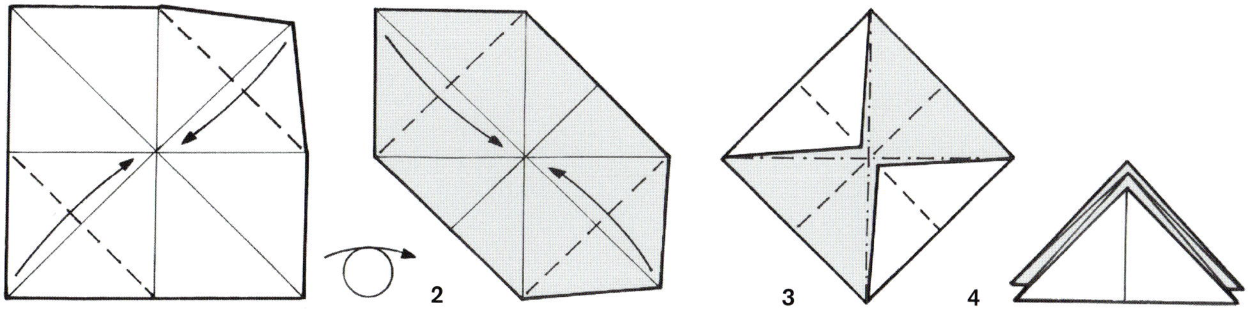


a
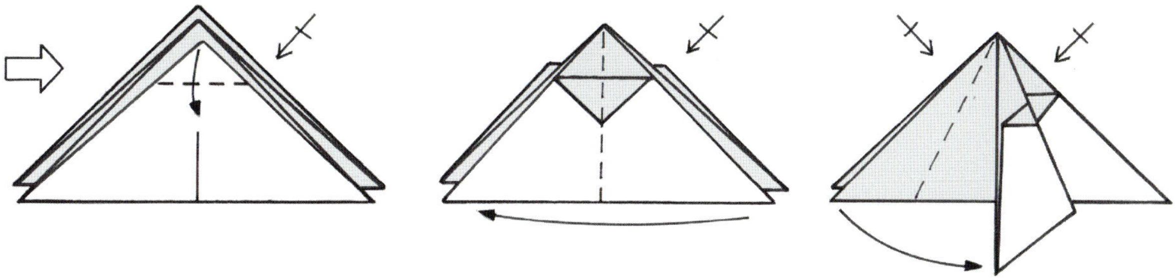

b
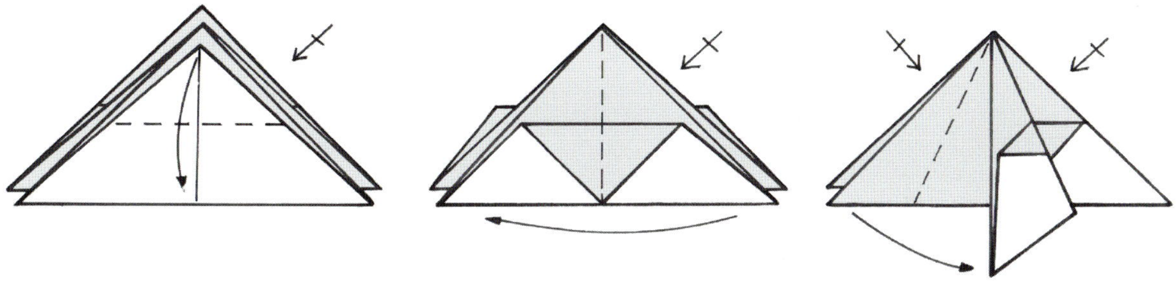

c
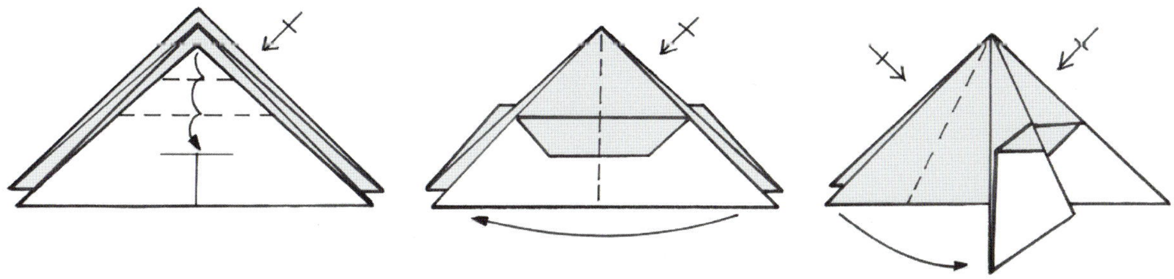

# Lippengeflüster

Mit einem kleinen Papiermund, den Sie zu Ihren eigenen Worten mit den Fingern bewegen, können Sie ohne großen Aufwand Ihr eigenes Theaterstück oder eine Playback-Show inszenieren. Die Rocky-Horror-Picture-Show lässt grüßen.

**1** Die farbige Seite liegt unten. Nun die vier Spitzen zur Mitte talfalten.

**2** Die vier Spitzen wieder anheben und nach innen bergfalten. Es entsteht eine Art Rahmen.

**3** Die Figur sieht jetzt so aus und kann gewendet werden.

**4** Die linke obere Spitze und die rechte untere Spitze zum Mittelpunkt falten.

**5** Vier Talfalten im angegebenen Bereich falten.

**6** Die Figur sieht jetzt so aus und kann gewendet werden.

**7** Die beiden gegenüberliegenden Spitzen zur Mitte talfalten.

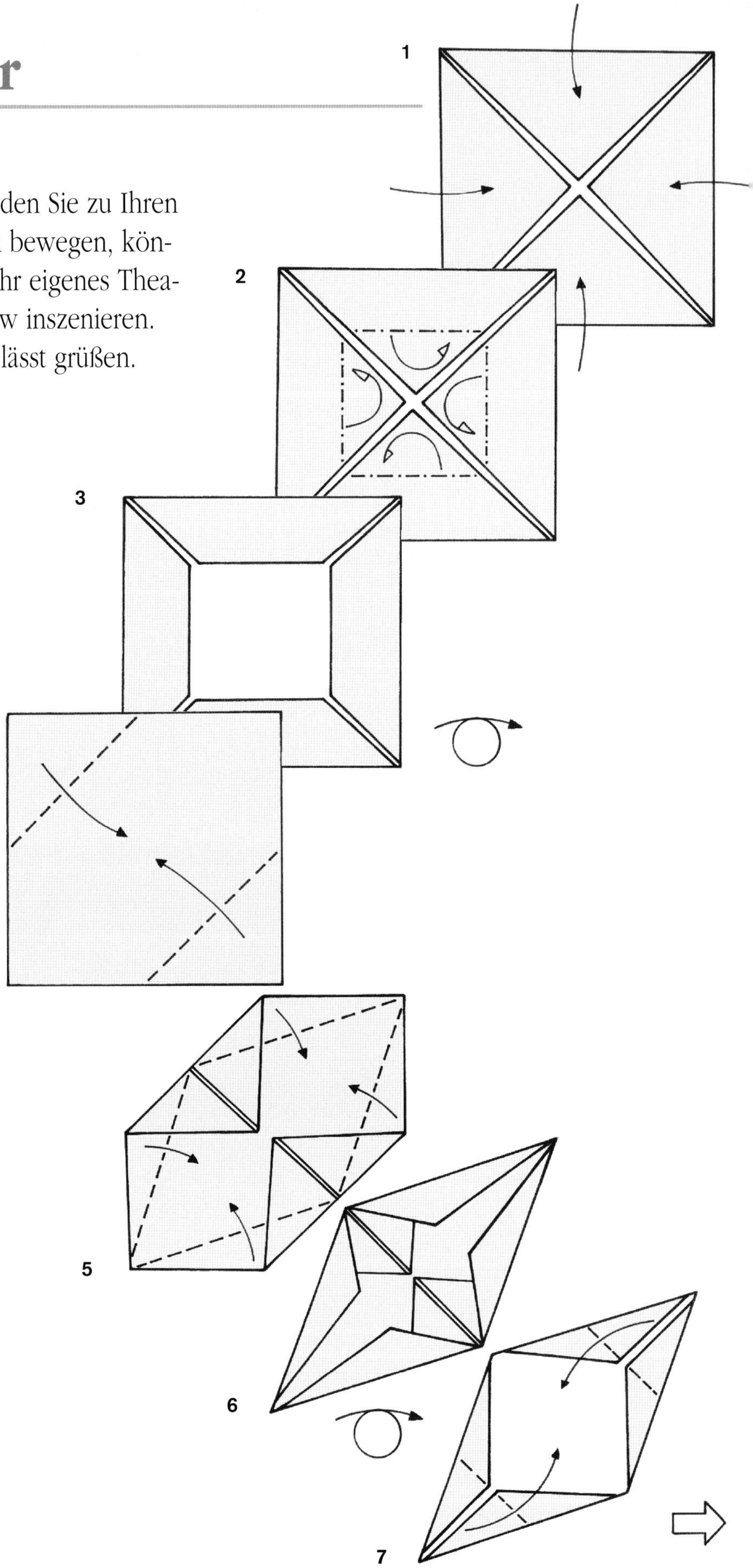


PAPIER
Sie brauchen ein quadratisches Stück Papier (15 x 15 cm), eine Seite rot, eine Seite weiß, wenn Sie die Lippen als Handpuppe verwenden wollen.

TIPS UND TRICKS
Natürlich können Sie auch viel größere Lippen falten, z. B. für das Schwarze Theater. Sie sollten dann allerdings etwas festeres Papier wählen, damit die Figur Stabilität erhält.

**8** Die Figur einmal längs und einmal quer talfalten und wieder entfalten.

**9** Die vier Spitzen der Rückseite anheben, und den Mund entlang der Querlinie falten.

**10** In der Mitte ist ein Trichter entstanden. Die obere und untere Hälfte zusammenfalten.

**11** Die Spitzen der Unterlippe nach hinten bergfalten.

**12** Mit Daumen und Zeigefinger hinter die Ober- und Unterlippe fassen und den Mund einfach auf- und abbewegen.

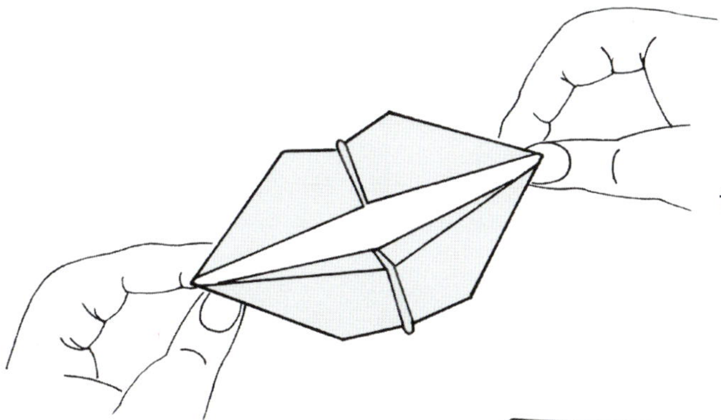

12

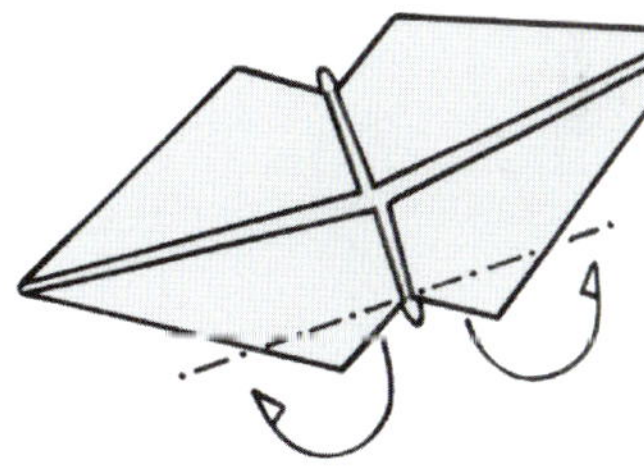

11

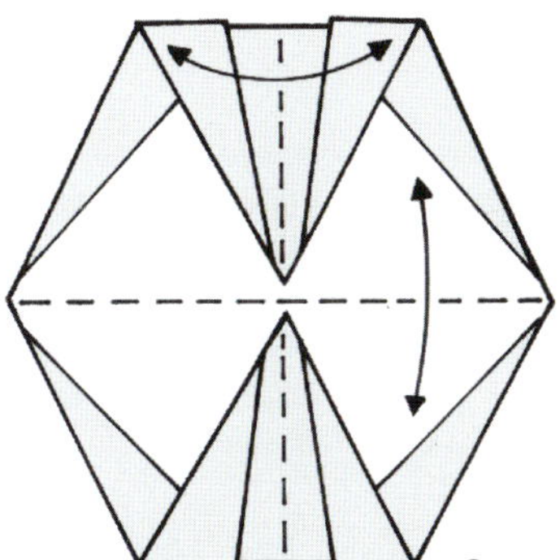

8

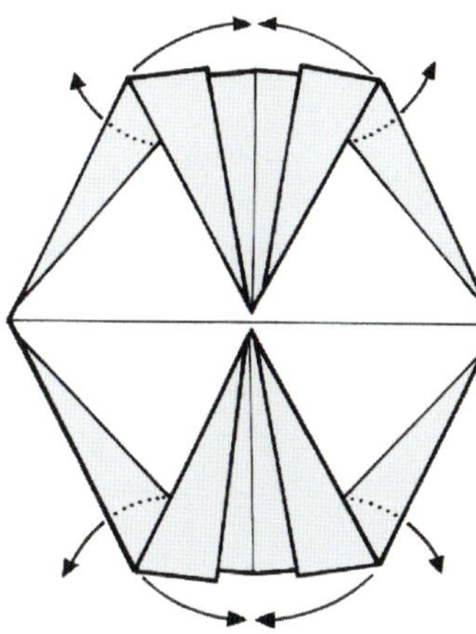

9

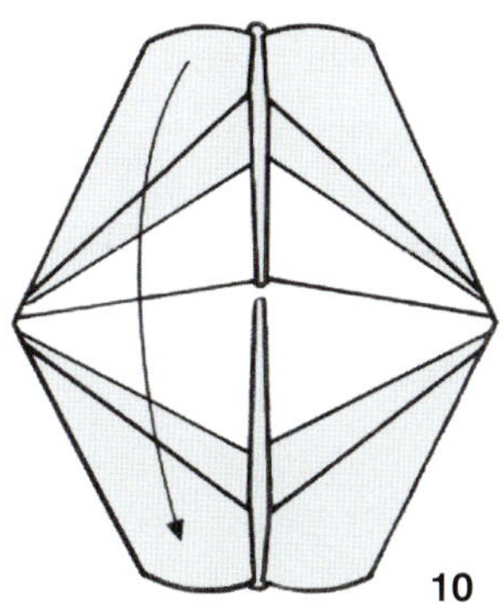

10

# Dekoball

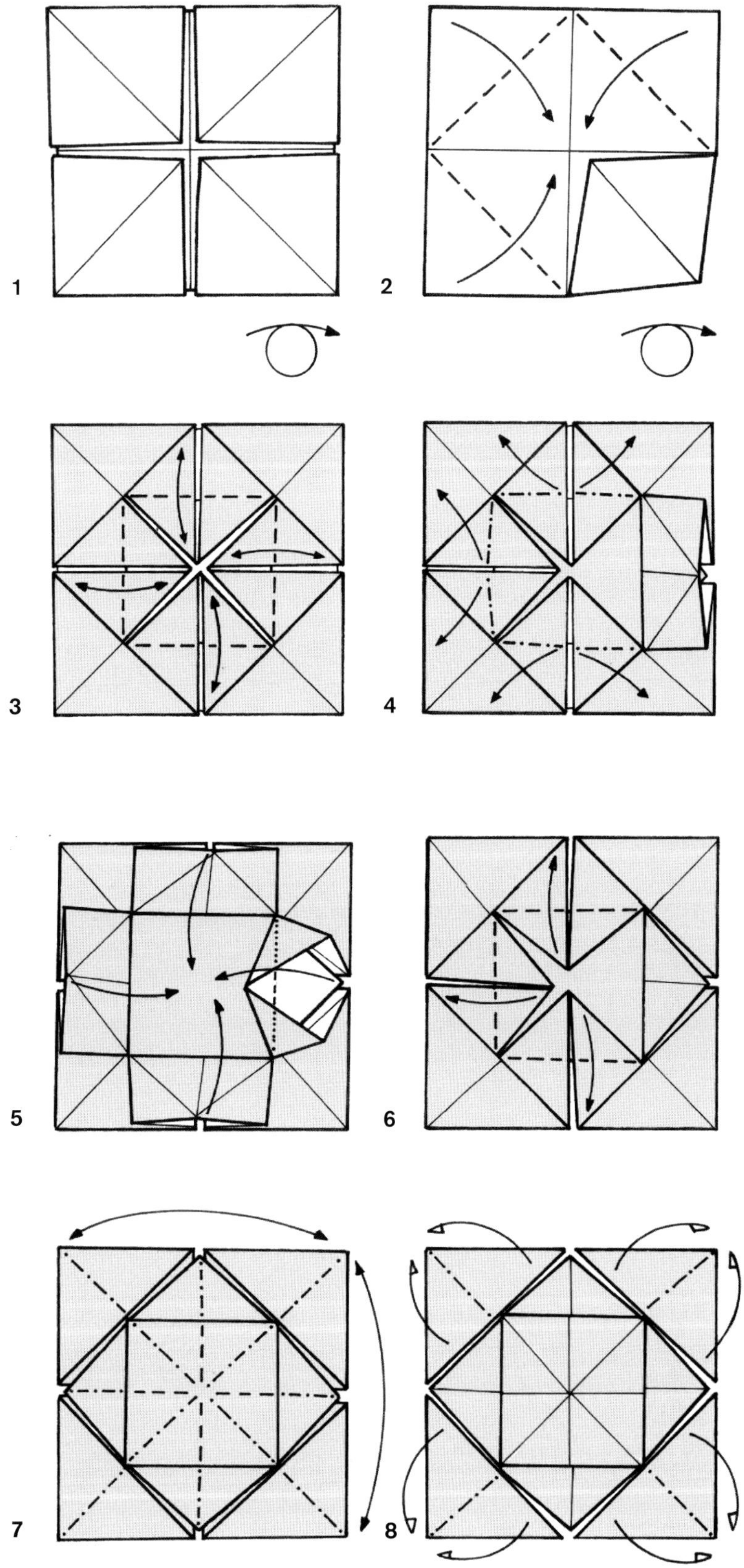


Dieser Ball wird aus zwölf sternförmigen Modulen entwickelt, die nach einem einfachen System ineinander gesteckt werden. Ebenso wie der Würfel und die Kaleidozyklen ist der Dekoball ein „Handschmeichler“ und lädt zum Spielen ein.

**1** Ausgangsform ist die zusammengeschobene Windmühlenform aus einem Papierquadrat (15 x 15 cm). Allerdings ist die farbige Seite des Origami-Papiers innen. Diese Figur nun wenden.

**2** Die vier Spitzen zur Mitte talfalten, aber die untere Lage nicht mitfalten, sondern die unteren mittleren Spitzen nach außen biegen. Die Figur nun wenden.

**3** Die Figur ist jetzt farbig. Die zum Mittelpunkt zeigenden vier Spitzen nach außen falten und entfalten.

**4** Bergfalten im angegebenen Bereich falten. Aus den vier Quadraten werden nun Rechtecke, wie rechts bereits zu sehen ist.

**5** Alle vier innen liegenden weißen Spitzen zur Mitte falten.

**6** Die vier auf diese Weise entstandenen mittleren farbigen Spitzen wieder nach außen talfalten.

**7** Die Figur in den Diagonalen bergfalten, längs und quer jedoch talfalten und wieder entfalten.

**8** In den äußeren Spitzen jetzt nach hinten bergfalten.

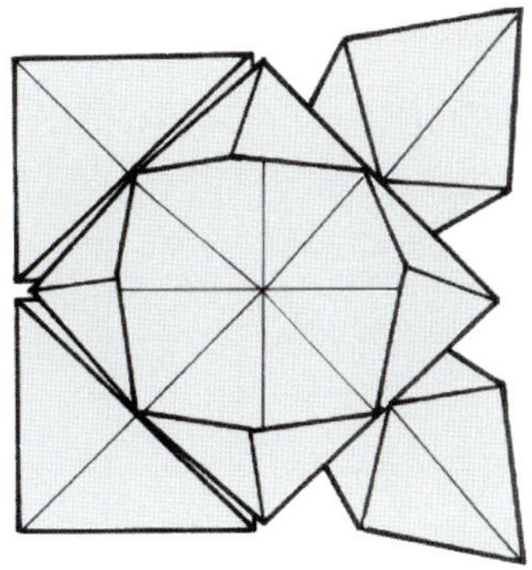

9

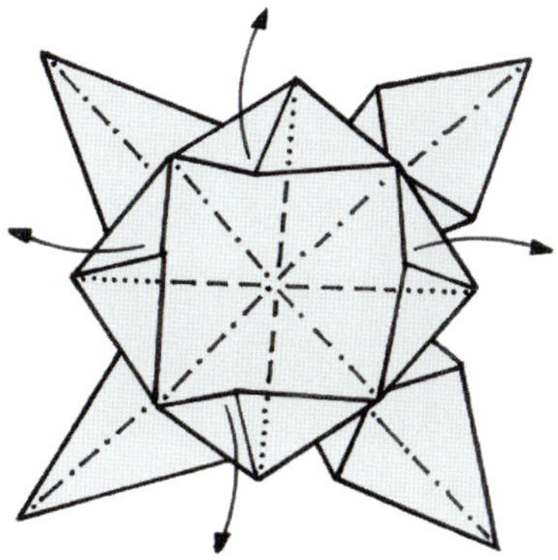

10

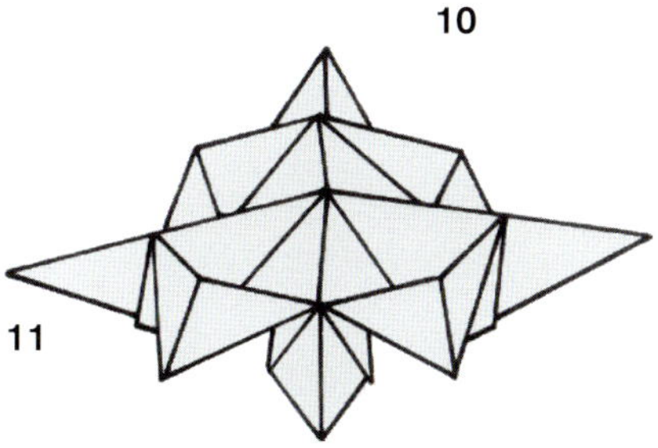

11

12

**9** Die vier Spitzen entlang der Bergfalten zusammenbringen.

**10** Die dreieckigen Taschen im inneren Quadrat entlang der Mittellinie bergfalten, und die vier Spitzen nach oben anheben. Die Figur nun behutsam zur Mitte zusammenschieben, und den Mittelpunkt nach oben drücken.

**11** So sieht ein fertiges Modul aus. Es hat vier lange Spitzen.

**12** Über jeder Spitze ist eine Tasche entstanden. Die Module werden miteinander verbunden, indem eine lange Spitze in die Tasche eines zweiten Moduls geschoben wird.

**13** Der Dekoball schließt sich, wenn insgesamt zwölf Module zusammengesteckt werden.

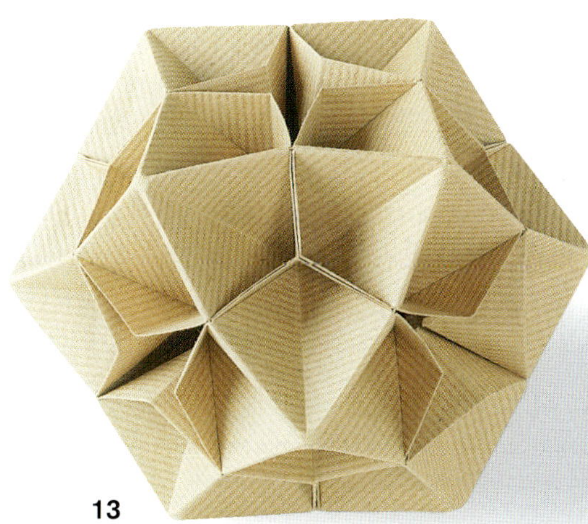

13

# Kreisel

Kreisel kreiseln zu lassen macht Spaß, Kreisel selber zu basteln nicht weniger. Schon im Altertum spielten die Kinder fasziniert mit Spiel-Kreiseln, die häufig mit Peitschen angetrieben wurden. In Schwung gebracht, tanzen sie, der Schwerkraft trotzend, bis sie schließlich langsamer werden und sich zur Seite neigen.

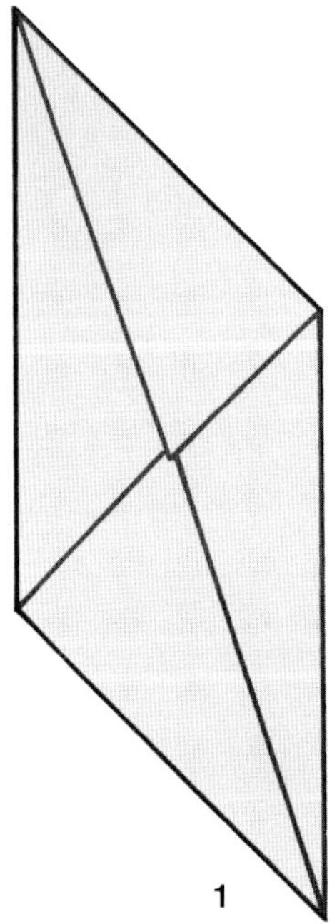

1

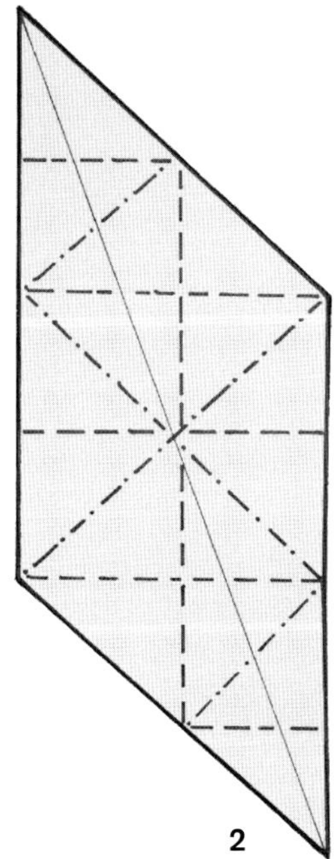

2

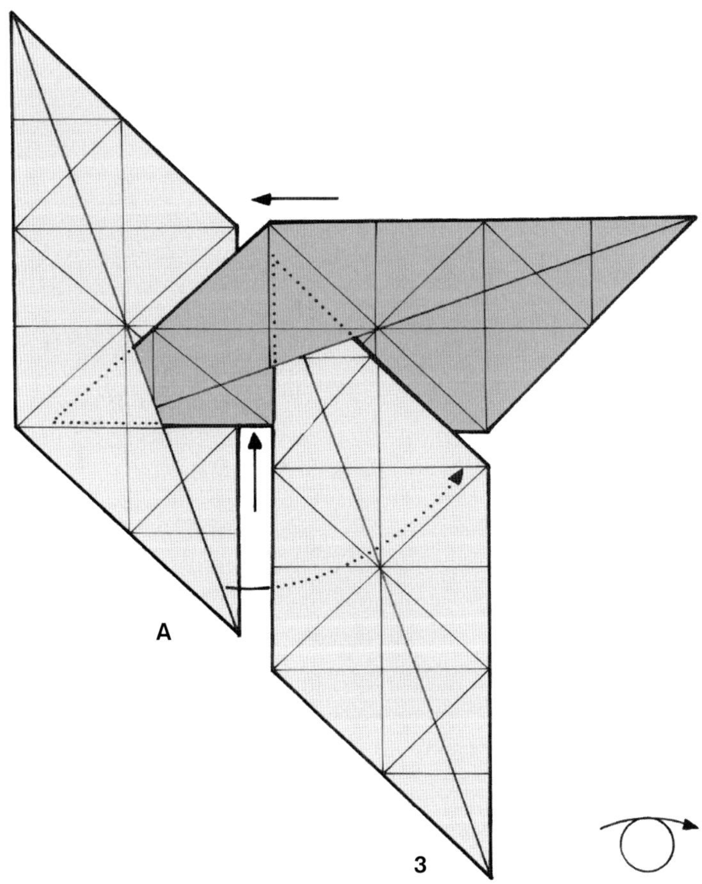


3

**1** Ausgangsform für den Kreisel ist das Würfelmodul von Seite 58 aus einem Papierquadrat (15 x 15 cm oder 12 x 12 cm). Die farbige Seite ist außen. Drei dieser Module aus unterschiedlichen Farben falten.

**2** Im angegebenen Bereich berg- und talfalten und wieder entfalten.

**3** Die drei Module in die jeweiligen Taschen stecken. Anschließend die Spitze A in die gegenüberliegende rechte Tasche stecken. Dabei von unten die Mitte nach oben andrücken. Es entsteht eine dreieckige Pyramide auf der Mitte. Danach die Figur wenden.

## PAPIER

Der Kreisel muß aus festem Papier gefaltet werden. Wir haben hier bunt bedrucktes Packpapier verwendet.

## TIPS UND TRICKS

Ganz wichtig ist es, beim Kreisel sauber und exakt zu falten, denn das Gleichgewicht muß unbedingt stimmen.

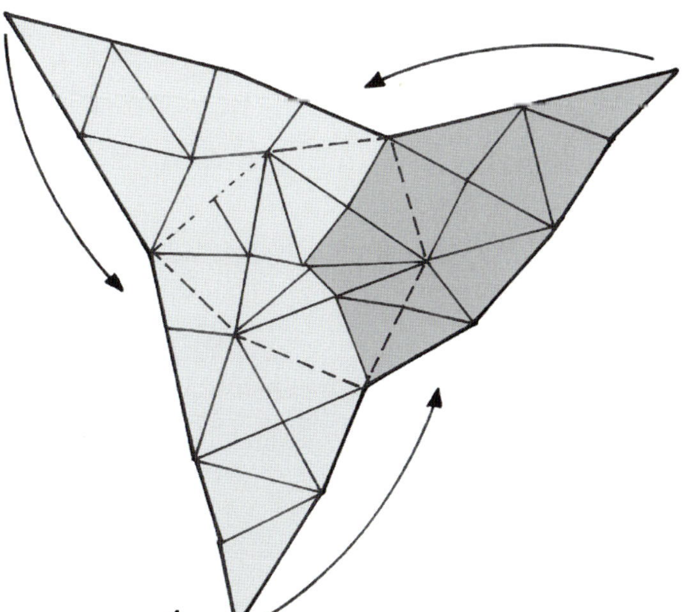

4

**4** Die drei Spitzen durch Talfalten jetzt in die jeweiligen Taschen stecken. Mit einem angespitzten Holzstäbchen versehen, kann der Kreisel sich drehen und drehen und drehen und …

# Kunst im Raum

# Physiognomie

Diese Physiognomie ist eine schöne Dekoration mit einem beinahe ethnographischen Charakter. Ideal ist die Verwendung von Packpapier, Transparentpapier oder festerem Papier mit interessanter Struktur. Bemalen sollte man die Masken, genau wie jedes echte Origami, nicht, denn sie wirken schon allein durch ihre Form.

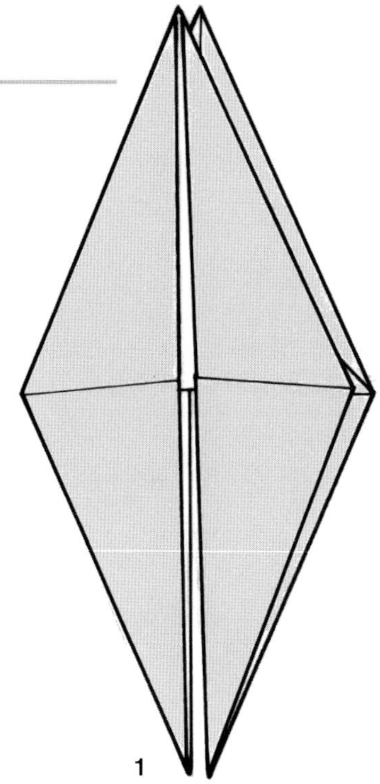

1

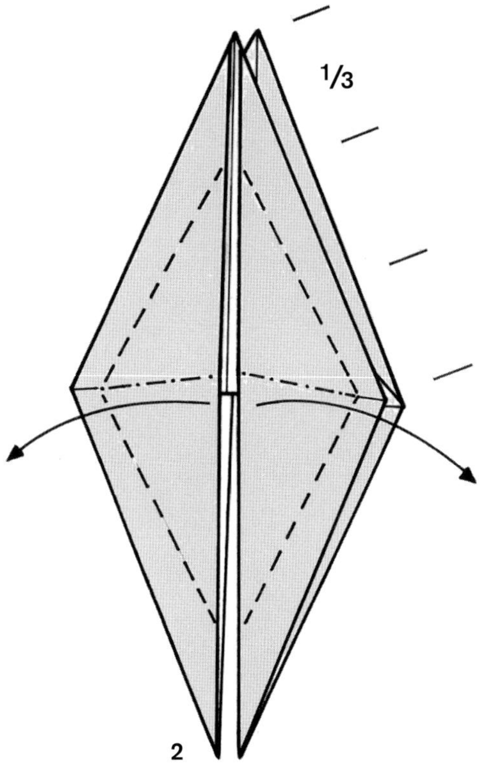


2

**1** Ausgangsform für die Physiognomie ist die Vogelform aus einem Papierquadrat (30 x 30 cm). Die farbige Seite ist außen.

**2** Die vordere Papierlage im angegebenen Bereich berg- und talfalten. Dabei die Bergfalten an der senkrechten Mittelachse leicht nach außen falten.

**3** Die obere Spitze der vorderen Papierlage an die untere Spitze der Figur talfalten.

**4** Wenn die Figur so aussieht, kann sie gewendet werden.

**5** Die obere Spitze der Figur im Zickzack nach unten berg- und talfalten. Die beiden unteren Spitzen der oberen Papierlage bergfalten, und die Spitzen dann versenken.

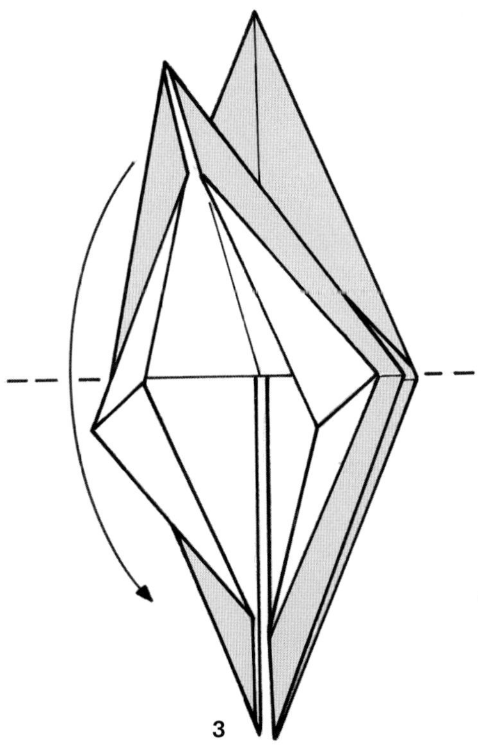

3

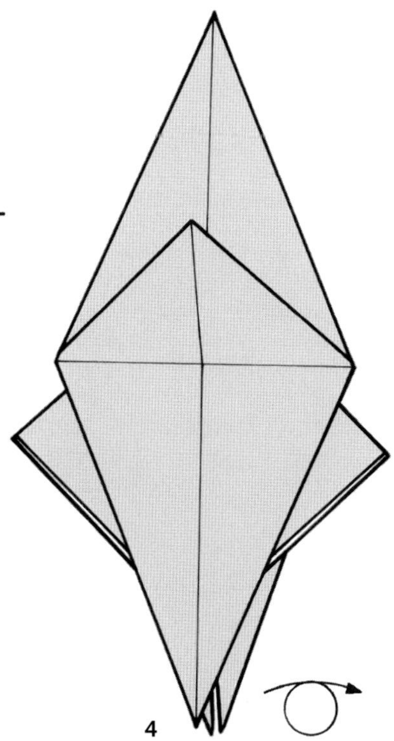

4

**6** Die rechte obere Hälfte der Figur nun wie eingezeichnet so berg- und talfalten, dass sich eine Faltung ergibt, wie sie in Faltschritt 7 zu sehen ist.

**7** Die linke obere Hälfte der Figur nun, wie in Faltschritt 6 für die rechte obere Hälfte beschrieben, falten.

**8** Die vordere Papierlage der oberen Spitze der Figur berg- bzw. talfalten, und die Mitte nach außen falten. Die obere Spitze nach unten talfalten.

**9** Den oberen, vorderen Teil der Figur nach unten talfalten. Die untere Spitze der Figur nach oben talfalten und dann unter die obere Papierlage stecken.

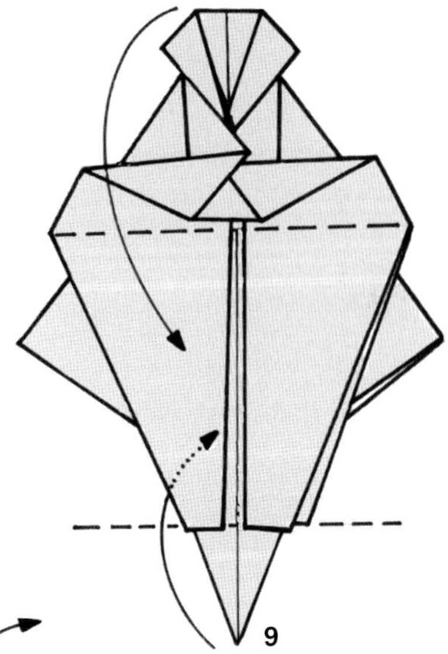

9

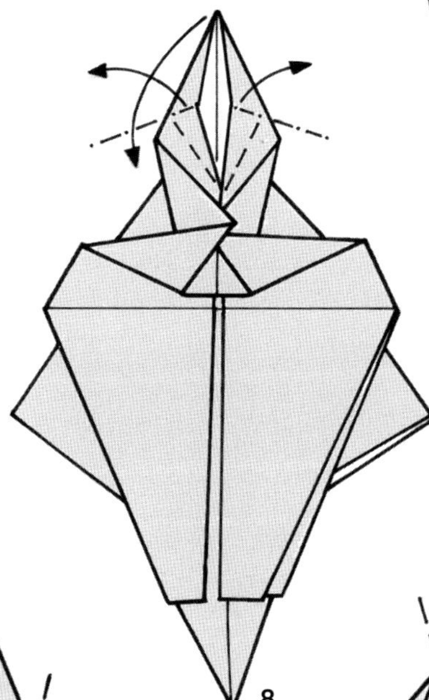

8

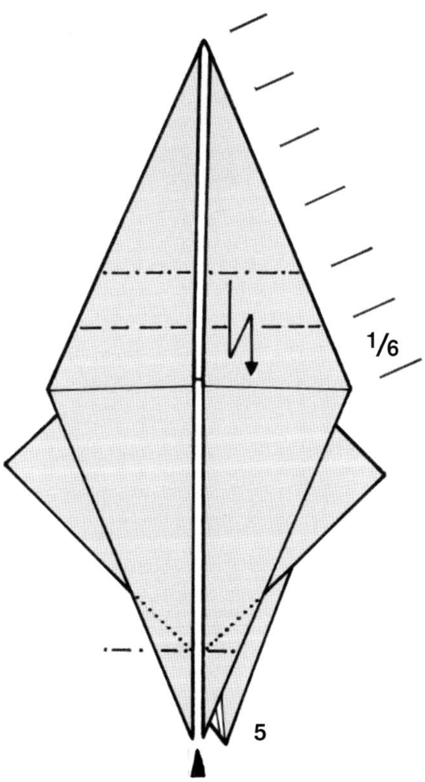

5

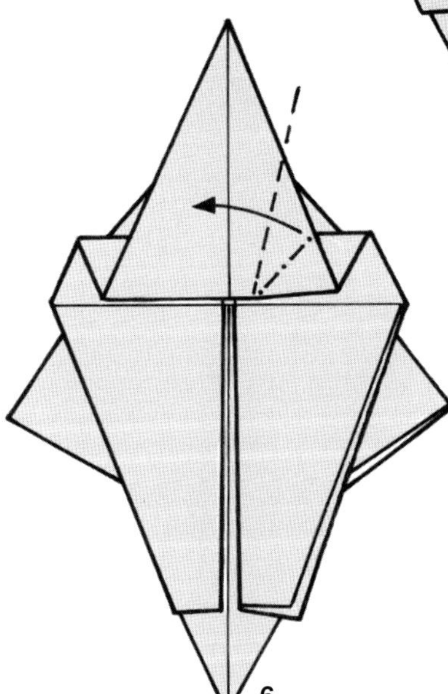

6

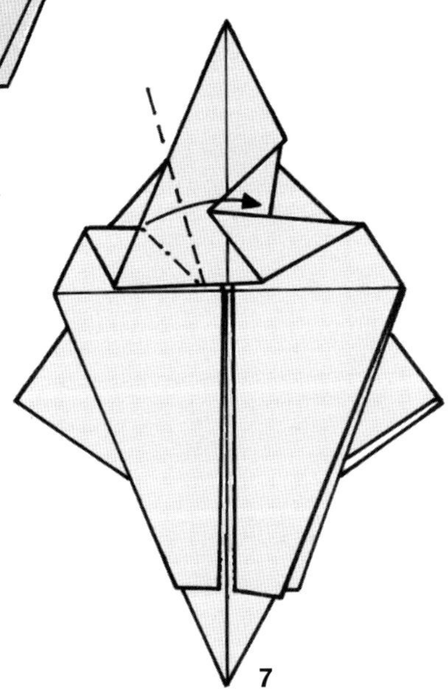

7

**10** Jetzt ist das schemenhafte Gesicht schon zu erkennen. Die obere Spitze der Figur talfalten. Das ist der Haarschopf. Die rechte und die linke Spitze der vorderen Lage in der oberen Hälfte der Figur nach hinten bergfalten. Die Stirn ist fertig. Die rechte und die linke äußere Spitze der Figur bergfalten und durch Gegenbruchfalten versenken. Jetzt sind die Ohren fertig.

**11** Die Figur kann nun aufgestellt werden. Eine interessante und interpretationswürdige Physiognomie ist entstanden.

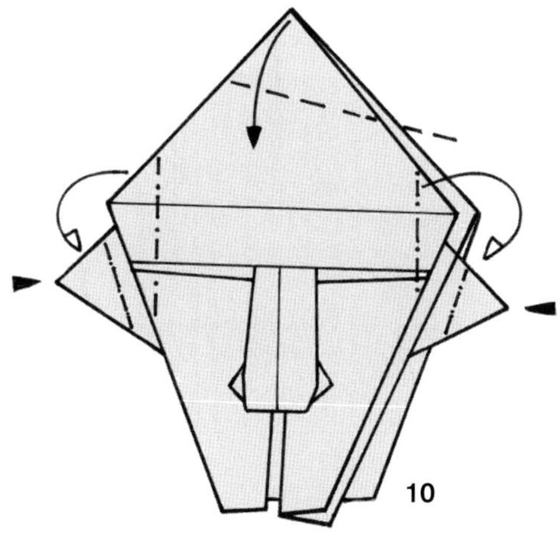
10

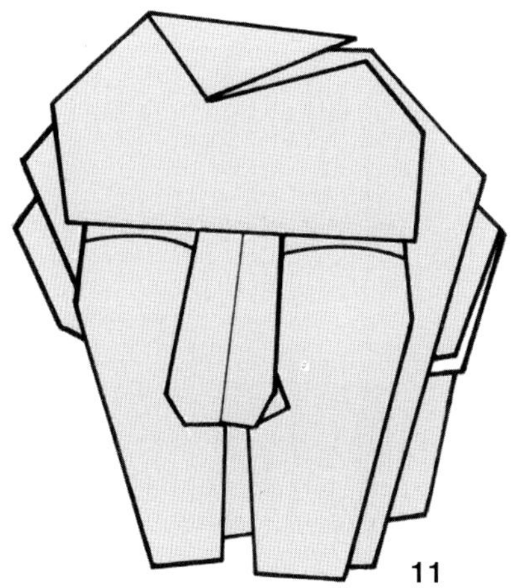
11

VARIATIONEN
Schauen Sie sich die drei Masken bzw. Physiognomien A, B, C genau an.
Sie werden sicher bald erkennen, durch welche Veränderungen in der Faltweise diese abgewandelten Formen erreicht werden können. Ein Tip: Es müssen die Faltschritte 6 bis 9 verändert werden.
Übrigens sind noch eine Menge anderer Variationen möglich!

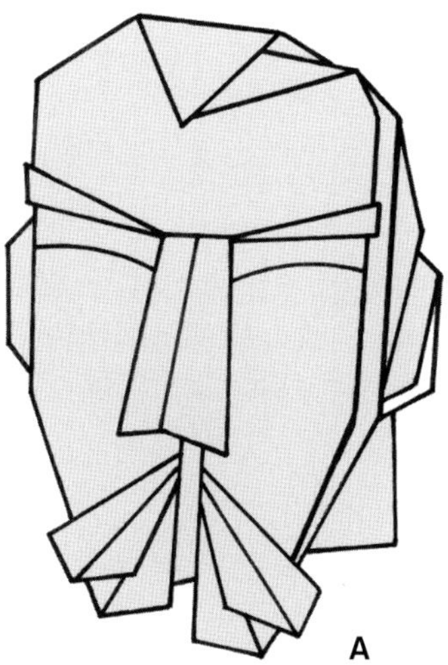
A

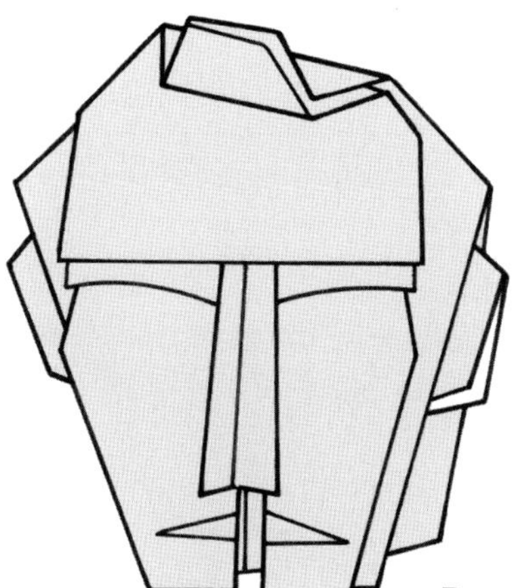
B

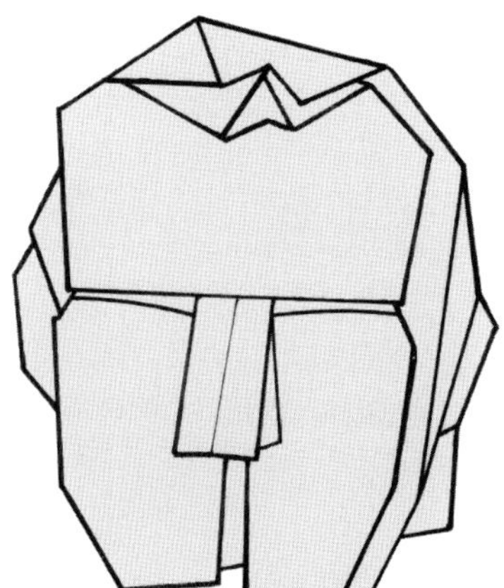
C

# Reliefbilder

Hier zeigen wir Ihnen ganz unterschiedliche Variationen zum Thema Modul-Origami. Aus einzelnen plastischen Origami-Mosaiksteinen werden Reliefkacheln hergestellt, die zu immer neuen Wandreliefs zusammengefügt werden können. So entstehen bunte oder auch einfarbige Reliefs, die allein aufgrund der Struktur des verwendeten Papiers und der Faltung von großer Wirkung sind. Eine ganz besonders praktische Anwendung finden die Reliefs als Beleuchtungskörper. Dazu werden Kacheln aus transparentem bzw. lichtdurchlässigem Papier gefaltet und zwischen zwei Glasplatten gelegt. Wenn Sie zwei derartige Platten über Eck stellen und von hinten beleuchten, ist eine stimmungsvolle Lichtskulptur entstanden.

1

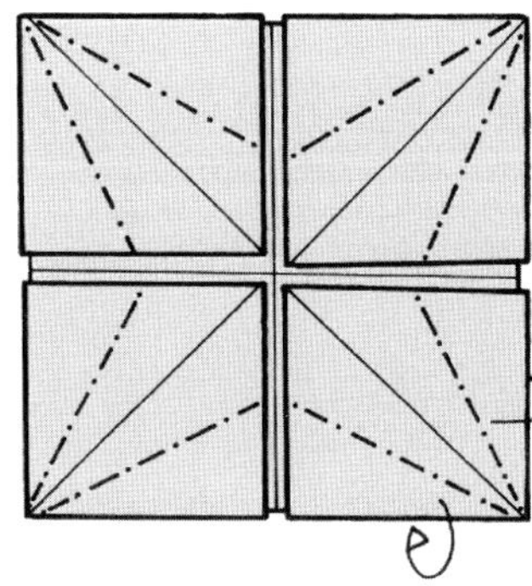

2

**1** Ausgangsform ist die zusammengeschobene Windmühlenform aus einem Papierquadrat (15 x 15 cm). Die farbige Seite ist außen.

**2** Alle vier „Windmühlenflügel“ mit der oberen Lage nun nach hinten bergfalten.

**3** Nun die seitlichen Spitzen jeder einzelnen Drachenform nach hinten bergfalten.

**4** Jetzt sind vier Rauten entstanden, und das mittlere Modul für die erste Reliefvariation ist fertig.

**5** Nun müssen vier weitere Module gefaltet werden. Ausgangsform ist ebenfalls die zusammengeschobene Windmühlenform aus einem Papierquadrat (15 x 15 cm). Die farbige Seite ist außen. Diesmal nur an einem einzigen „Windmühlenflügel“ die Faltschritte 2 und 3 ausführen.

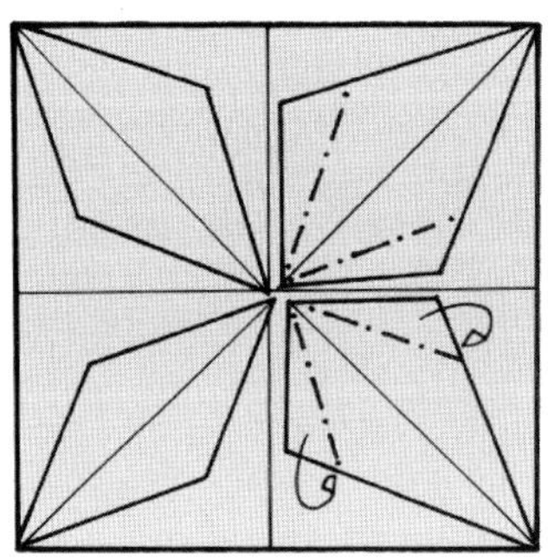

3

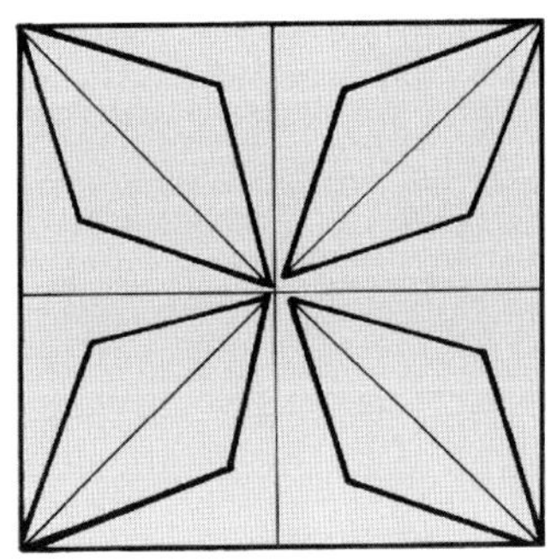

4

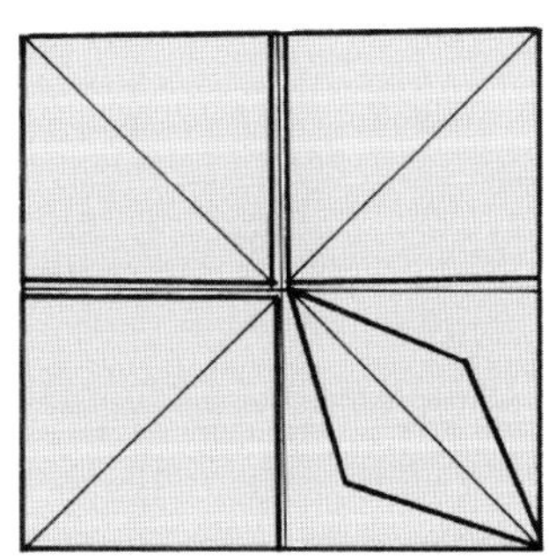

5

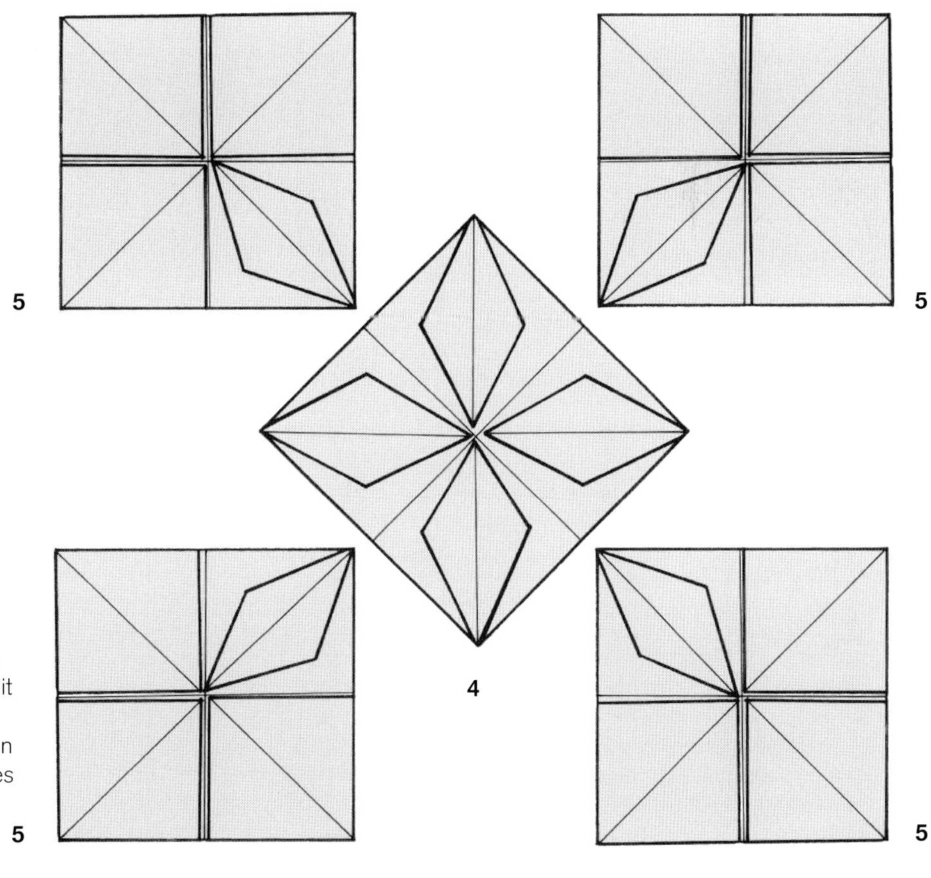


VARIATION I

Aus den einzelnen Origami-Modulen wird jetzt eine Reliefkachel hergestellt. In der Mitte befindet sich das Modul mit den vier Rauten. Die vier identischen Module mit nur einer Raute werden nun wie abgebildet zwischen die Rauten des mittleren Moduls geschoben. In der Mitte ist ein Stern entstanden.

1

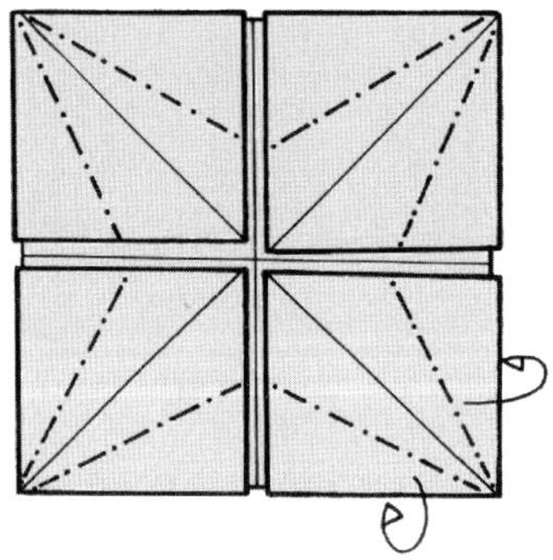

2

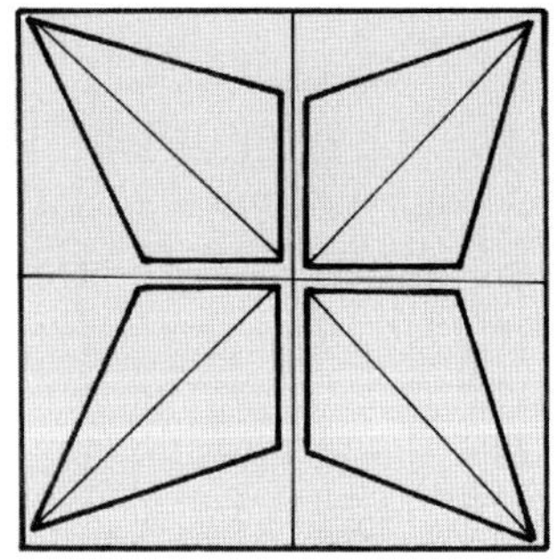

3

**1** Ausgangsform für alle fünf Module ist die zusammengeschobene Windmühlenform aus einem Papierquadrat (15 x 15 cm). Die farbige Seite ist außen.

**2** Bei jedem einzelnen Modul alle vier „Windmühlenflügel" im angegebenen Bereich nach hinten bergfalten. Die äußeren gefalteten Kanten stoßen am Mittelbruch an.

**3** Wenn richtig gefaltet wurde, sind auf dem Modul vier Drachenformen entstanden. Insgesamt müssen fünf solcher Module für eine Reliefkachel gefaltet werden.

VARIATION II

Aus den einzelnen Origami-Modulen wird jetzt eine Reliefkachel hergestellt. Eines der Module in die Mitte legen. Die vier übrigen Module nun wie abgebildet zwischen die drachenförmigen Faltungen des mittleren Moduls schieben. Eine neue Reliefstruktur ist entstanden.

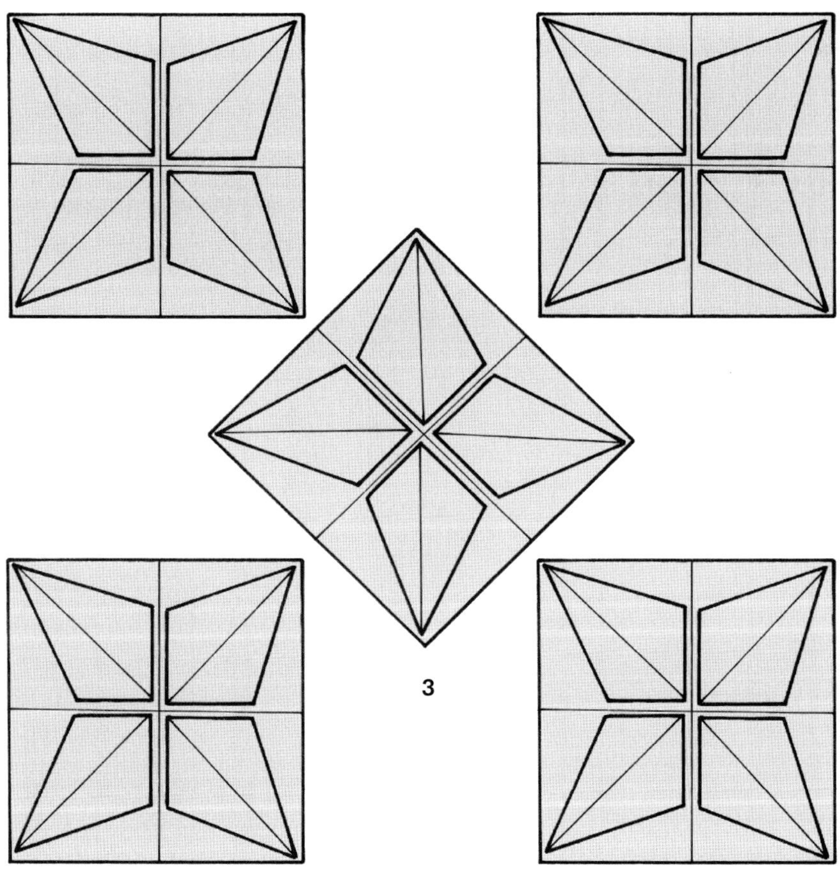

3

1
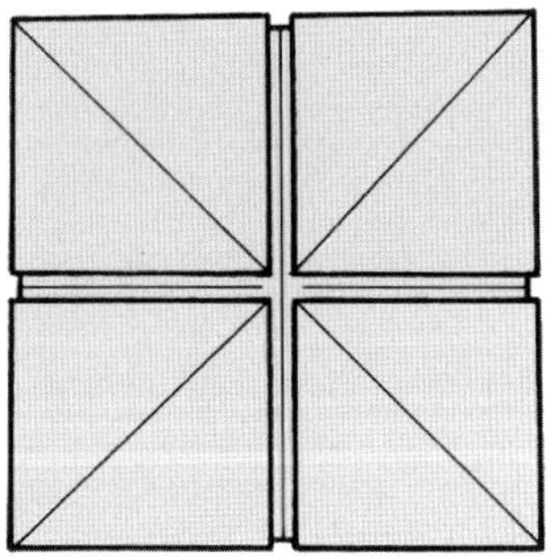

2
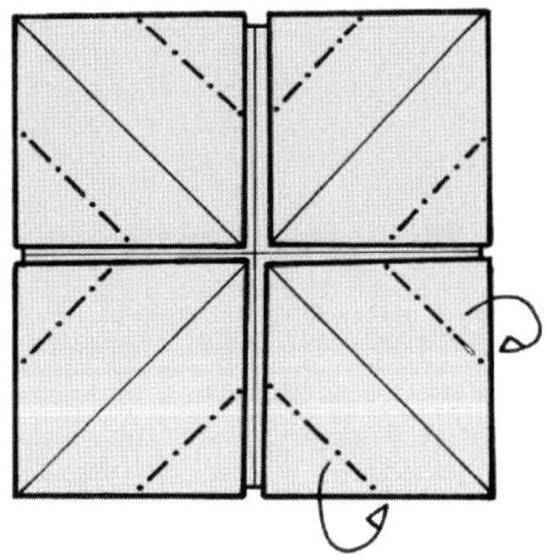

3

**1** Ausgangsform für alle fünf Module ist die zusammengeschobene Windmühlenform aus einem Papierquadrat (15 x 15 cm). Die farbige Seite ist außen.

**2** Bei jedem einzelnen Modul alle vier „Windmühlenflügel" mit der oberen Lage nach hinten bergfalten. Die äußeren Spitzen stoßen dabei am Mittelbruch an.

**3** Wenn richtig gefaltet wurde, sind auf dem Modul vier symmetrische Formen entstanden. Es müssen fünf solcher Module für eine Reliefkachel gefaltet werden.

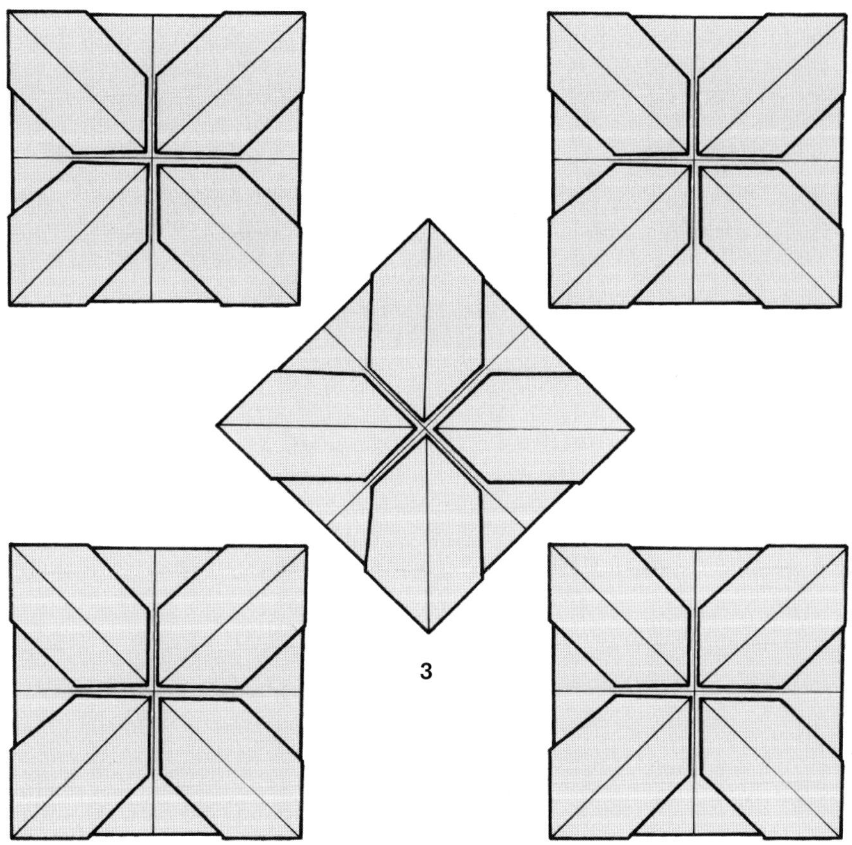


VARIATION III

Aus den einzelnen Origami-Modulen wird jetzt eine Reliefkachel hergestellt. Eines der Module in die Mitte legen. Die vier übrigen Module nun wie abgebildet einfach zwischen die plastischen Faltungen des mittleren Moduls schieben. Wieder ist eine neue Reliefstruktur entstanden.

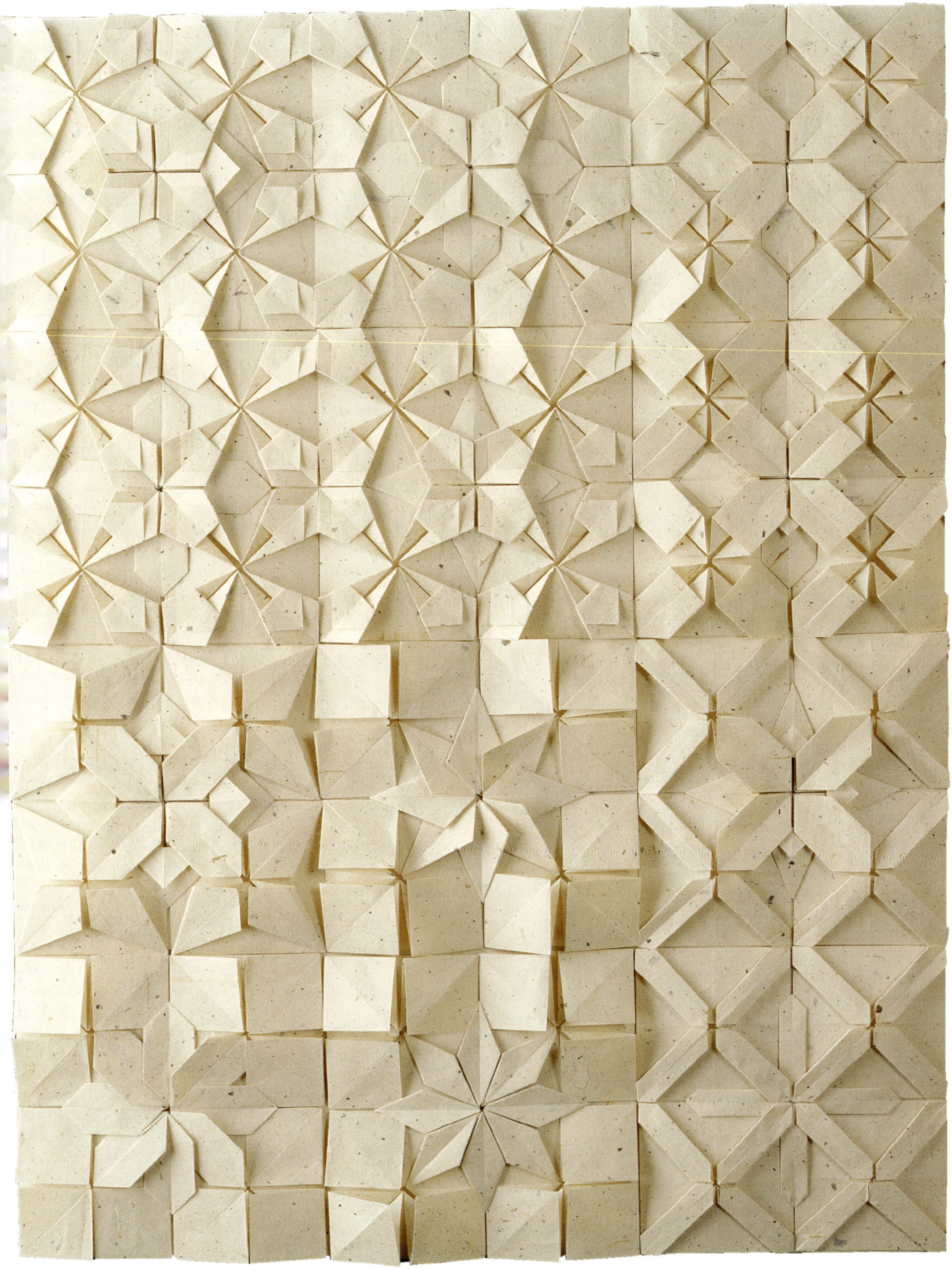

# Memory

Eine spielerische Möglichkeit, die Reliefmodule einzusetzen, ist ihre Verwendung als Memorysteine. Falten Sie jeweils identische Pärchen. Stecken Sie jedes Modul in eine zusammengeschobene Windmühlenform aus einem geringfügig größeren Papierquadrat. Durch unterschiedliche Papierarten und Farben können Sie unendlich viele Pärchen herstellen. Für das Falten von bunten Memorysteinen ist doppelseitig gefärbtes Papier besonders praktisch.

Ein Spiel mit erhöhtem Schwierigkeitsgrad könnte beispielsweise aus Steinen bestehen, die alle dieselbe Farbe haben und sich nur durch die Oberflächenstruktur der Module unterscheiden. Im Prinzip gibt es aber keinerlei Einschränkung, was die Wahl der Farben und Papierarten betrifft. Übrigens fallen Ihnen beim Falten, über die hier vorgeschlagenen Variationen hinaus, bestimmt noch eine ganze Menge eigener Varianten ein!

VARIATION IV

1

2
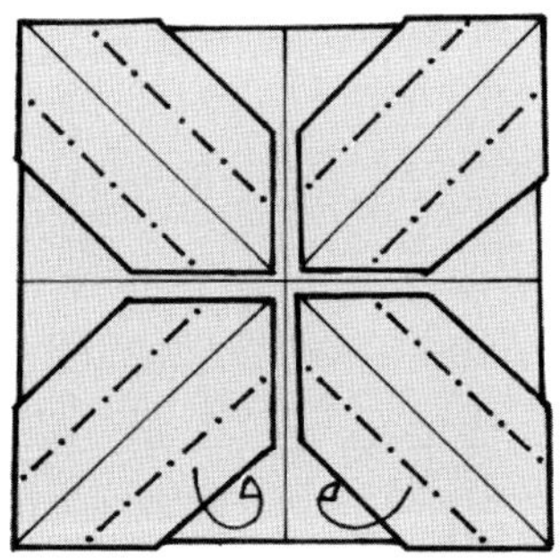

3

**1** Ausgangsform für ein Modul der Variation IV ist das fertige Reliefmodul der Variation III.

**2** Alle vier plastischen Elemente des Moduls im angegebenen Bereich nach hinten bergfalten.

**3** Für eine Reliefkachel müssen fünf solcher Module gefaltet und zusammengesteckt werden.

VARIATION V

1

2
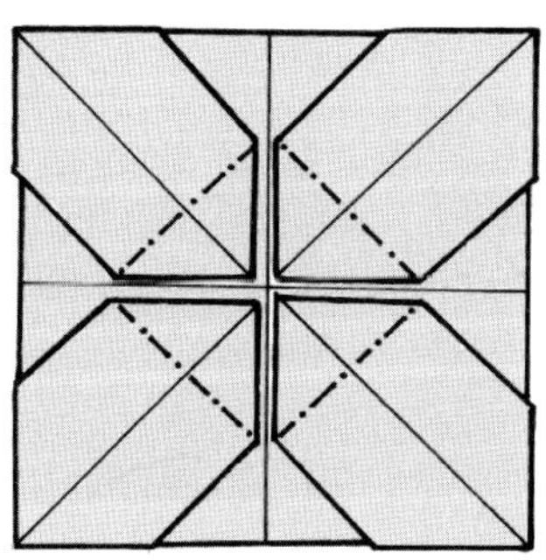

3
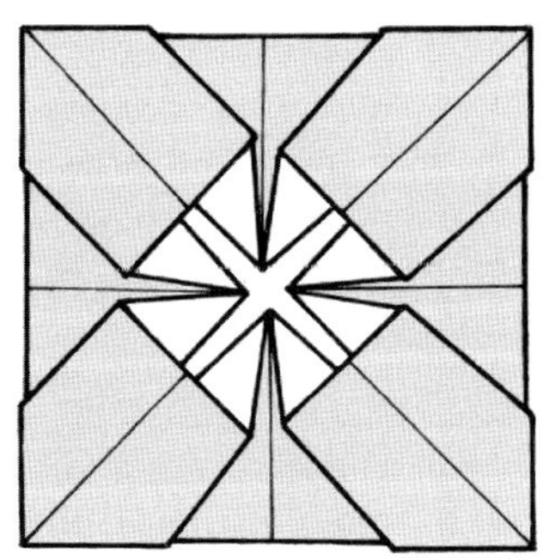

**1** Ausgangsform für ein Modul der Variation V ist wieder das fertige Reliefmodul der Variation III.

**2** Alle vier zum Mittelpunkt zeigenden Spitzen nach hinten bergfalten und in die Taschen stecken.

**3** Für eine Reliefkachel müssen fünf solcher Module gefaltet und zusammengesteckt werden.

VARIATION VI

1

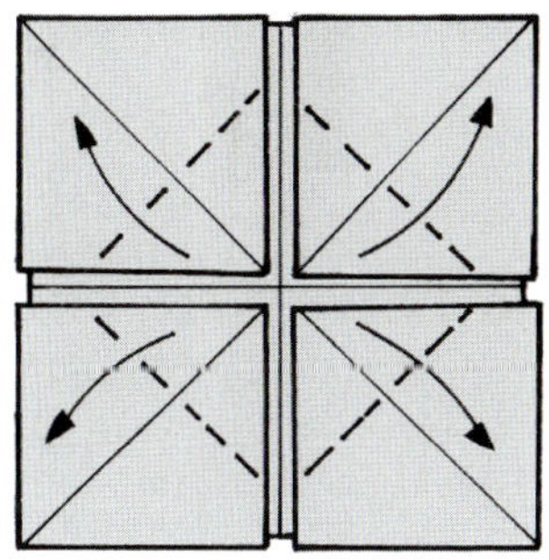

2

**1** Ausgangsform für ein Modul der Variation VI ist die zusammengeschobene Windmühlenform aus einem Papierquadrat (15 x 15 cm). Die farbige Seite ist außen.

**2** Alle vier zum Mittelpunkt zeigenden Spitzen der „Windmühlenflügel" im angegebenen Bereich nach außen talfalten.

**3** Alle vier plastischen Elemente des Moduls im angegebenen Bereich nach hinten bergfalten. Die äußeren Kanten stoßen dabei am Mittelbruch an.

**4** Für eine Reliefkachel müssen fünf solcher Module gefaltet und zusammengesteckt werden.

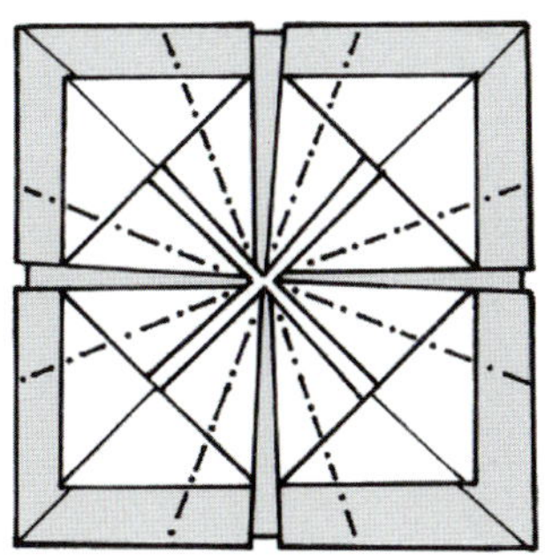

3

4

# In letzter Minute

# Grußkarte: Hemd

Witzige Grußkarten sind immer eine schöne und willkommene Geste. Unsere Grußkarte ist wie ein Herrenoberhemd gefaltet. Eine echte Überraschung, wenn der Empfänger den Briefumschlag öffnet und als erstes einen weißen Hemdkragen sieht. Das Hemd ist auch ideal als Geldscheinfaltung geeignet, wobei die Wahl der Währung unbegrenzt ist.

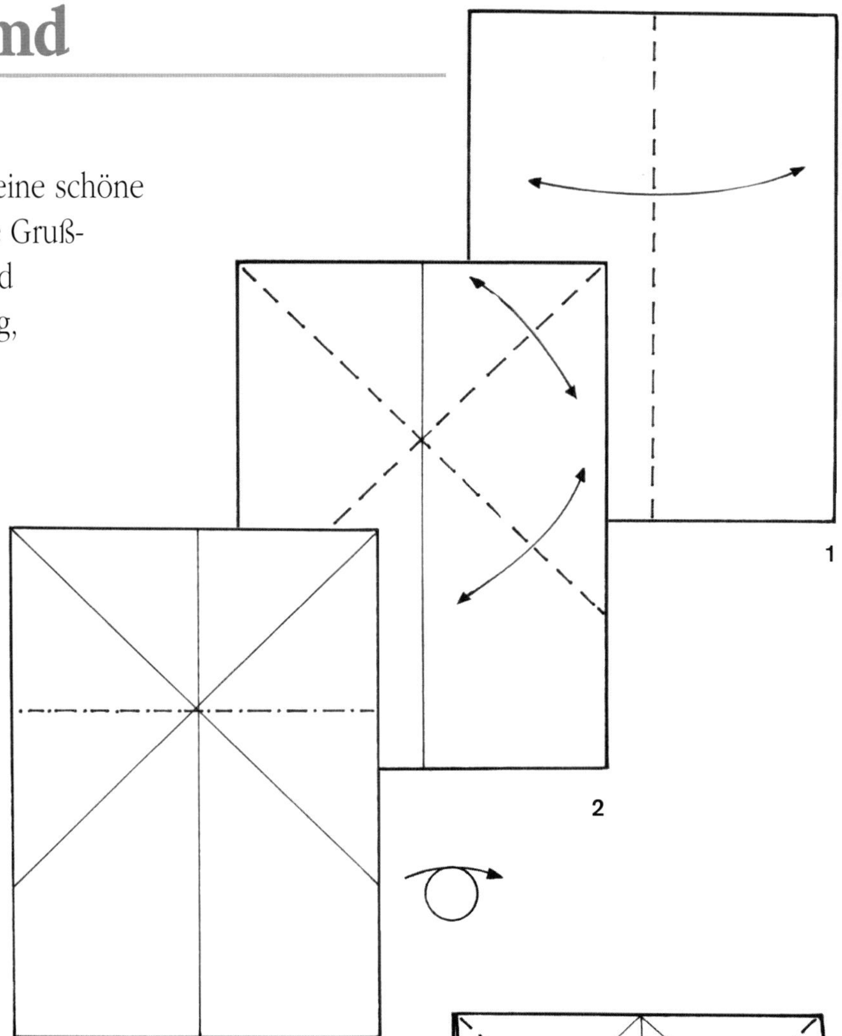

1

2

3

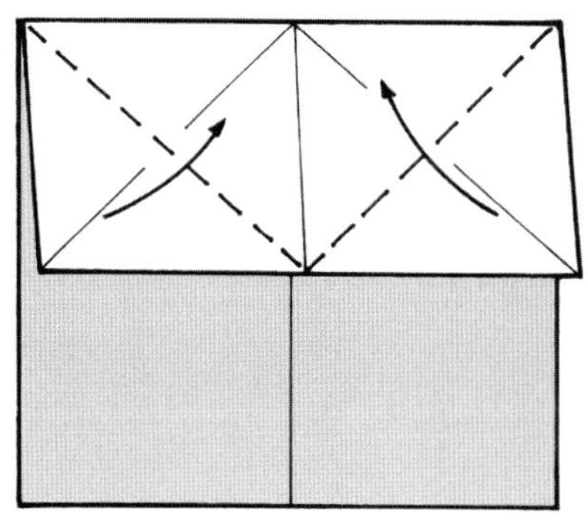

4

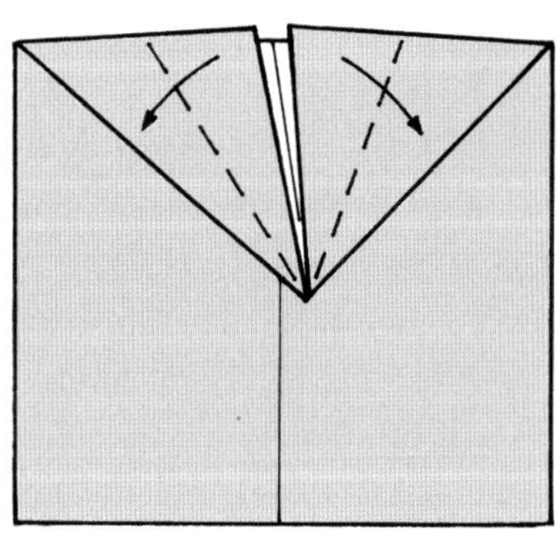

5

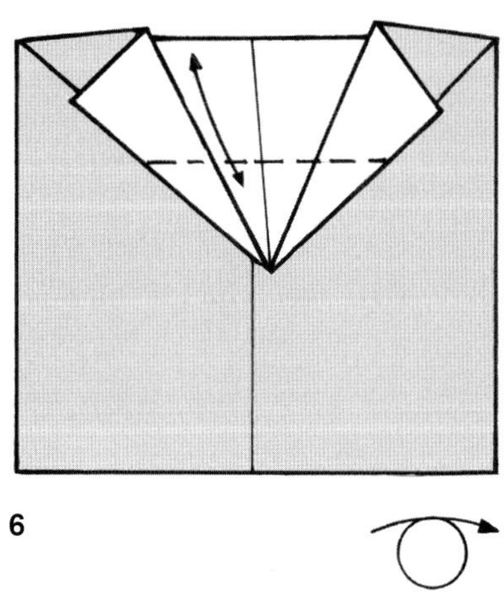

6

**1** Ein rechteckiges Stück Papier in einem DIN-Format hochkant, mit der farbigen Seite nach unten, auf den Tisch legen und entlang der Mittelachse falten und wieder entfalten.

**2** Jeweils von der rechten und linken oberen Ecke aus Diagonalen talfalten und wieder entfalten.

**3** Bergfalten im eingezeichneten Bereich anbringen. Die Figur wenden.

**4** Linke und rechte Ecke des oberen Rechtecks nach oben talfalten. Dadurch sind zwei Dreiecke entstanden.

**5** Die beiden inneren Spitzen der zwei Dreiecke jeweils zur Seite falten.

**6** Die untere Spitze an die obere Kante falten und wieder entfalten. Die Figur wenden.

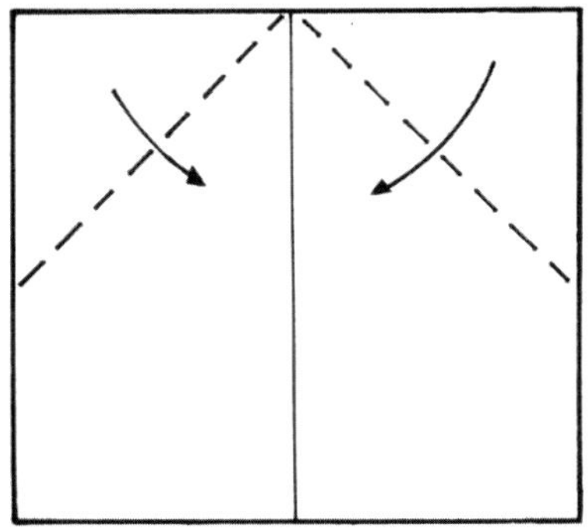

7

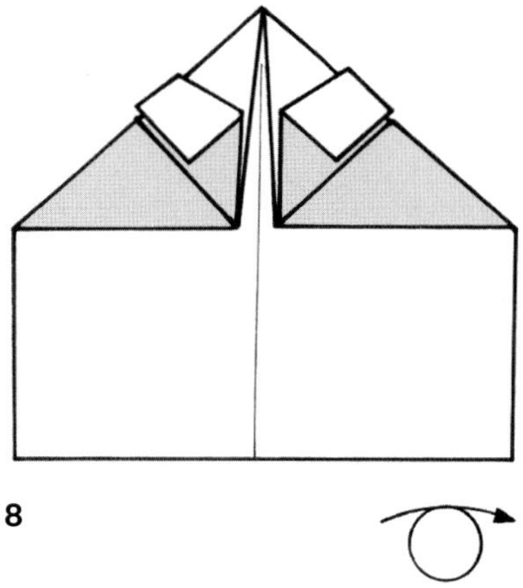

8

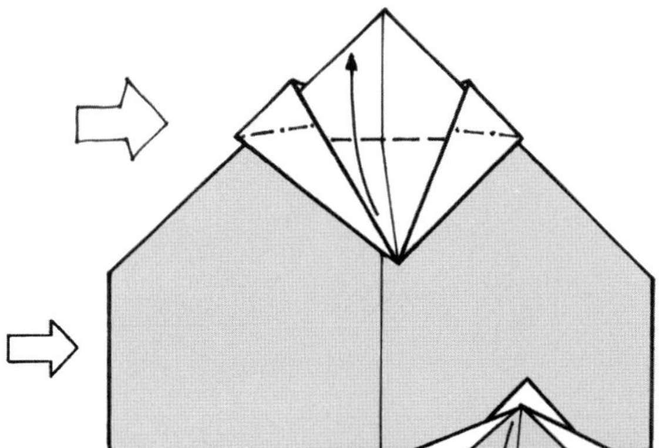

9

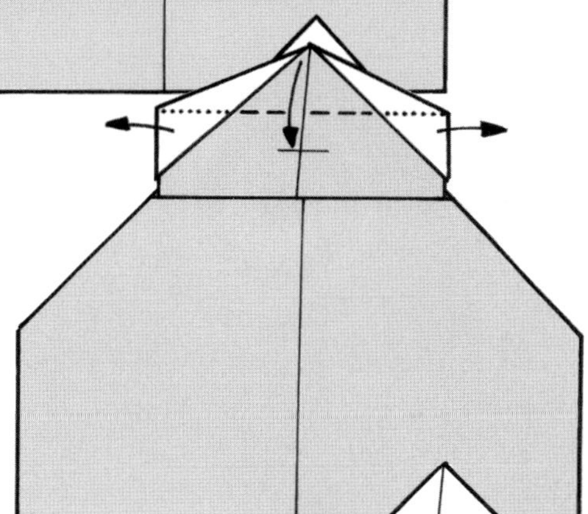

10

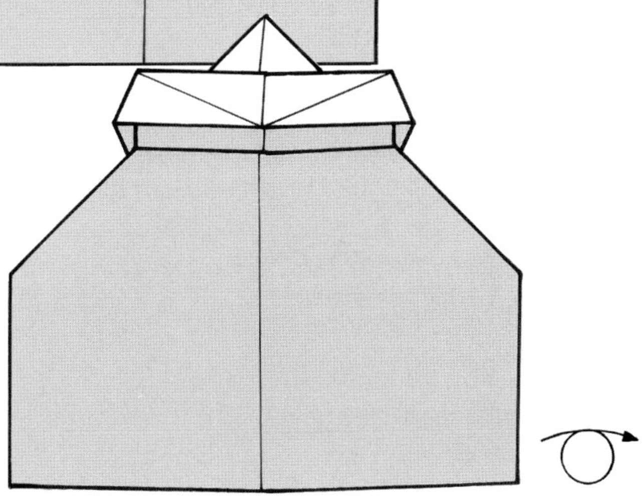

11

**7** Die oberen Spitzen des Quadrats zum vertikalen Mittelbruch falten.

**8** Jetzt kann man das Oberhemd erkennen. Die Figur wenden.

**9** Im oberen Bereich ist ein auf der Spitze stehendes Quadrat zu erkennen. Die untere Spitze des Quadrats an die obere Spitze falten.

**10** Die Taschen, die an der rechten und linken Ecke des Quadrats entstanden sind, anheben, nach außen ziehen und dann flach drücken. Schließlich die obere Spitze noch nach unten talfalten, so dass ein Rechteck entsteht.

**11** Der rückwärtige Hemdkragen ist fertig. Die Figur wenden.

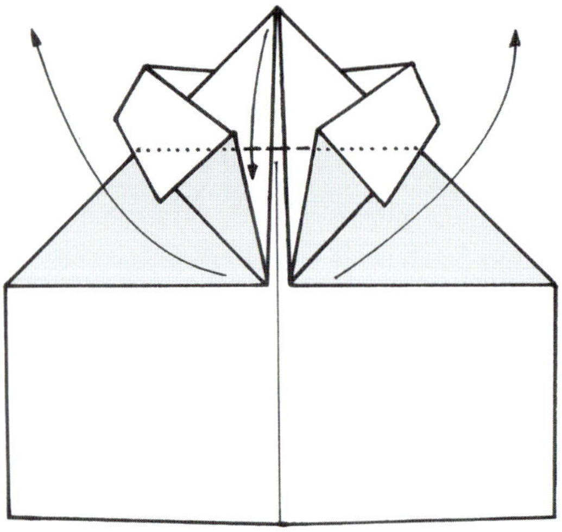

12

## PAPIER

Ideal ist ein Papier im DIN-A4-Format, dann passt die Grußkarte genau in einen länglichen Briefumschlag. Für Tischkarten ist zum Beispiel ein DIN-A5-Format geeignet.

## TIPS UND TRICKS

Sie können aus dem Hemd auch eine tönende Grußkarte machen. Der Trick ist ein kleiner Mikrochip aus dem Elektrofachhandel, den sie über dem Mittelfalz befestigen.

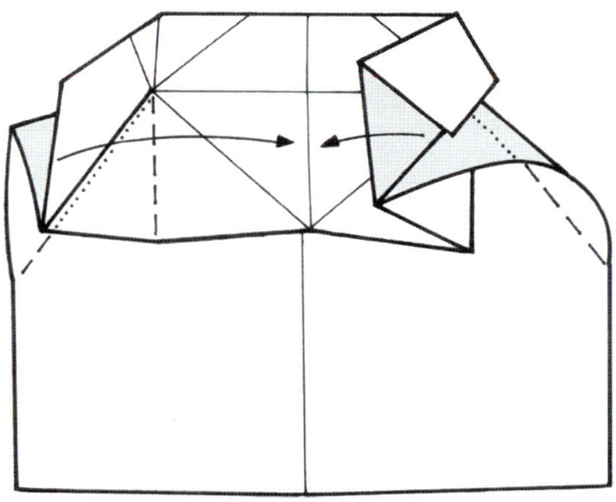

13

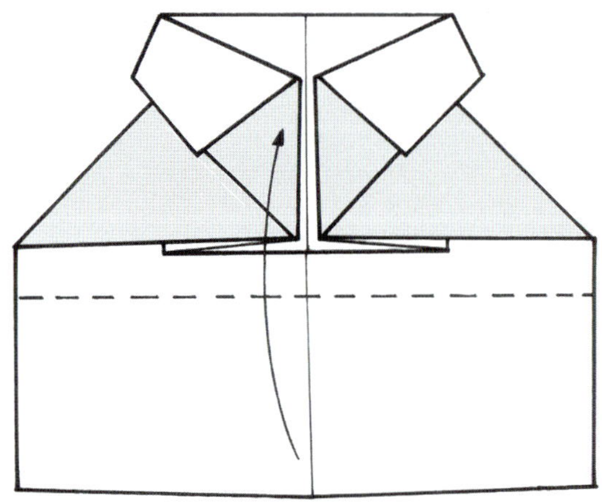

14

**12** Den Hemdkragen etwas öffnen, und die obere Spitze zur Mitte talfalten. Die seitlichen farbigen Flächen der Figur, also die Schulterpartie des Hemdes, nach außen bringen.

**13** Das Hemd ist jetzt rechteckig. Die obere rechte und linke Ecke des Rechtecks leicht öffnen und Richtung Mitte falten und flach drücken. Das Hemd hat nun wieder abfallende Schultern.

**14** Den unteren Teil des Hemdes nach oben, knapp unter den Kragen, talfalten.

**15** Jetzt ist das Budapester-Hemd aus Papier fertig.

Hier ist das ideale Lastminute-Geschenk für Menschen, die eigentlich schon alles haben! Der Stern aus Banknoten ist eine besonders raffinierte Art, Geld zu verschenken. Egal ob man Dollars, Schillinge oder Markscheine verfaltet, die Wirkung ist einfach verblüffend.

1

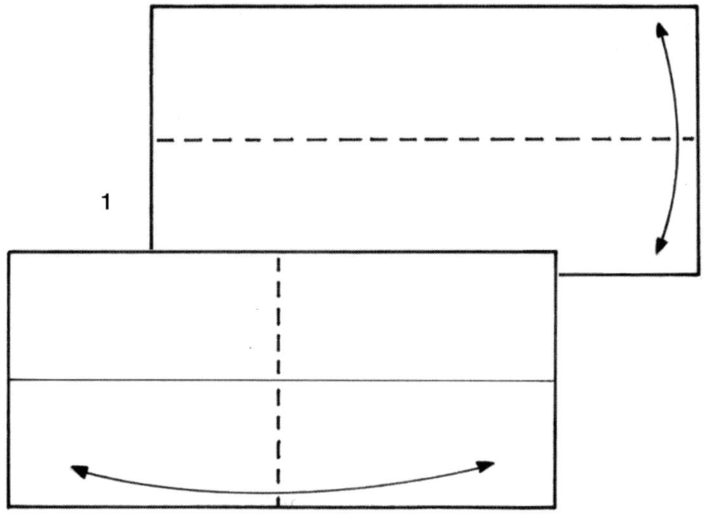

2

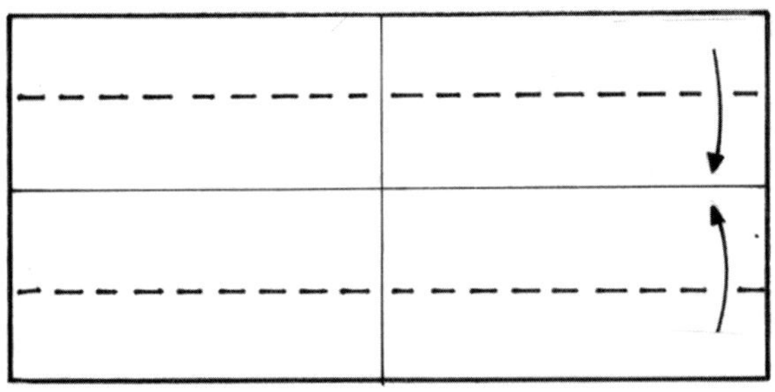

3

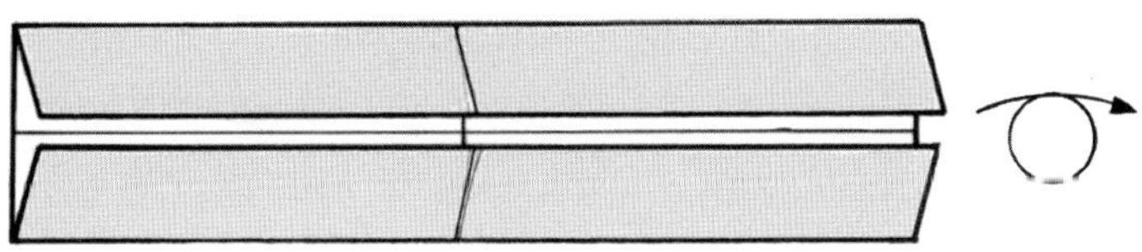

4

**1** Der Stern wird aus zwei Geldscheinen mit demselben Betrag zusammengesteckt, beispielsweise aus zwei Zehnmarkscheinen. Beide Scheine in der Waagerechten talfalten und wieder entfalten.

**2** Nun beide Scheine in der senkrechten Mitte talfalten und wieder entfalten.

**3** Die beiden Längsseiten der Geldscheine jeweils zur mittleren Waagerechten talfalten.

**4** Die beiden Geldscheine nun wenden. Ein Schein wird nun Figur A, der andere Figur B genannt.

**5** Die untere rechte Spitze der Figur A so an den senkrechten Mittelbruch falten, dass eine diagonale Talfalte entsteht und die Spitze nach oben zeigt. Die obere linke Spitze der Figur A auch an den senkrechten Mittelbruch falten, so dass die Spitze nach unten zeigt. Die obere rechte Spitze der Figur B so an den senkrechten Mittelbruch talfalten, dass die Spitze nach unten zeigt. Die untere linke Spitze der Figur B an den senkrechten Mittelbruch talfalten, so dass die Spitze nach oben zeigt.

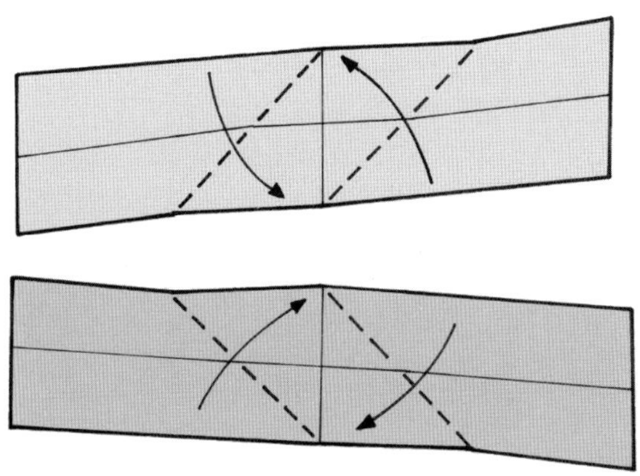

A

B

5

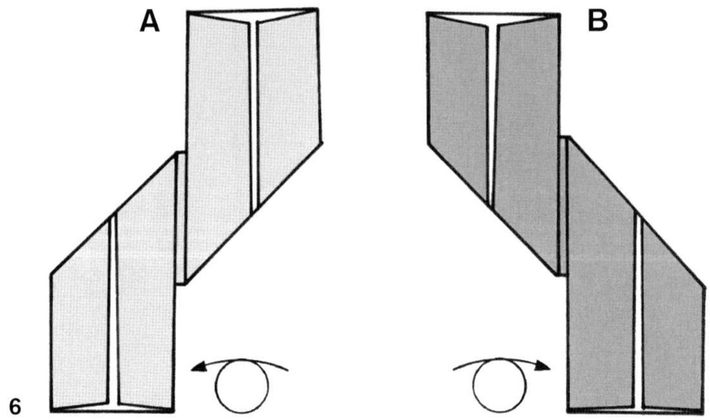


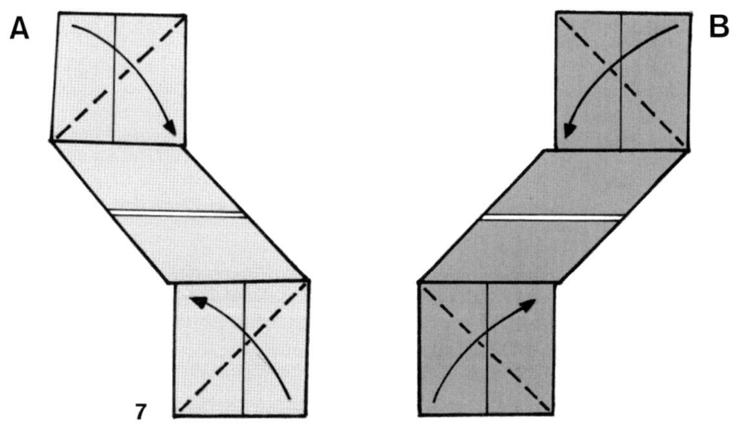


**6** Figur A und Figur B sehen jetzt so aus. Beide Figuren nun wenden.

**7** Jede der Figuren besteht oben und unten aus einem Quadrat. Bei der Figur A die obere linke Spitze des oberen Quadrats zu dessen unterer rechten Spitze talfalten. Ebenso die untere rechte Spitze des unteren Quadrats zu dessen oberer linken Spitze talfalten. Bei Figur B die obere rechte Spitze des oberen Quadrates an die linke untere Spitze talfalten. Die untere linke Spitze des unteren Quadrats an die obere rechte Spitze talfalten.

**8** Figur A und Figur B sehen jetzt so aus. Nur die Figur A wenden.

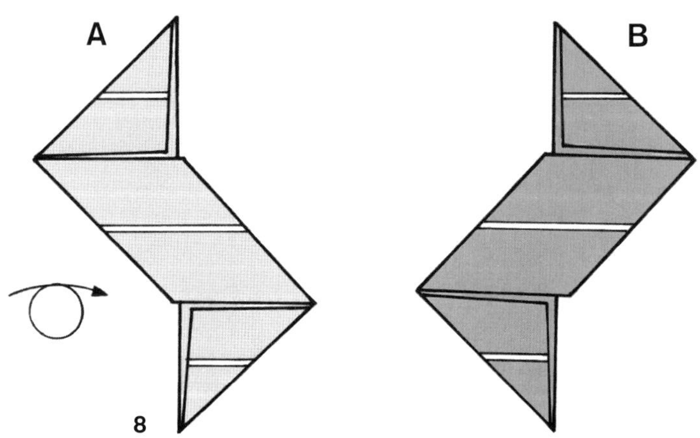

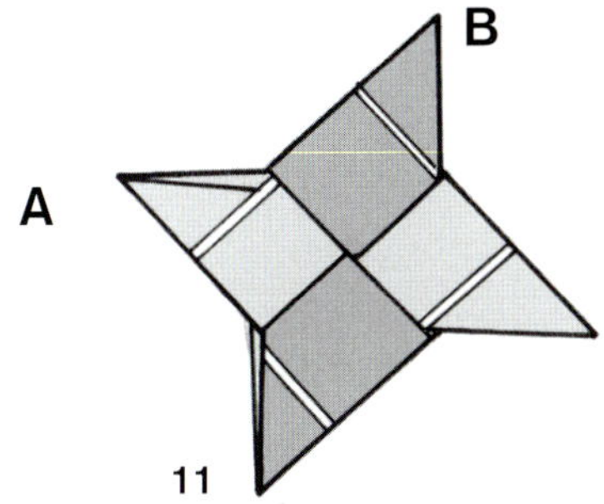


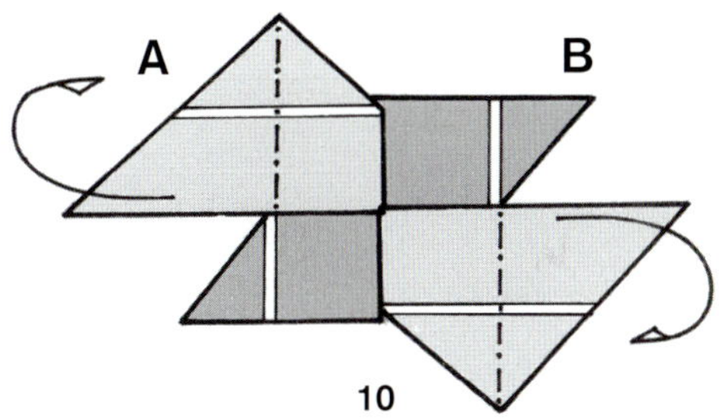


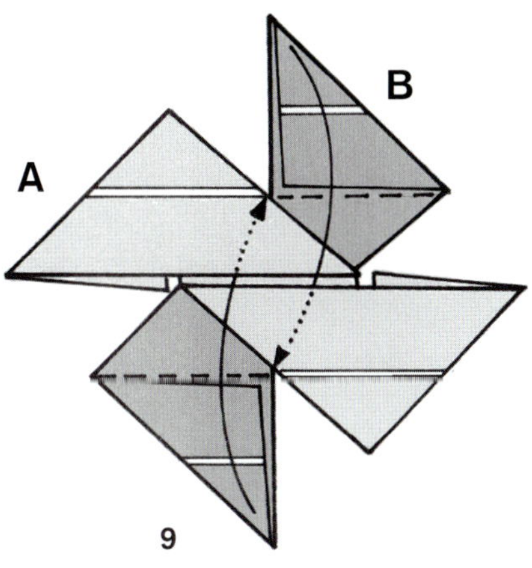


**9** Die gewendete Figur A, wie abgebildet, auf die Figur B legen. Die untere Spitze der Figur B nach oben talfalten und dann unter die dreieckige Tasche der Figur A stecken. Ebenso die obere Spitze der Figur B nach unten talfalten und unter die ebenfalls dreieckige Tasche der Figur A stecken.

**10** Nun die linke seitliche Spitze der Figur A nach hinten bergfalten und in die rückwärtige Tasche der Figur B stecken. Ebenso die rechte seitliche Spitze der Figur A nach hinten bergfalten und dann in die rückwärtige Tasche der Figur B stecken.

**11** Der Stern aus zwei Geldscheinen ist fertig. Vorsicht beim Auseinanderfalten der Banknoten!

## PAPIER

Geeignet sind alle Geldscheine, vom Fünfmarkschein bis zum Tausendmarkschein. Auch Auslandswährungen wirken schön.

## TIPS UND TRICKS

Sie können den Stern auch aus kleinen bunten Papierrechtecken (z. B. 14 x 7 cm, farbige Seite unten) falten. Wenn Sie mehrere davon auffädeln, entsteht eine lustige Kette.

# Lesezeichen: Pfeil

Gerade wer viel liest, kann nie genug Lesezeichen haben. Unser Vorschlag ist so einfach wie genial. Sie brauchen ein Rechteck, das in der Mitte zusammengeklappt mindestens ein Quadrat ergibt. Aus diesem Quadrat wird dann die Pfeilspitze gearbeitet.

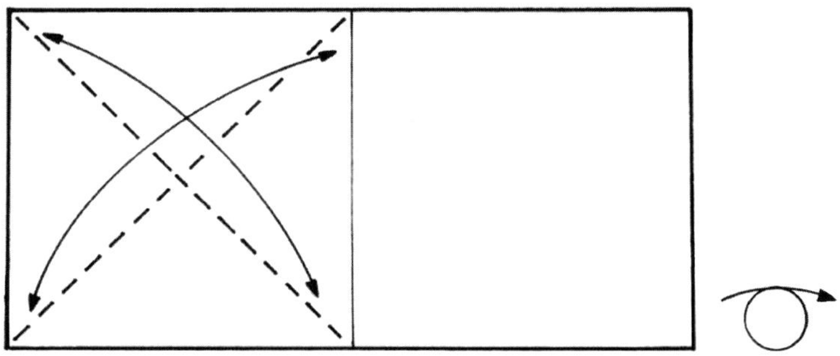

1

**1** Die farbige Seite des Papiers liegt unten. Das linke Quadrat zweimal diagonal talfalten und wieder entfalten. Die Figur wenden.

**2** Eine vertikale Talfalte durch den Mittelpunkt des Quadrats anbringen. Die Figur wieder wenden.

**3** Das linke, gefaltete Quadrat zusammenschieben, so dass ein zusammengeschobenes Dreieck entsteht. Das rechte Quadrat nun nach links talfalten.

**4** Das Quadrat im angegebenen Bereich, er markiert ein Viertel der oberen Kante, nach rechts talfalten.

**5** Die obere linke und die untere linke Ecke des Quadrats talfalten und dann wieder entfalten.

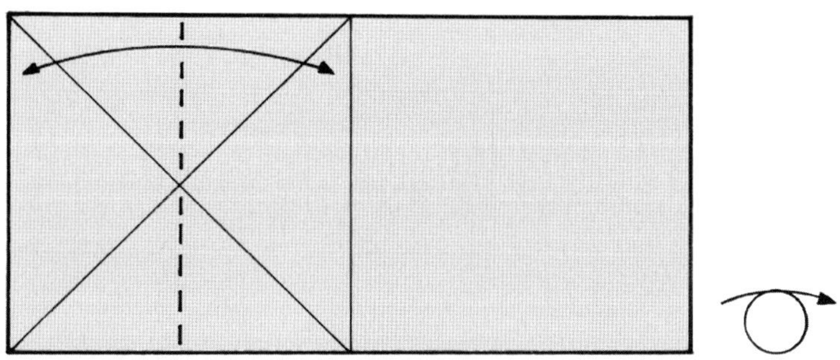

2

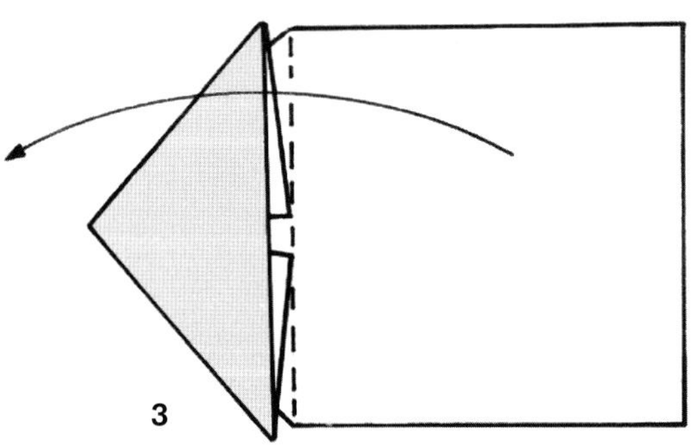

3

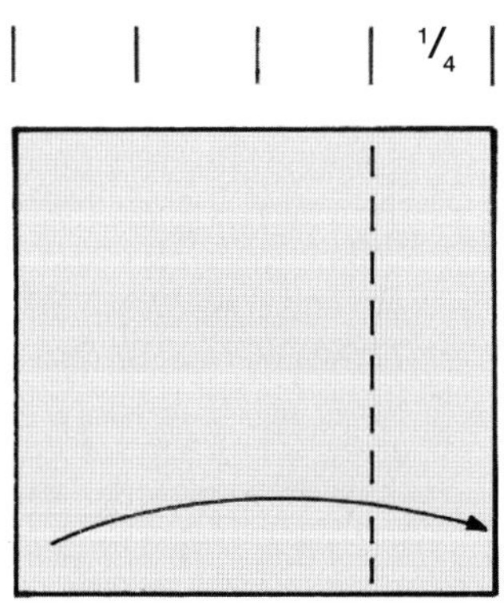


4

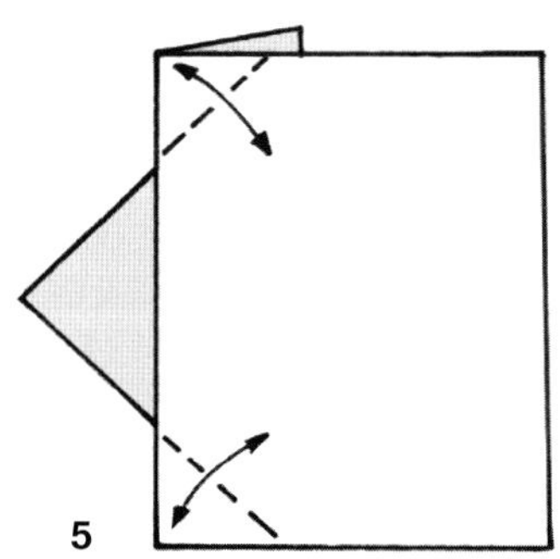

5

**6** Die obere und die untere Kante an die Mitte talfalten. Dabei ziehen sich die seitlichen Kanten nach.

**7** Den senkrechten Teil nach hinten falten. Dann den inneren senkrechten Teil nach rechts talfalten (siehe Faltfigur 8).

**8** Die Trapezform in die Tasche der Pfeilspitze stecken. Die unten liegende Fläche wieder nach rechts bringen.

**9** Der Pfeil ist jetzt deutlich zu erkennen. Die Figur wenden.

**10** Jetzt können Sie mit dem Lesezeichen Ihre Lektüre erleichtern.

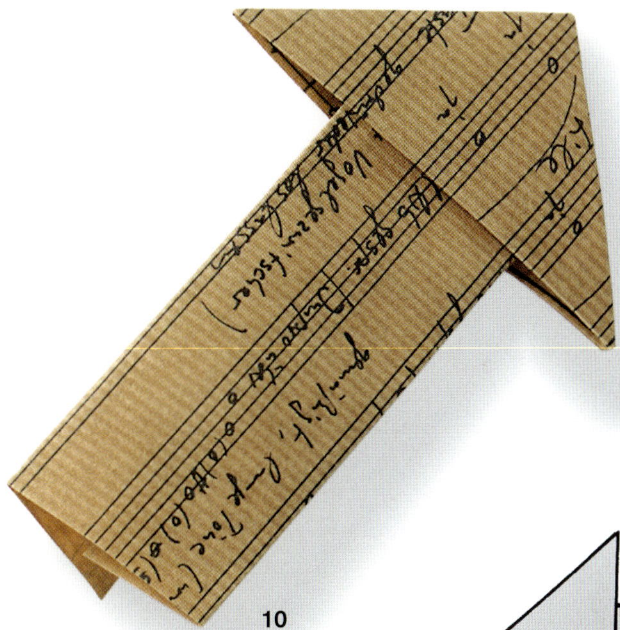

10

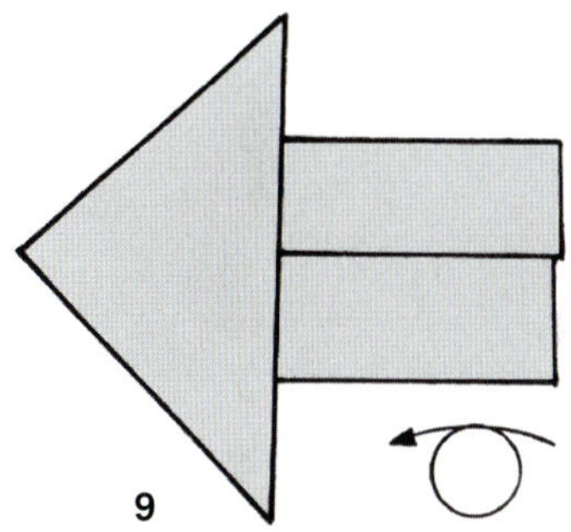

9

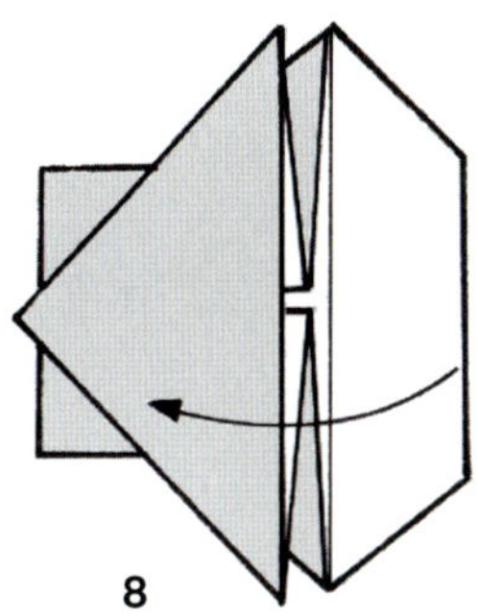

8

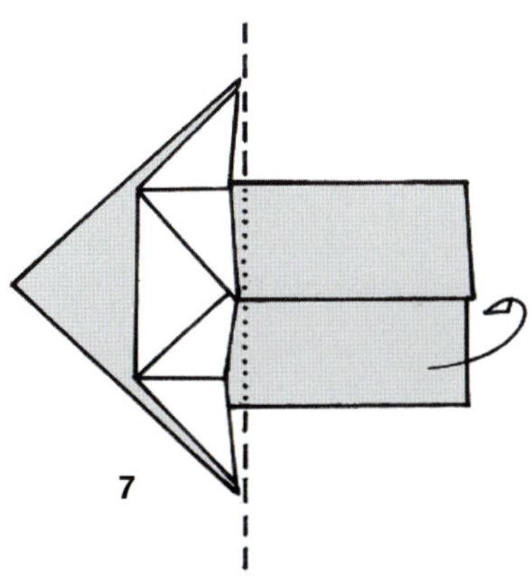

7

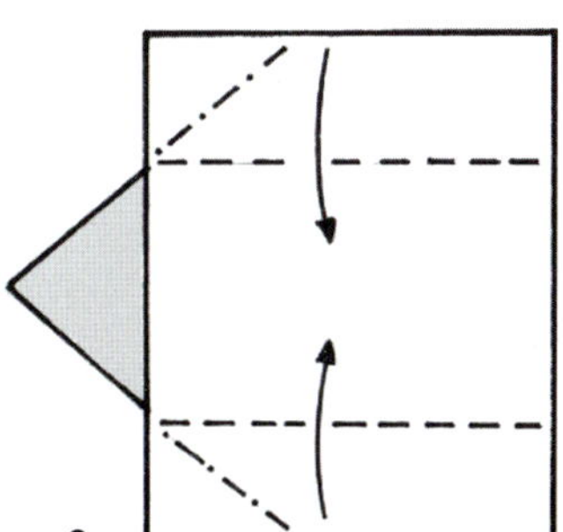

6

PAPIER

Für das Lesezeichen können Sie gemustertes oder einfarbiges Papier, aber auch Packpapier verwenden. Das Lesezeichen ist auch sehr gut als Geldscheinfaltung geeignet.

TIPS UND TRICKS

Je breiter das Rechteck ist, mit dem Sie beginnen, desto länger wird das Pfeilende. Nur die Faltung der Pfeilspitze für das Lesezeichen muss aus einem Quadrat entwickelt werden.

CAFE
NEUPERLACH
Ostpark
WALD-
PERLACH
NEUBIBERG
Truderinger Wald

# Baseballkappe

Diese Baseballkappe sorgt bei einem Ausflug mit Freunden garantiert für helle Begeisterung. Alle bekommen ihre ganz persönliche Kappe – vorne über dem Schild ist genug Platz für einen Namen oder ein Logo. Damit die Kappen auch passen, sollte man Papierquadrate von 45 x 45 cm bis ca. 50 x 50 cm wählen – je nach Kopfumfang.

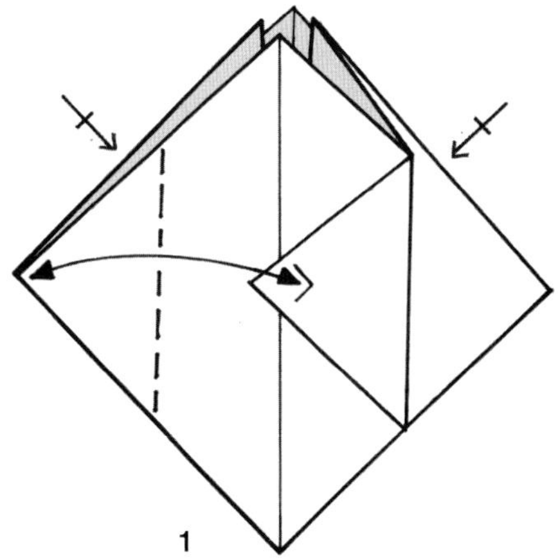

1

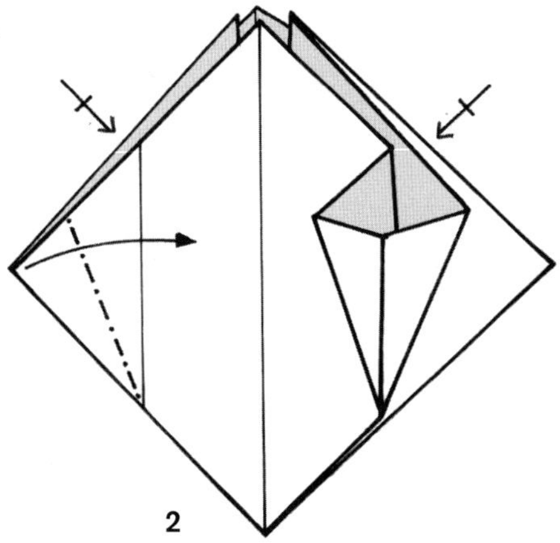

2

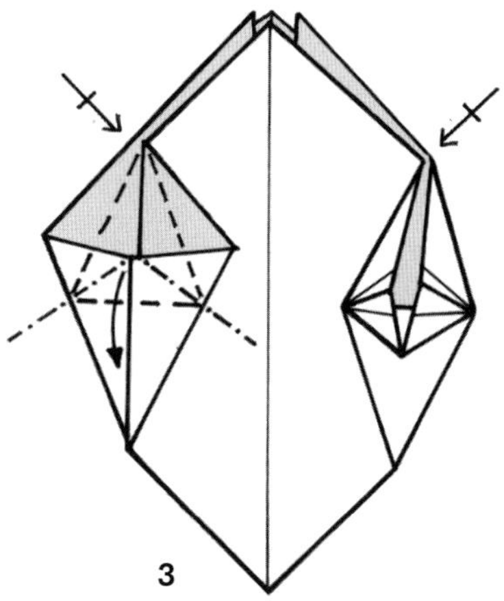

3

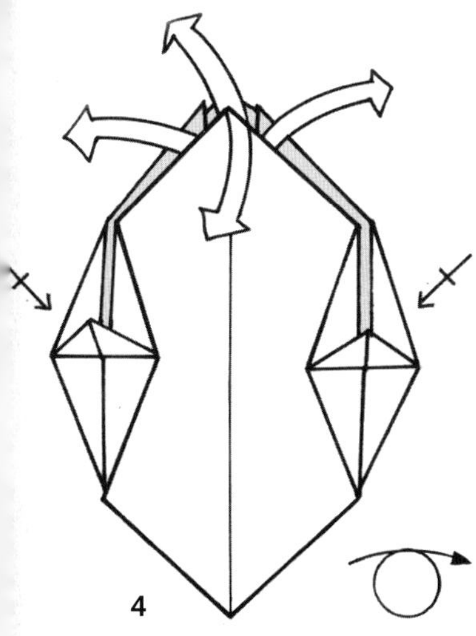

4

**1** Ausgangsform für die Baseballkappe ist das zusammengeschobene Quadrat. Die farbige Seite ist innen, die offene Spitze liegt oben. Die vorderen seitlichen Spitzen der Form leicht über den Mittelbruch talfalten und entfalten. Auch hinten falten. (Kopfumfang in cm durch 8 geteilt ergibt den Abstand von der Talfalte zum Mittelbruch in cm.)

**2** Die beiden seitlichen Spitzen an die soeben gefundenen Falten bergfalten und zu einer Tüte flach drücken.

**3** Die beiden seitlichen Spitzen jeder Tüte im angegebenen Bereich berg- und talfalten. Die vorderen Öffnungen der Tüten nach unten ziehen, so dass sich eine Drachenform ergibt. Auch hinten falten.

**4** Die unteren Spitzen der vier Drachenformen nach oben talfalten. Die Figur nun öffnen, bis ein Diagramm entsteht. Wenden, so dass die farbige Seite des Diagramms unten liegt.

**5** Die Berg- und Talfalten gemäß den im Diagramm eingezeichneten Markierungen nachfalten. Das Diagramm nun so zusammenschieben, dass die vier rechtwinkligen Dreiecke zwischen den vier großen Flächen ins Innere der Figur zeigen. Durch die bereits in Faltschritt 4 vorgenommene Vorfaltung lassen sich die Dreiecke derart zusammenschieben, dass Drachenformen entstehen. Die oberen Spitzen dieser Drachen nach innen falten, so dass sich eine stabile Verbindung zwischen den großen Flächen ergibt. Alle vier Verbindungen im Mittelbruch bergfalten, und die Figur dann flach drücken.

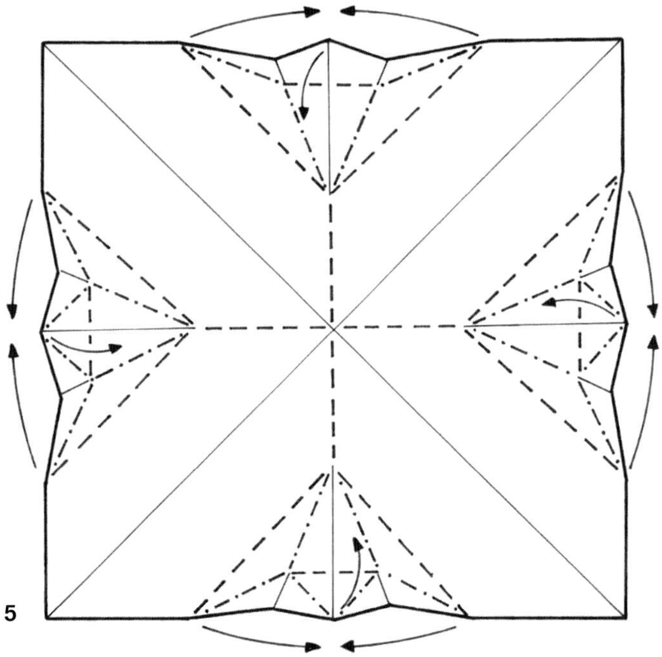

5

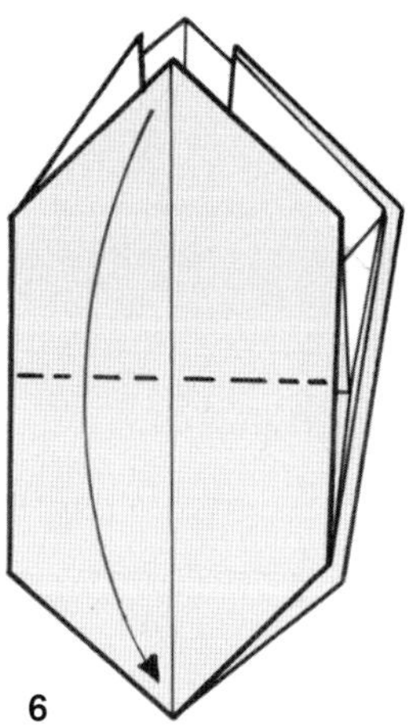

6

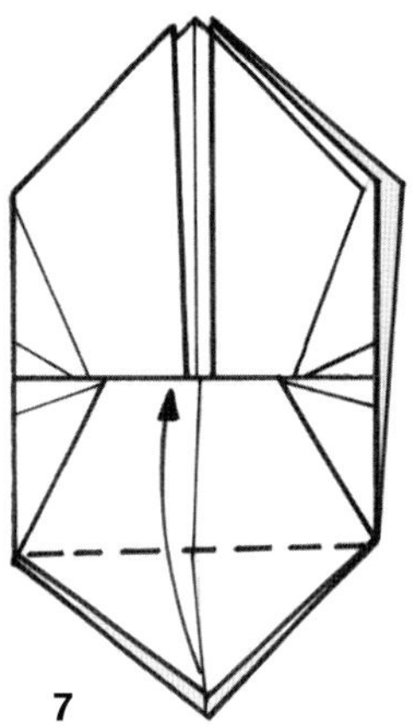

7

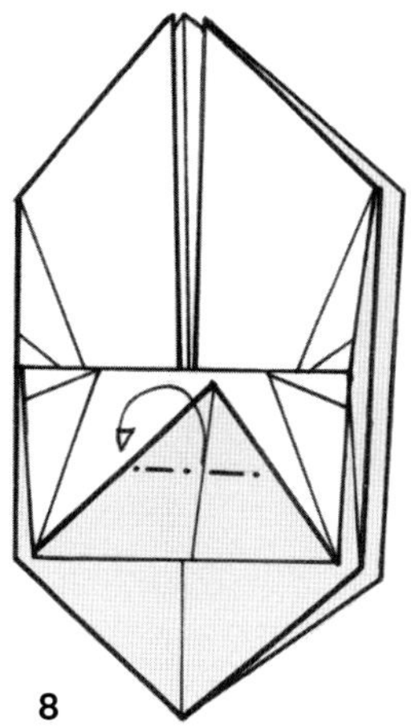

8

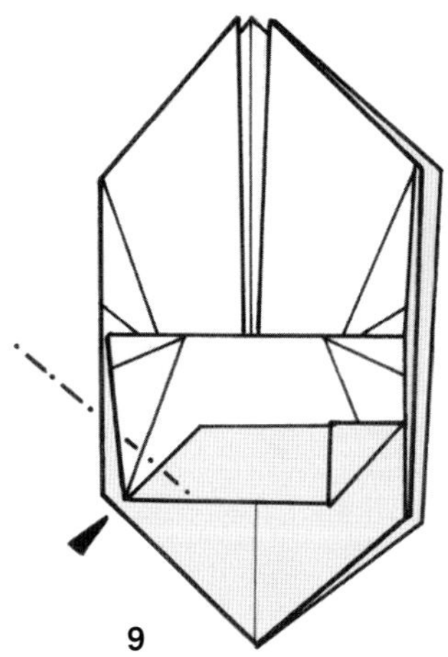

9

**6** Die farbige Seite der Figur liegt jetzt außen. Die obere Spitze der Vorderseite an deren untere Spitze der Figur talfalten. Die Faltfiguren 5 und 6 ähneln der Tulpenfaltung auf Seite 65.

**7** Die untere Spitze nun an den waagerechten Mittelbruch talfalten.

**8** Diese Spitze schließlich noch nach hinten bergfalten.

**9** Dieser Teil der Figur wird der Schild der Kappe. Die rechte und die linke Ecke des Schildes falten und unter dem vorderen Teil des Schildes versenken.

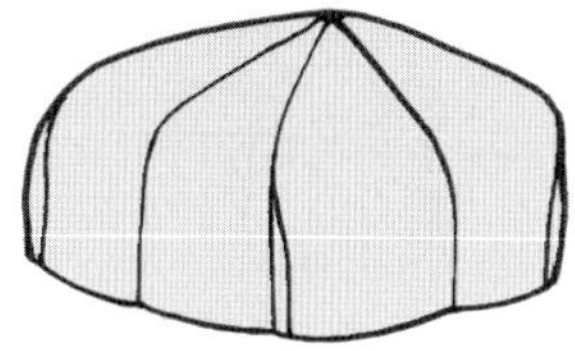

VARIATIONEN
Wenn man die Faltschritte 6 bis 9 für den Schild auslässt und alle vier großen Spitzen der Figur nach innen faltet, erhält man eine Gebetskappe.

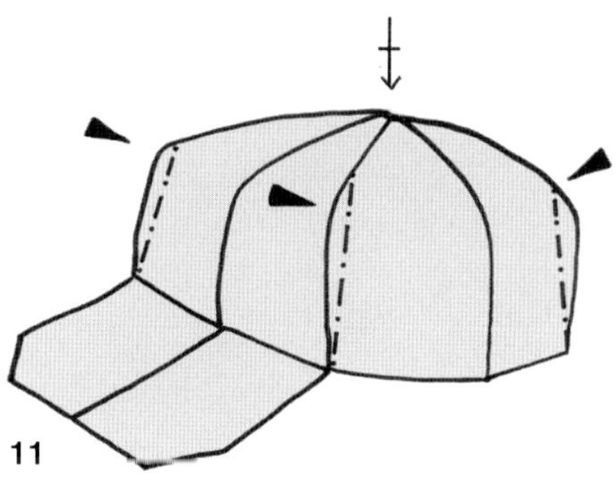

11

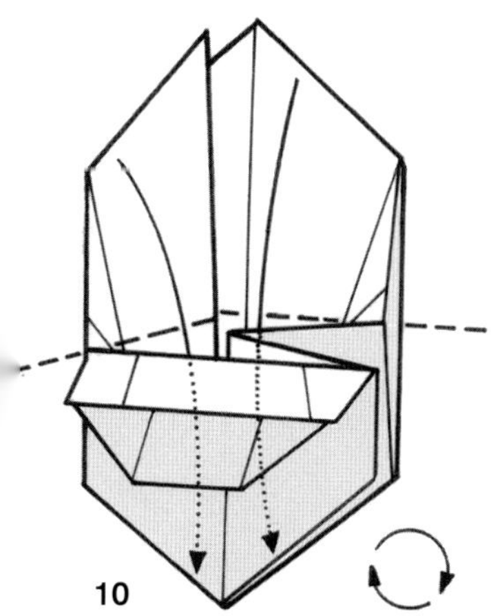

10

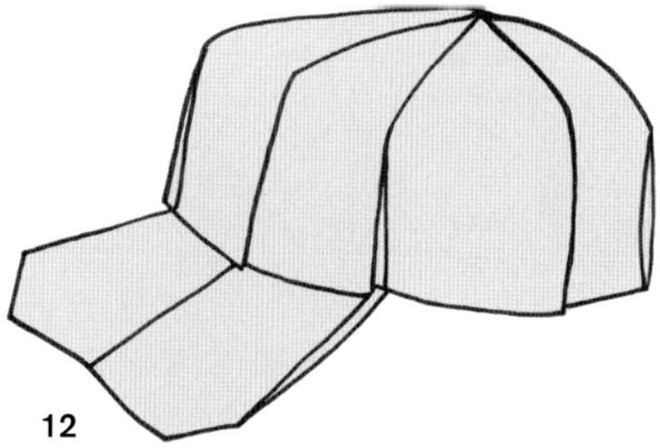

12

**10** Die drei übrig gebliebenen großen Spitzen der Figur nun in den Innenteil der Kappe falten. Dabei wird die Figur zur Kappe ausgeformt. Die Baseballkappe um 180° drehen.

**11** Damit die Kappe noch mehr Pep bekommt muss man nur, an allen vier Seiten, knapp neben den „Nähten“, Bergfalten anbringen und versenken.

**12** Schließlich die Figur nur noch ein wenig ausformen, und die lustige Baseballkappe aus Papier ist fertig. Übrigens sind bunte Plakate sehr gut für diese Faltung geeignet.

# Verpackung

Wie verschenkt man einen ausgesuchten Wein stilgerecht?
In einer selbstgefalteten Verpackung natürlich!

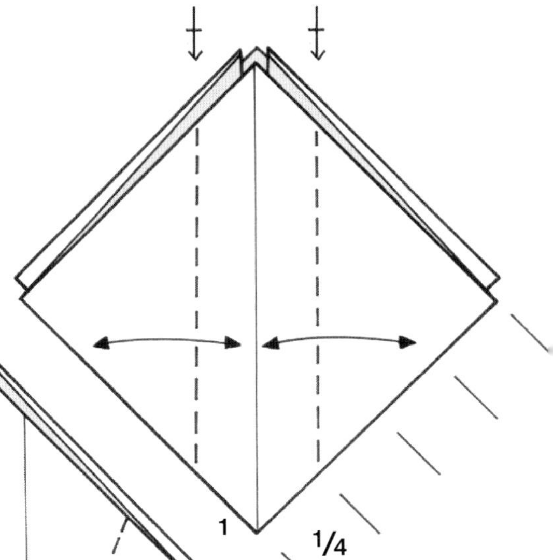

1

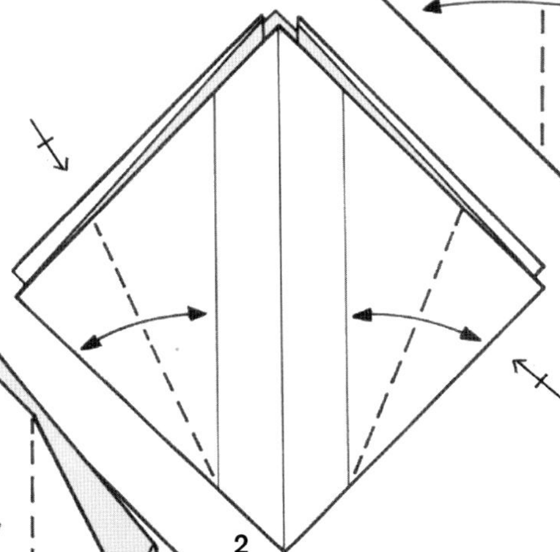
2

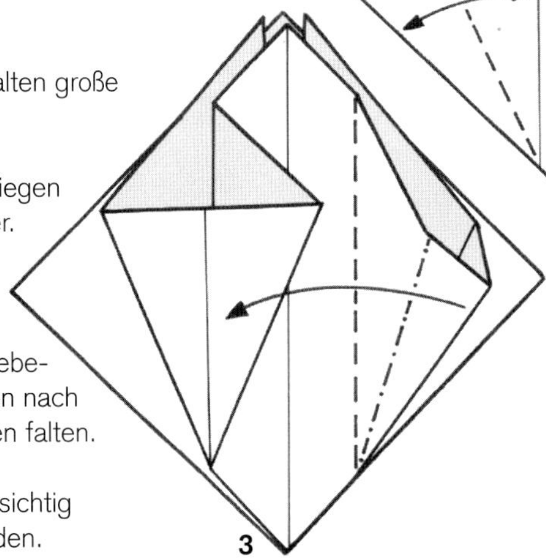
3

**1** Ausgangsform für die Verpackung ist das zusammengeschobene Quadrat aus einem Papierquadrat (70 x 70 cm). Die farbige Seite ist innen. Ein Viertel der seitlichen Kante dient als Maß zur senkrechten Mittelfalte. Rechts und links parallel zur Mittelfalte talfalten und entfalten. Auch hinten falten.

**2** Beide Kanten im angegebenen Bereich talfalten und entfalten. Auch hinten falten.

**3** Jetzt aus den Vorfalten große Tüten falten.

**4** Die großen Tüten liegen etwas übereinander. Auch hinten falten.

**5** Durch Berg- und Talfalten im angegebenen Bereich zwei Spitzen nach unten falten. Auch hinten falten.

**6** Dann die Figur vorsichtig entfalten und wenden.

**7** Die farbige Fläche liegt nun unten. Jetzt noch einmal alle im Diagramm gekennzeichneten Falten nachfalten. Nun die zwei seitlichen Falten außen in Pfeilrichtung zusammenbringen. Dann das innen liegende kleine Dreieck nach unten falten. Mit allen Möglichkeiten wiederholen.

**8** Die oberen vier Spitzen nach innen bergfalten. Den Boden durch Bergfalten versenken.

**9** Die Figur ausformen, und die Verpackung ist fertig. Mit dem Locher lochen, und mit einer Schnur zusammenbinden.

VARIATIONEN
Durch Verändern des Abstandes der senkrechten Talfalten zur Mitte bei Figur 1 lassen sich andere Verpackungsformen herstellen. Dabei verändert sich natürlich auch die Größe des zusammengeschobenen Quadrates. Bitte beachten.

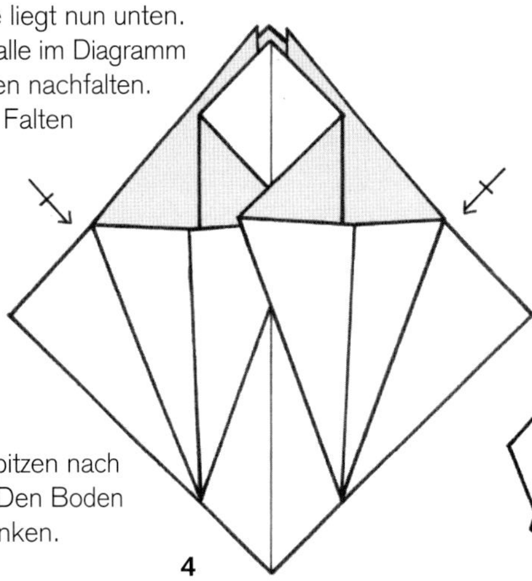
4

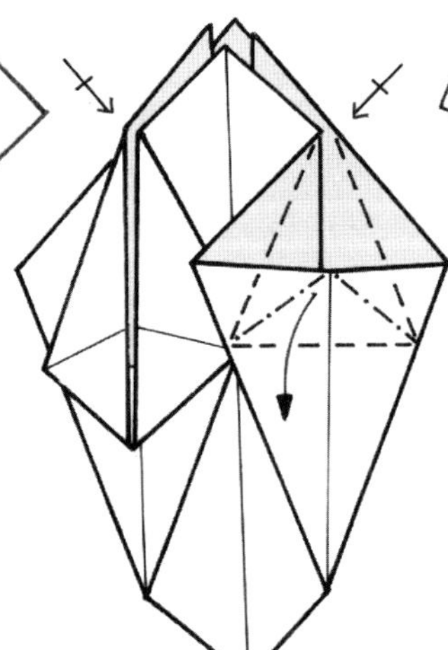
5

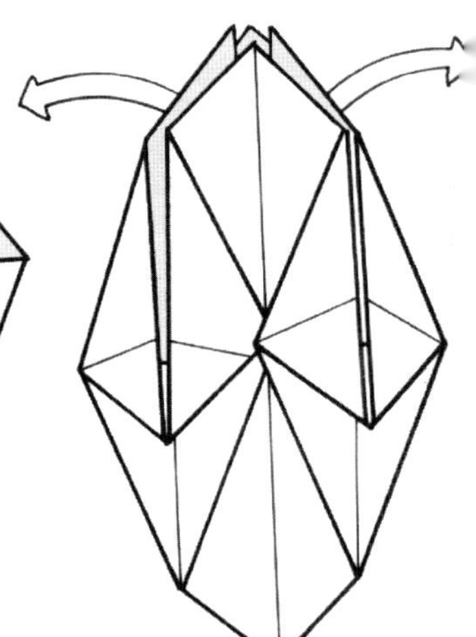
6

**A** Jeweils zwei gegenüberliegende Seitenteile können in versenkter Form ineinander gesteckt werden.

**B** Zwei gegenüberliegende Seitenteile von der Mitte aus nach innen falten. Nun zwei gleiche Teile falten und ineinander stecken. So erhalten Sie eine ideale Geschenkverpackung.

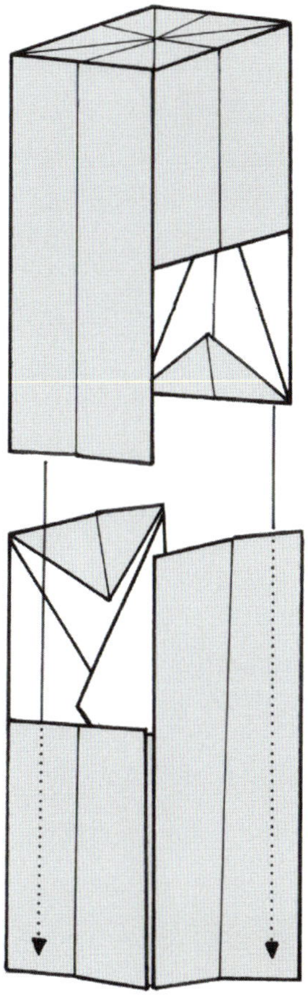

B

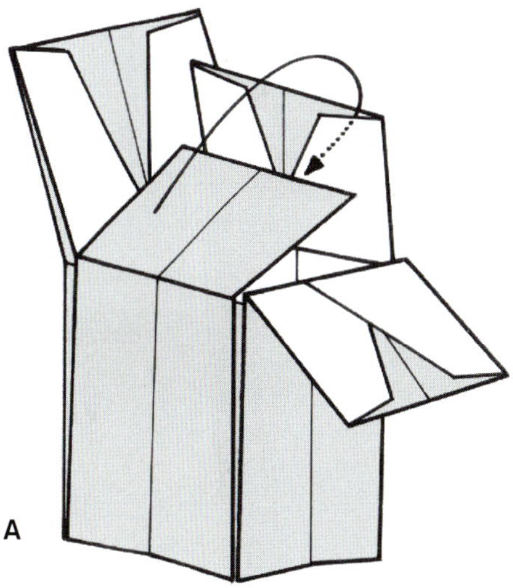

A

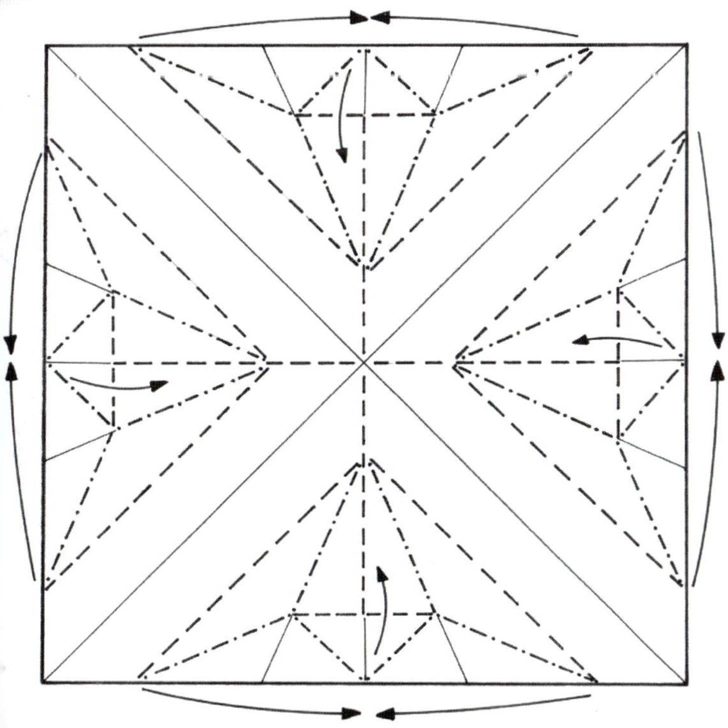

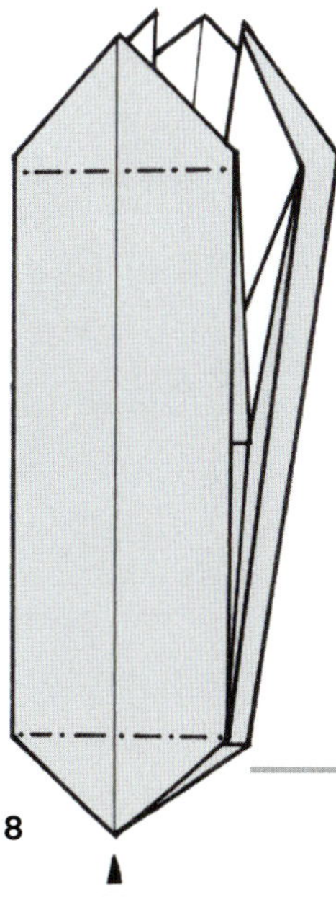

8

9

Sabine Miller
**100 originelle Glückwunschkarten**
64 Seiten und
1 Vorlagenbogen
60 farbige Fotos
ISBN 3-332-01317-3

Martin Schulze
**Pfeilschnelle Papierflieger**
64 Seiten
34 farbige Fotos und 249 s/w-Zeichnungen
ISBN 3-332-01318-1

Traudel Hartel
**Papierschöpfen**
Technik, Färben, Gestalten
64 Seiten
93 farbige Abbildungen
ISBN 3-332-01064-6

René Lucio / JanSpütz
**Fantasievolle Geschenkverpackungen selber falten**
64 Seiten
42 farbige Abbildungen und 217 Zeichnungen
ISBN 3-332-01041-7